중동 지도

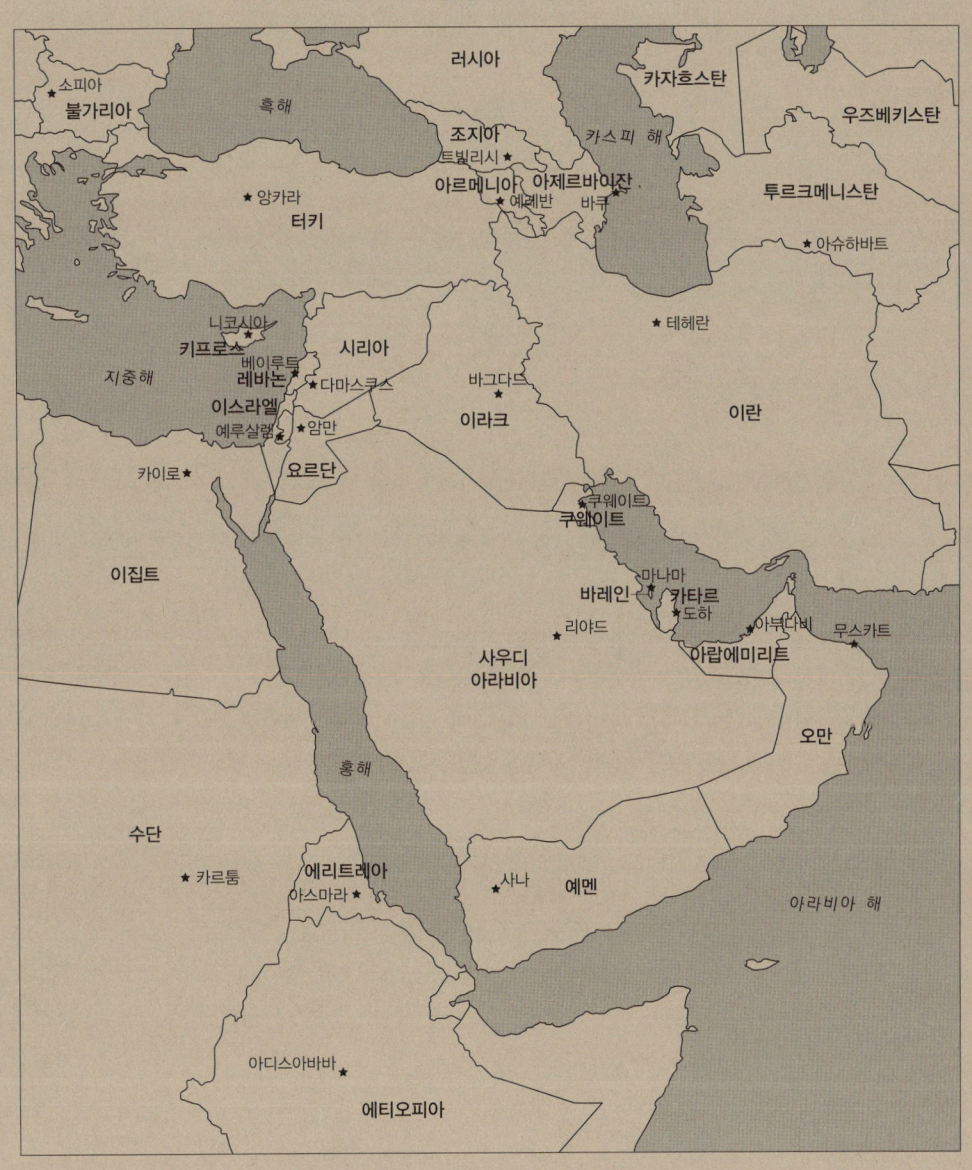

시리아
シリア

이 도서의 국립중앙도서관 출판시도서목록(CIP)은 e-CIP홈페이지(http://www.nl.go.kr/ecip)와 국가자료 공동목록시스템(http://www.nl.go.kr/kolisnet)에서 이용하실 수 있습니다. (CIP제어번호: 2012003511)

시리아

아사드 정권의 40년사

구니에다 마사키(国技昌樹) 지음 | 이용빈 옮김

한울
아카데미

SYRIA
by KUNIEDA, Masaki

Copyright © 2012 KUNIEDA, Masaki

All rights reserved.
Originally published in Japan by HEIBONSHA LIMITED, PUBLISHERS, Tokyo
Korean translation rights arranged with
HEIBONSHA LIMITED, PUBLISHERS, Japan

이 책의 한국어판 출판권은 HEIBONSHA LIMITED, PUBLISHERS와의 독점계약으로 도서출판 한울에 있습니다.
저작권법에 의하여 한국 내에서 보호를 받는 저작물이므로
무단전재와 무단복제를 금합니다.

추천의 글

시리아 사태의 맥락과 중요성*

2011년 3월 이래 시리아는 위기의 입구에 봉착해 있는데, 이는 바아스당 중심의 정권을 이끌고 있는 바샤르 아사드(Bashar al-Assad)에 대한 일련의 평화적인 시위로 촉발되어 점차 전면적인 내전으로 발전하고 있다. 시리아 사태는 계속 진행 중에 있으며 언제 끝나게 될지 모르지만, 다만 시리아 역사의 길고도 중요한 하나의 국면이 곧 종결될 것이라는 것은 확실히 말할 수 있다.

시리아는 1945년 이후에 독립국가가 되었다. 국가로 수립된 이후 25년 동안, 시리아는 취약하고 분열된 국가였다. 1958년에 시리아가 독립적으로 존재하는 것을 포기하고 이집트와 하나의 국가로 통합되었을 때 이는 너무도 자명했다. 1970년에 하페즈 아사드(Hafez al-Assad)가 시리아의 권력을 장악한 후, 그는 이러한 흐름을 전환시켜 강력한 국가를 세

---

* 이 글은 옮긴이의 요청으로 한국어판 출간을 위해 특별히 작성된 것이다.

웠고 시리아를 중동 지역정치 가운데 하나의 객체에서 중요한 행위자로 탈바꿈시켰다.

하페즈 아사드는 시리아군의 장교, 바아스당의 당원, 이슬람 시아파의 한 지파인 알라위파의 일원이다. 바아스당은 1963년에 시리아의 권력을 장악했지만, 하페즈 아사드가 유일한 권력자로서 출현하기 전까지는 안정적인 정권을 전혀 수립할 수 없었다.

원래 바아스당은 아랍 민족주의와 사회주의 이념을 결합시킨 이념정당으로 알려져 있다. 그러나 현재 그와 같은 이념적 성향은 상당 부분 남아 있지 않으며, 바아스당은 오직 권력을 행사하는 도구로 전락했다. 시리아 전체 인구의 12%를 구성하는 소수세력인 알라위파가 시리아에서 지배적인 위치로 떠오른 것은 하나의 흥미롭고 매우 중요한 발전이다. 가난한 지방의 출신자들로서 알라위파는 바아스당과 시리아군에서 경력을 쌓았다.

군사 정변을 통한 바아스당의 권력 장악은 알라위파로 하여금 생존을 위한 투쟁을 전개한 이후 그들이 현재의 지배적인 위치로 부상(浮上)하도록 만들었다. 이는 시리아 정치에서 종파주의 이슈가 주요한 문제가 되는 계기였다. 이슬람 수니파에 속하는 다수파 아랍인들은 박탈감을 느끼며, 그들이 종파주의적이고 이단적이라고 간주하고 있는 현 정권의 정통성을 받아들이는 것을 거부하고 있다.

하페즈 아사드가 권좌에 있을 때, 그는 이 문제를 간신히 봉합할 수 있었다. 그러나 2000년에 그가 사망한 이후, 그의 아들이자 후계자인 바샤르 아사드는 2011년 3월에 발발한 위기로 인해 도전을 받자 이와 같이 어려운 난제를 감당하지 못하고 있음이 드러났다.

현재의 사태는 '아랍의 봄'의 시리아판 표출이다. 이것이 시리아 정권의 알라위파 핵심세력과 이슬람 수니파 반대세력 간의 충돌로 전환되었을 때, 매우 뚜렷한 지방 색채를 지니게 되었다. 현재 상황은 무승부이다. 시리아 정권은 반대세력을 분쇄하지 못하고 있고, 반대세력도 정권을 전복시키지 못하고 있다. 그러나 시간이 지남에 따라 시리아 정권은 더욱 많은 기반을 상실해가고 있다.

   시리아 사태는 지역적·국제적으로 중요한 측면을 지니고 있다. 시리아는 이란의 가장 가까운 동맹국이며, 시리아의 내전은 이란과 지역의 반(反)이란 적대세력들 사이의 '대리전'이기도 하다. 국제적으로, 러시아는 아사드 정권의 주요한 외교적 보호자로서 현재의 시리아 상황이 서구에 유리한 흐름으로 전환되는 것을 막고자 노력하고 있다. 중국은 러시아와 비슷한 경로를 추구하고 있으나 공세적이지는 않다. 그 어느 때보다도 국제적인 맥락에서 시리아 사태의 기본적인 역학관계에 대해 종합적으로 이해하는 것이 필요하며, 이 책은 매우 좋은 안내서가 될 것이다.

2012년 7월 17일
미국 뉴욕대학 교수
이타마르 라비노비치
Itamar Rabinovich

한국어판 서문

한국의 독자 여러분께서 필자의 작은 책에 큰 관심을 보여주신 것에 대해 깊이 감사드립니다. 무엇보다 이 책을 통해서 시리아에서 일어나고 있는 민중봉기의 문제와 중동 세계의 현재 상황, 그리고 더 나아가 국제관계에 대한 이해의 폭을 더욱 심화하실 수 있기를 바랍니다.

필자의 책에서 마지막으로 언급이 된 2012년 5월 중순 이후, '시리아 정세'와 관련하여 현재 대단히 중요한 전개가 이루어지고 있습니다. 우선, 5월 25일 훌라(Hula) 촌에서 학살 사건이 일어났는데, 국제사회에서 이는 시리아 정부군과 정권 보호를 위해 육성된 친위대 민병조직 샤비하(Shabbiha)에 의해 자행된 잔학 행위라며 시리아에 대한 비난이 떠들썩하게 일어났습니다.

이와 관련하여 시리아 정부 측에서는 즉시 진상규명위원회를 조직하고 1주일 후에 중간발표를 했습니다. 그 결과 피해자들 중 일부는 인민 의회 의원단 사무국장의 일족과 반체제파를 지지하지 않았던 경찰관 가족 등이었으며, 피해자들 가운데에는 일정한 경향이 나타났다고 발표했습니다. 그럼에도 국제사회에서는 시리아 정부 측의 발표를 무시하고 이에 대해 거의 보도를 하지 않았습니다.

6월 3일, 시리아의 바샤르 아사드(Bashar al-Assad) 대통령은 인민의회에서의 연설을 통해 총력전을 수행하여 반체제파 무장 그룹을 시리아 국내로부터 일소하겠다고 천명했습니다. 그 이후 시리아 정부군에 의한 대규모 토벌작전이 계속되고 있습니다.

한편, 7월 18일에는 정권 중추부에 폭탄테러가 일어나 시리아 정부의 다우드 라지하(Dawoud Rajiha) 국방장관, 아세프 샤우카트(Assef Shawkat) 국방차관 및 하산 투르크마니(Hasan Turkmani) 전임 국방장관 등 치안 관련 핵심 요인 4명이 암살되기도 했습니다.

2000년에 하페즈 아사드(Hafez Assad) 대통령이 사망하게 되자 그의 아들 바샤르 아사드가 후임 대통령으로서 직책을 계승하는 데에 주도적인 역할을 발휘했던 무스타파 틀라스(Mustafa Tlass) 전임 국방장관도 민중봉기를 진압하는 방법에 있어서 정권 내부의 강경파에 심하게 경도되고 있는 바샤르 아사드 대통령에게 불만을 높여가고 있습니다.

또한, 7월 초에는 무스타파 틀라스 전임 국방장관의 아들이자 바샤르 아사드 대통령과 대단히 가까운 친구였던 시리아 정부군의 최정예 부대인 공화국수비대 소속 마나프 틀라스(Manaf Tlass) 준장이 시리아군으로부터 이탈하여 반체제 측에 가담했습니다.

7월 말까지 시리아 정부군의 전체 준장 300명 가운데 약 10% 정도가 이탈했고, 해외에 거주하는 일부 대사들도 이반을 하고 있습니다. 이런 측면에서 볼 때, 시리아 정세는 점차 '결전의 날'을 향해 나아가고 있는 형국입니다.

시리아 국영 위성TV 방송은 7월 19일 이래 아랍연맹의 제재조치로 인해 방송이 차단되었고, 국영 통신도 7월 중순 이후 외국으로부터의 집요한 사이버 공격으로 폐쇄 상태에 처해 있습니다. 이에 따라 시리아 정부는 국외로 정보를 발신할 수 없는 상황입니다.

구미(歐美) 국가들의 정부와 언론 모두 시리아 정부의 보도의 자유, 표현의 자유라는 기본적 권리가 유린당하고 있는 것에는 일절 관심을 쏟지 않고 있습니다. 그 때문에 오늘날 우리가 눈으로 접하는 '시리아 사태' 관련 뉴스는 반체제파가 흘려보내는 소식들로 편중되어 있는 실정입니다.

현재의 '시리아 사태'에서 그 어떤 경우라고 해도 상대방을 이것저것 말할 필요도 없다는 듯이 따돌려버리지 않고, 그 나름대로의 주장을 경청하는 객관적인 자세를 유지하는 것이 중요하다고 생각합니다.

마지막으로, 이 책을 통해 한국의 독자 여러분께서 '시리아 사태'의 맥락과 중요성을 균형 잡힌 시각에서 이해하실 수 있다면 필자로서는 더할 나위 없는 기쁨이 될 것입니다.

2012년 7월 26일
전(前) 주시리아 일본 대사
구니에다 마사키(国技昌樹)

시리아 지도

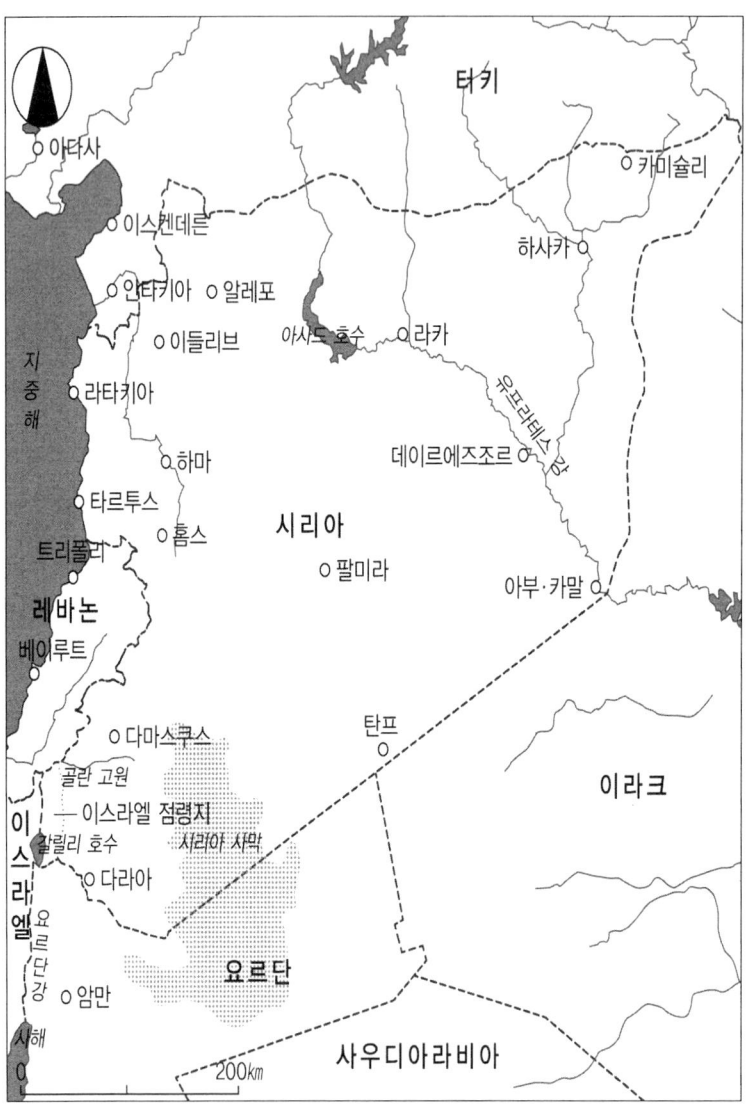

시리아 개황

국가명	시리아(Syria), 공식 국가명은 시리아아랍공화국(Syrian Arab Republic)
수도	다마스쿠스(인구 365만 명, 2011년 기준)
면적	185,180km^2(한반도의 5분의 4)
인구	2,450만 명(2011년 1월 기준)
민족 구성	아랍족(90.3%), 쿠르드족 및 기타(9.7%)
종교	수니파 무슬림(74%), 알라위파 및 기타 무슬림(16%), 기독교(10%)
건국일	1946년 4월 17일(프랑스 위임통치령으로부터 독립)
UN 가입일	1961년 10월 13일
정치체제	사회주의 공화제
대통령	바샤르 아사드(Bashar al-Assad) 대통령 (2000년 7월 17일 취임, 2007년 7월 재임에 성공)
총리	리야드 히잡(Riyad Hijab, 2012년 6월 23일 취임)
의회	인민회의(Majlis al-Shaab) / 정원 250명, 임기 4년
정당	집권여당 바아스당 주도의 단일정당 형태였으나, 2012년 2월의 헌법 개정을 통해 복수 정당을 허용하는 내용으로 바뀜
행정구역	14개 주로 구성
군사력	정규군 30.7만 명, 예비군 35.4만 명(국방예산: 18.9억 달러, 2010년)
GDP	566억 달러(2011년 추산)
경제성장률	-3.4%(2011년 추산)
실업률	8.3%(실질적으로는 대략 20% 이상으로 추정)
화폐단위	Syrian Pound(SYP) / 1달러=63.71SYP(2012년 6월 6일 기준)
외환보유고	148억 달러(2011년 추산)
외채규모	70.74억 달러(2011년 추산)
산업구조	농업(17.7%), 제조업(26.5%), 서비스업(55.9%)
주요자원	원유 322,500배럴/일, 천연가스 60.4억cum/연(2011년 추산)

자료: 한국 외교통상부, 『시리아 개황』(2010); 일본외무성; KOTRA, 『시리아 개황』(2012) 등의 자료를 토대로 옮긴이가 작성함.

일러두기

1. 이 책은 구니에다 마사키(國技昌樹)의 『シリア: アサド政權の40年史』(平凡社, 2012)를 완역한 것이다.
2. 이 책에서 외래어는 국립국어원 외래어 표기법(문교부 고시 제85-11호)의 규정을 따랐다. 다만 일반적으로 쓰이는 관용어는 그대로 사용했다.
3. 아랍어 표기에 대해, 인명에서 이름 앞에 붙이는 al은 발음을 생략했다. 예를 들어 al-Assad(알 아사드)는 아사드로 통일했고, 다만 영문은 al-Assad로 표기했다.
4. 이 책의 각주는 모두 옮긴이 주이며, 필요할 경우 아랍어, 히브리어, 터키어를 병기했다.

머리말

2011년은 아랍 세계의 역사에 새로운 페이지를 연 특별한 해가 되었다. 튀니지, 이집트, 리비아, 그리고 예멘 등 아랍 세계의 많은 국가들에서 민중봉기가 연쇄적으로 일어나, 독재자들은 정치의 중앙무대에서 연이어 추방되었다.

그 원동력이 된 것은 사회의 현재 상황에 불만을 품은 사람들이다. 그들은 인터넷이라는 새로운 정보통신 기술을 능수능란하게 구사하며 대규모의 반체제 운동을 전개했다. 그것은 질풍노도와 같은 세력이라고 말하기에 적절한 것이었다. 그 계기가 된 것은 2010년 12월 17일에 튀니지의 지방도시에서 실업 중이던 한 청년이 분신자살을 시도한 것이었다.

시리아에서는 사회에 긴장감이 나타났지만 오랫동안 조용하게 시간이 지나갔다. 그러나 결국 시한폭탄은 터지고 말았다.

시리아에서의 봉기에는 상당히 일찍부터 국외로부터의 개입이 농도 짙게 존재하고 있었다. 2011년 2월, 시리아 정부가 페이스북(Facebook)과 유튜브(YouTube)를 해금하자, 바로 국외 주재 시리아 사람들이 개설한 '2011년 시리아 혁명(The Syrian Revolution 2011)'이라는 사이트에서는 시민에 대해 봉기에 참여하라는 격렬한 호소가 이루어져 많은 국민이 길거리로 나가 시위를 하던 중에 죽었다. 이로 인해 물리적인 힘으로 억압하고자 했던 시리아 정권 측도 깊은 상처를 입었다.

2011년 3월 중순에 시작된 시리아 국내의 민중봉기는 결국 정권과 반체제 세력 사이의 무력항쟁으로 발전했다. 이 과정에서 모두 두려워했던 종교 및 종파 간 항쟁의 측면이 두드러지게 되었다.

시리아에서 발생하고 있는 움직임의 또 한 가지 특징은 정보기술을 구사하는 미디어 전쟁이라고 할 수 있는 격렬한 '보도 싸움'이다. 시리아 국영 보도기관(SANA)도 적극적인 보도활동을 하고 있는데 그것 이상으로 시리아 국외 보도기관들의 적극적인 자세는 두드러지며, 이는 국제여론의 형성에 큰 영향을 미치고 있다. 거기에는 시리아의 반체제파 그룹이 흘리는 정보가 그것이 지니고 있는 신빙성에 대해 검토되지 않고 대부분 그 상태로 보도되는 경우가 많다.

필자는 2006년부터 대략 4년 동안 다마스쿠스(Damascus)에서 대사로서 머물렀다. 변경의 마을 지역까지 발걸음을 옮기며 시리아 국내를 자동차로 달리면서 돌아본 곳이 8만km이다. 사막 가운데 이라크와의 국경지대 300km를 돌풍이 되어 위로 일어나는 사막모래를 온몸으로 맞으면서 주파하여 국경이 관리되는 실태를 시찰하기도 했다.

이스라엘과의 사실상 국경선이 된 골란 고원도 해발 50m의 최남단 지점부터 최북단에 위치하는 표고 2,814m의 헬몬 산 정상까지, 그리고 지뢰가 남아 긴장감이 맴도는 최전선 지대 117km를 유엔(UN) 정전감시단의 행차에 참가하여 답파했다.

다마스쿠스 시내에서는 조깅을 하며 연간 1,200km를 뛰었다. 경찰관과 치안군 병사가 자동소총을 소지하고 경계 활동을 하고 있는 시설들의 앞을 몇 차례에 걸쳐 수없이 돌파했다. 뛰면서 외국인들이 가까이에 거주하지 않는 슬럼가에도 들어가 일종의 무법지대에서 풍겨 나오는 냄새를 맡기도 했다. 2011년 이래 다마스쿠스 시내에서 발생하고 있는 폭발사건, 폭동 그리고 총격전의 현장은 대체적으로 필자가 이와 같이 움직였던 곳들이다.

    필자는 다종다양한 사람들과 흥미 있는 대화를 나누었다. 이에는 바샤르 아사드(Bashar al-Assad, 1965~) 대통령을 위시하여 정권 중추부의 간부들, 총리, 장관 등의 정부 고위관료, 군 간부, 언론 관계자, 나아가 자유와 민주주의를 추구하여 몇 년 동안이나 투옥되었지만 결코 굴복하지 않는 인권운동가들, 2000년 '다마스쿠스의 봄'을 연출한 재야의 지식인들, 시민단체(NGO) 운영자들, 그리고 변호사와 대학 교수, 이슬람 수니파[1] 지도자와 동방 기독교 지도자, 다마스쿠스와 알레포(Aleppo)뿐만 아니라 지방의 유력한 사업가, 상점주인, 이와 더불어 현재는 은퇴했지만 정세의 추이를 관망하면서 조용히 살고 있는 사람들도 포함된다. 그 가운데에는 지금도 연락을 유지하고 있는 사람들이 적지 않다.

    그러한 필자가 2011년 봄 이후의 시리아 정세를 전하는 보도를 보면서 위기감에 간담이 서늘해지는 일이 계속 거듭되었다. 반체제파의 정보에 편중된 보도뿐이고, 명확하게 반체제 측에 서 있는 알자지라(Al Jazeera)[2]와 알아라비야(Al Arabiya)[3] 등 위성방송국의 보도를 받아 전재하

---

1 수니파(Sunnis), 아랍어로 '꾸란(Qur'an)과 순나(Sunnah, 예언자 무함마드의 언행 기록)를 따르는 사람'을 의미한다. 이슬람의 한 종파로서 이집트, 사우디아라비아 등에서 다수파를 차지하고 있다.

2 알자지라(Al Jazeera), 1996년에 카타르의 국왕 하마드 빈 칼리파(Hamad bin

고 이에 더하여 침소봉대하며 사실과 다른 오보 등이 판을 치고 있기 때문이다. 시리아의 현 상황에 관한 유엔(UN) 기관의 보고서에 대해서도 집필자의 의도에 명확한 편중이 있는 경우를 살펴볼 수 있다.

구미(歐美) 국가들도 정권에 미래가 없다고 판단하고 맹목적으로 아사드 정권을 비난할 뿐이며, 시리아 정부가 무엇을 생각하고 어떻게 하고자 하는가를 알려고 하지 않는다. 그러한 상황 속에서 시리아에서 왜 이러한 봉기가 일어났는가, 그 실태가 어떻게 되고 있는가, 좀 더 근본적으로 시리아는 어떤 국가인가 등에 대한 것은 아무것도 전해지지 않고 있다.

지난 1년 동안 다양하게 전달되고 있는 보도들에 입각해보면, 아사드 정권은 당장 무너져도 이상할 바가 없다. 그런데 그 정권은 변함없이 무너지지 않고 있다. 그 이유를 물어보면, 군대를 사용하여 시민을 잔혹하고 무자비하게 탄압하고 강권을 통해 정권을 유지하기 때문이라는 설명이 대부분이다. 그러나 사태는 그렇게 단순하지 않다.

한때는 시리아의 우호국이었던 카타르, 그리고 현재 아랍연맹[4] 내부

Khalifa)의 지원 아래 수도 도하(Doha)에 설립된, 아랍어와 영어로 뉴스와 시사문제를 전문적으로 다루는 방송국이다. 아랍어로 자지라(*jazeera*, الجزيرة)는 '섬' 혹은 '반도'를 의미하며 일반적으로 아라비아 반도를 의미한다.

3 알아라비야(Al Arabiya), 2003년에 성립된 사우디아라비아 왕족 소유의 방송국으로 아랍에미리트(UAE)의 수도 두바이(Dubai)에 본부를 두고 있다.

4 아랍연맹(League of Arab States), 1945년 3월 22일 중동지역의 평화와 안전을 확보하고 아랍 국가의 주권과 독립을 지키기 위해 결성된 이집트 카이로에 본부를 두고 있는 연맹이다. 창립 회원국은 시리아, 이집트, 이라크, 사우디아라비아, 레바논, 요르단 등 6개국이고, 2012년 7월 현재 팔레스타인을 비롯해 22개국이 가입하고 있으며, 계속되는 유혈사태로 인해 2011년 11월 시리아

에서 큰 영향력을 발휘하고 있는 사우디아라비아, 이에 더하여 시리아와는 전략적 협력관계에 있는 것으로 일컬어졌던 터키가 솔선하여 반체제 세력과 그 무장 그룹을 지원하고 있다.

그러나 반체제 측에서는 내부 항쟁이 계속되고, 결국 반체제파의 무장 그룹도 시리아 국내에서 상당히 좋지 못한 비인도적 행위를 자행해 왔다는 사실이 국제사회에 알려지기 시작했다. 그리고 코피 아난(Kofi Annan)[5] 전 유엔 사무총장의 조정활동도 움직이기 시작했다.

필자는 시리아에서의 일련의 사건을 '아랍의 봄'이라는 허울 좋은 말로 이해하는 것은 적당하지 않다고 생각한다. 무엇보다 거기에는 장기간에 걸친 시리아 국내의 인권억압에 대해 민중이 일어선 부분이 있는데 이는 중요한 요소로서 생각해야 하겠지만, 이슬람주의 보수과격파의 대두와 무슬림형제단[6]의 움직임에 편승하려는 흐름이 있다. 또한, 도가니를 보는 것과 같은 시리아의 복잡한 민족 및 종교·종파 관계에 대한 깊은 관여로 인한 정권의 약체화, 나아가 시리아의 붕괴를 노리며 자국의 국가이익 증진을 도모하고 있는 국외로부터의 움직임도 있으며, 시

에 대한 회원자격이 박탈되었다. 현임 사무총장은 이집트 외무장관 출신인 나빌 엘라라비(Nabil Elaraby)이다.

5 코피 아난(Kofi Annan, 1938~), 가나의 외교관으로서 제7대 유엔 사무총장을 지냈다. 2001년에 유엔과 함께 노벨 평화상을 수상했다.

6 무슬림형제단(The Muslim Brotherhood), 1928년 이슬람 학자 하산 반나(Hassan al-Banna)에 의해 이집트에 세워졌으며 본부는 카이로에 있다. 범아랍주의와 반(反)시오니즘을 표방하는 대규모 이슬람 정치세력 중의 하나이다. 현재 최고지도자는 모함메드 바디에(Mohammed Badie)이며, 시리아에서는 1982년 '하마(Hama) 봉기' 이래 정부에 의한 탄압의 대상이 되어왔다.

리아를 둘러싸고 전개되는 평탄하지 않은 국제관계가 강하게 작용하고 있다.

시리아 제2의 도시 알레포(Aleppo)의 번화가에 마치 시계가 멈춘 것과 같은 모습의 호텔이 하나 있다. 오스만 제국 시대 말기인 1909년에 세워진 '바론 호텔(Baron Hotel)'이다. 벽은 두껍고, 높은 천정의 복도는 대낮에도 약간 어둡다. 각 방의 나무로 만들어진 문은 열쇠구멍이 크며, 지금은 방의 대문에 틈이 나 있기도 하다. 복도의 벽에는 퇴색한 "영국해외항공(BOAC)[7]을 타고 세계를 여행하세요!"라는 내용의 선전용 포스터로 한가득하다. 이 항공회사의 이름이 항공업계에서 사라진 지도 40년 가까이 지났다. 사막의 태양이 비추는 낮에도 이 호텔의 공기는 싸늘하며 움직임이 없다.

그러나 이 호텔은 개업 당시에 호화스러운 오리엔트 특급열차를 타고 유럽 여러 국가들로부터 도착한 승객들이 선호하여 이용하고자 했던 일류 호텔이었다. '아라비아의 로렌스'로 불리는 토마스 로렌스[8]와 애거사 크리스티[9] 모두 이곳의 숙박객이었다. 제2차 세계대전 전야에는 홀

---

7   영국 해외항공(British Overseas Airways Corporation: BOAC), 1939년에 영국 항공과 제국항공이 통합되어 국영화된 영국의 항공사로서, 1972년에 68대의 항공기를 보유했으며 1974년 3월 31일에 운항을 중단했다.

8   토마스 로렌스(Thomas E. Lawrence, 1888~1935), 영국의 모험가, 고고학자, 군인이다. 제1차 세계대전 당시 정보 장교로 참전하여 아랍군을 이끌어 아랍전쟁을 승리로 이끌었다. 이로 인해 '아라비아의 로렌스'라고 불린다. 그는 이 호텔의 202호실에 숙박한 적이 있다.

9   애거사 크리스티(Agatha Christie, 1890~1976), 영국의 추리소설 작가이다. 이 호텔의 203호실에 머물며 소설『오리엔트 특급살인(Murder on the Orient Express)』의 첫 부분을 집필했다.

에서 열린 연회들마다 추축국을 대표하는 독일과 연합국 측 영국의 스파이들이 제각각 자국의 국가이익을 위해 신사숙녀들과 담소를 나누면서 차가운 총탄의 불꽃을 서로 내뿜던, 이곳은 그렇게 음모로 가득했다.

알레포를 포함하는 시리아 지역은 고대로부터 비옥한 초승달 지대에 위치한 문명의 십자로였다. 19세기부터 20세기에 걸친 제국주의 시대에는 열강들이 이 지역을 놓고 서로 패권을 다투었다. 이스라엘의 건국 이래 반복되는 중동 분쟁을 수놓고 있는 현대사에서도 시리아는 역사적으로 계속 뒤집혀져왔으며, 중동 세계의 십자로에 서 있다. 시리아는 현재 격동하는 중동의 현대사를 만들어내고 있다. 이와 같은 맥락에서, 민중봉기 이후의 움직임을 하나의 좌표축으로 하여 시리아 독립 이후의 역사를 독자 여러분과 함께 살펴보고자 한다.

차 례

추천의 글 __ 5
한국어판 서문 __ 9
머리말 __ 15

제1장 강하게 부는 봄바람 ——————————————— 25

큰 태풍의 전조 25 | 태풍을 일으킨 아이들의 낙서 29 | 미국 정부에 의한 새로운 제재 32 | 레바논 암시장에서 대규모로 거래되는 무기들 34 | 소년은 당국의 고문으로 사망했는가? 36 | 전국에서 들끓어 오르는 민중봉기의 바람 38 | 본격적인 시위 탄압 41 | 불구대천의 적, 무슬림형제단 43 | 민중봉기의 뒤에 도사리고 있는 무슬림형제단의 움직임 47 | 국민평의회의 발족 50 | 아랍연맹 감시단의 수용 52 | 사면초가의 시리아 56 | 정권 내부에서의 자폭테러 58 | 시리아 국민평의회 65 | 터키 정부의 비호 아래에 있는 '자유시리아군' 70 | 무장 그룹의 탈법적인 자금력 71 | 민주개혁을 위한 국민조정위원회 74

제2장 중동의 활성 단층 ——————————————— 77

민족과 종교의 도가니 78 | 바아스당의 정권탈취와 권력투쟁 83 | 바아스당과 경제계 88 | 다시 일부만이 부유해진 사회경제 94 | 탈피를 도모한 알라위파 체제 99

제3장 시리아를 둘러싼 국제정세 ————————————— 107

제재에 나선 걸프지역 국가들 107 | 시리아·이란 우호관계를 문제시 108 | 시리아를 추격하는 급선봉으로 전락한 카타르 112 | 희박해져가는 이스라엘에 대한 보이콧 114 | 오스만 제국의 멍에를 벗어나 독립에 이르기까지의 고난 117 | 터키와의 관계, 긴장에서 우호로 122 | 미국이 의지하는 대상이 된 에르도안 정권 127 | 최대의 적국이었던 이스라엘 130 | 이스라엘과 공유되는 규칙 134 | 강화된 미국의 제재 136 | 다마스쿠스로부터의 미국 대사관 직원 철수 139 | 프랑스의 편향적인 외교 143 | 러시아와 중국 145 | 알자지라의 불가사의 148 | 기자들의 계속되는 사직 151 | 날조된 유엔(UN) 보고서 154

제4장 하페즈 아사드 대통령의 집권 30년 ──────── 159

제1차 중동전쟁 159 | 바아스당 정권의 독무대 161 | 하페즈 아사드의 무혈 쿠데타 165 | 이집트와의 협력관계 167 | 사다트 이집트 대통령의 고뇌 170 | 미국의 기대감 176 | 키신저의 덫 178 | 시리아에 있어서의 골란 고원 180 | 이집트·이스라엘 평화협정 183 | 네타냐후와의 비밀 교섭 187 | 북한의 군사협력 191 | 레바논에 대한 개입 192 | 하리리 레바논 전임 총리의 암살 196

제5장 바샤르 아사드 대통령의 집권 10년 ──────── 201

하페즈 아사드 대통령의 죽음 201 | 아사드 가문의 사람들 203 | 한결같게 진행되는 체제 내 개혁 208 | 아킬레스건은 농업 210 | 계승된 외교 과제 213 | 테러와 저항운동 217 | 하마스 219 | 이라크 전쟁 223 | 시리아의 이라크인 피난민 228 | 시리아의 국경관리 230 | 이스라엘에 대한 자세 232 | 이스라엘, '원자로'를 폭격했는가? 238 | 거의 완성되었던 '원자로'? 241 | 국제 정치의 틈바구니에서 뒤집혀진 알키바르 폭격사건 245 | 이란과의 미묘한 관계 249 | 알라위파 정권으로의 회귀 256 | 사면초가를 비웃는 베두인(유목민) 정권 257

결 론 ─────────────────── 261

부 록

시리아 '아사드 대통령' 일가 가계도 267 | 시리아 행정구역 268 | 시리아 역대 대통령 일람 269 | 시리아 역대 총리 일람 270 | 시리아 주요 연표 273

옮긴이 후기 _ 277

제1장 ● ● ●

강하게 부는 봄바람

큰 태풍의 전조

    2011년을 통해서 아랍 세계에 강하게 불었던 아랍의 봄바람은, 그 전년의 연말에 튀니지의 지방 도시에서 실업 중이던 모하메드 부아지지(Mohamed Bouazizi, 당시 26세)라는 청년이 대중의 앞에서 여성 경관에게 능욕을 당하고 절망하여 분신자살을 시도했던 것을 계기로 강력하게 불기 시작했다.

    그 날 아침 그는 전날에 들여놓은 채소와 과일을 시장의 길가에 내려놓고 팔려고 했다. 시장을 순회 중이던 여성 경찰관은 조속히 이것을 불심 검문하고 위압적으로 말했다. "무허가 판매는 금지다. 벌금을 내라, 그렇지 않으면 저울을 몰수한다."

    이에 청년은 항변했다. 그러자 여성 경찰관은 청년의 물건을 노상에 흩뿌렸고, 게다가 청년의 뺨을 손바닥으로 내려쳤다. 대중 앞에서 여성에게 가격을 당해 남자로서의 체면을 잃은 그는 시청에 호소하러 갔는데, 그만 문전박대를 당해버리고 말았다. 그는 주유소에서 기름을 산 뒤

절망 속에서 온몸에 퍼붓고 불을 붙였다. 이 뉴스가 인터넷으로 전해지자 국민들은 일제히 길거리로 나섰다.

사태의 전개를 우려한 벤 알리(Ben Ali)[1] 대통령은 다급하게 치료를 받게 하고 그 청년을 베갯머리에서 위문했지만, 국민은 아무도 납득하지 못했다. 이듬해 1월 초, 그가 숨을 거두자 국민의 분노는 노도의 물결이 되어 나라 안을 석권했고, 14일 대통령 일족은 도주하기 위해 국외로 탈출했다. 이리하여, 20여 년간 지속되어왔던 독재체제는 붕괴했다.

튀니지에서 독재체제가 무너지자 민중봉기의 움직임은 이집트로 날아들어 불붙었다. 시시각각 인터넷상에서 관련 정보가 전해지자 민중의 움직임은 멈추지 않았고, 30년간 계속되어 반석으로 여겨졌던 무바라크(Hosni Mubarak)[2] 대통령은 결국 2월에 사임하여 정권이 무너졌다.

이러한 움직임은 리비아에도 전파되었다. 40년 이상 계속된 카다피(Muammar Qaddafi)[3] 정권이었지만, 재빨리 정권 내부로부터 각료와 군 간부가 이탈하고 외국에 주재하는 대사들도 반기를 들었다. 반정부 세

---

1 벤 알리(Zine El Abidine Ben Ali, 1936~), 군인 출신의 정치인으로 1987년부터 2011년까지 튀니지 대통령을 역임했다. 민중봉기의 여파로 인해 2011년 1월 14일에 가족과 함께 사우디아라비아로 도주했다.

2 호스니 무바라크(Muhammad Hosni El Sayed Mubarak, 1928~), 이집트의 군인 출신 정치인으로 1981년부터 2011년까지 이집트 대통령을 지냈다. 2011년 이집트 혁명의 여파로 2월 11일에 대통령직에서 사임했고, 6월 2일에 법정 판결에 의해 종신형이 선고되었다.

3 무암마르 카다피(Muammar Muhammad Abu Minyar al-Qaddafi, 1942~2011), 1969년부터 2011년까지 리비아의 최고지도자였던 군인 출신의 정치인이다. 2011년 2월 리비아에서 반정부 시위가 일어났고 결국 10월 20일에 그의 고향 시르테(Sirte)에서 사살되었다.

력의 요청에 응한 북대서양조약기구(NATO)[4]가 카다피 정권의 군사 부문을 공중 폭격하여 정권 측의 군사력을 제거하자, 10월 민병대가 도주하려던 카다피 대령의 목숨을 빼앗았다.

예멘에서는 반정부 움직임이 부족 간 항쟁의 불씨에 기름을 퍼부었고, 우여곡절을 거쳐 결국 약 30년 동안 정권을 유지해온 살레(Ali Saleh)[5] 대통령이 물러났다.

바레인에서는 수니파 정권에 대해서 국민의 과반을 차지하는 시아파[6] 사람들이 권리의 확대를 요구하며 길거리로 나왔다. 국내에 치안상의 불안이 가득해지자 정권 측은 사우디아라비아로부터 1,000명 규모의 파병 지원을 받아 단호하게 사태를 수습했는데, 아직 불씨는 계속 남아 있다. 바레인은 인구가 약 80만 명으로, 남부에는 미 해군 제5함대 사령부가 있으며 미군의 해군기지가 되고 있다.

---

4 북대서양조약기구(North Atlantic Treaty Organization: NATO), 1949년 4월 유럽의 러시아와 미국 및 캐나다 간에 체결된 북대서양조약에 의거하여 설립된 북미와 서유럽을 연결하는 집단안전보장기구이다. 본부는 벨기에 브뤼셀에 있으며, 현재 터키를 포함해 28개국이 회원국으로 가입되어 있다.

5 알리 살레(Ali Abdullah Saleh, 1942~), 군인 출신의 정치인으로 1990년부터 2012년까지 예멘 대통령으로 재직했다. 2012년 2월 27일, 대통령직을 압드 하디(Abd Rabbuh Mansur al-Hadi)에게 넘겨주었다.

6 시아파(Shi'as), 예언자 무함마드(Muhammad)의 혈통만이 칼리파(Caliph, 이슬람의 지도자)가 될 수 있다고 신봉하는 이슬람의 한 종파이다. 무함마드의 사위 알리(Ali ibn Abi Talib)를 숨어 있는 이맘(Imam)으로 간주하며 언젠가 다시 돌아올 구세주로 여기고 있다. 이란과 이라크에서 다수파를 형성하고 있으며, 시리아에서는 시아파의 분파에 속하는 알라위파 지도자 아사드 대통령이 정권을 장악하고 있다.

쿠웨이트에서는 국가지도자(에미르)[7]의 조카인 총리[8]에 대한 국민의 비판이 다시 높아져 총리는 교체되고 의회가 해산되었으며, 총선거가 행해져 새로운 내각이 발족했다. 또한, 사우디아라비아에서는 유전 지대에 거주하는 시아파 국민이 불온한 움직임을 보이자 정부에서 강력한 힘으로 사태에 대처하고 있다.

요르단과 모로코의 두 왕국에서도 불만을 지닌 국민이 시위를 했고 정권 측에서는 신경질적으로 대응하고 있다. 양국 모두 걸프협력기구(GCC)[9]와의 연대 강화를 도모하고 있다. 2011년 12월, 걸프협력기구는 양국에 대해 50억 달러의 개발원조 기금을 마련하는 것을 결정하고 지원하는 자세를 명확히 했다. 아랍 세계 절반의 국가에서 민중봉기라는 태풍이 거칠게 불고 있다.

시리아에서의 움직임은 무디었다. 민중봉기의 기운은 무엇보다 표면화되지 않았다. 그러나 그 고요함은 격렬한 태풍의 전조였다.

---

7 에미르(*Emir*)는 아랍어로 '사령관' 혹은 '총독'이라는 의미를 갖고 있으며, 쿠웨이트와 카타르의 군주, 즉 국가지도자에 대한 호칭으로 사용되고 있다. 현재 쿠웨이트의 국가지도자(에미르)는 사바 아흐마드 사바(Sabah IV al-Ahmad al-Jaber al-Sabah, 1926~)이다.

8 자베르 무바라크 사바(Jaber al-Mubarak al-Hamad al-Sabah, 1942~), 쿠웨이트의 총리이며, 제1부총리와 국방장관을 역임한 바 있다.

9 걸프협력기구(Gulf Cooperation Council: GCC), 공식 명칭은 걸프지역 아랍국가 협력기구(Cooperation Council for the Arab States of the Gulf: GCCASG)이다. 1981년 5월 25일에 걸프지역 아랍 국가들 간의 경제협력을 위해 아랍에미리트(UAE), 바레인, 사우디아라비아, 오만, 카타르, 쿠웨이트 6개국의 주도로 설치되었으며, 본부는 사우디아라비아의 리야드에 있다. 현재 사무총장은 바레인의 압둘라티프 자야니(Abdullatif bin Rashid al-Zayani)가 맡고 있다.

튀니지 혁명의 계기를 만든 여성 경찰관에 대해서는 후일담이 있다. 그녀는 2011년 4월 경찰 구치소에서 조용히 석방되었다. 이슬람 세계에서 체면은 남자에게 소중하기 이를 데 없다. 그중에서도 대중의 앞에서 여성에게 뺨을 맞는 것만큼 남자에게 굴욕적인 것은 없다. 부아지지 청년의 뺨을 대중 앞에서 때렸기 때문에 아무리 경찰관이라고 해도 여자를 그 정도로 거들먹거리게 만든 벤 알리 대통령 체제를 무너뜨리게 된 것이지만, 실제로 그녀는 청년의 뺨을 때리지는 않았다. 현장에 있지 않았던 청년의 친족이 매스컴에 언급한 과장된 말이 그 상태로 전해졌던 것이다. 이를테면, 거짓 정보가 하나의 역사의 대문을 열었다.

태풍을 일으킨 아이들의 낙서

1963년에 정권을 탈취한 시리아의 바아스당[10] 독재정권은 반세기에 가깝게 유지되고 있으며, 하페즈 아사드(Hafez al-Assad, 1930~2000), 바샤르 아사드(Bashar al-Assad, 1965~) 두 대통령에 의한 아사드 가문[11]의 정권 운영은 40년 넘게 지속되고 있다.

---

10 바아스당(The Ba'ath Party), 시리아·이라크 등의 아랍 국가들에서 활동하는 범아랍주의와 아랍사회주의를 표방하는 정당이다. 공식명칭은 '아랍사회주의 부흥당'이며, 통일·자유·사회주의의 실현을 추구한다. 제1차 당대회는 1947년 4월 시리아 다마스쿠스에서 개최되었다. 점차 영향력이 확대되어 시리아를 본거지로 삼으면서 이라크, 레바논, 요르단, 예멘 등에 당 지역지도부를 설치했다. 그러나 이라크의 바아스당이 시리아의 바아스당 아래로 들어가는 것을 꺼려하여 자주독립 노선을 내세우며 시리아의 지도로부터 이탈했다. 특히 1966년 시리아에서 하페즈 아사드 등이 이끄는 세력에 의해 쿠데타가 발생한 이후, 이라크와 시리아 양국의 바아스당 세력 간의 골이 깊어진다.
11 아사드 가문의 구체적인 계보에 대해서는 이 책의 부록을 참고하기 바란다.

2011년 2월이 되자 다마스쿠스 시내에서 소규모 시위가 몇 차례에 걸쳐 시도되어 치안 당국이 이를 몰아냈지만, 3월이 되자 정세는 일거에 다른 국면으로 대대적으로 발전한다.

남부의 요르단과 국경을 인접하고 있는 다라아(Daraa) 시에서 13명의 중학생들이 별다른 생각 없이 반(反)정부 내용의 낙서를 했는데, 치안 당국은 즉각 아이들을 색출하여 체포했다. 그 이후 석방된 모습도 보이지 않아 걱정하고 있는 가족에게 동정을 하는 시민들은 3월 18일 이슬람 사원에서 낮 기도를 마치자, 수천 명의 규모가 되어 길거리에 나서며 "알라, 시리아, 자유, 그것만으로 충분하다!"라고 절규하면서 아이들의 석방을 호소했고, 주지사와 치안기관 책임자의 해임을 요구했다. 치안기관의 다라아 시 담당책임자 아테프 나지브(Atef Najib)는 바샤르 아사드 대통령 모친의 조카로 오만하고 횡포한 행동으로 인해 시민으로부터 혐오를 받았다.

이 대규모 시위대에 당황한 치안부대는 발포했고, 수 명이 사망하는 사건으로 발전했다. 시리아 국영통신은 보기 드문 속보로 이 시위 사건을 보도했는데 "소수의 시민으로 가장한 일부의 도당이 혼란을 일으키고 공공건물과 시민의 재산을 파괴하려고 했기 때문에, 치안 당국은 시민과 시민의 재산을 보호하기 위해 개입하여 그들을 해산시켰다"라는 정권 측의 상투적인 주객전도의 보도였다. 그럼에도 이 일상적이지 않은 사태의 발생은 다른 곳으로 전해졌다.

다라아 시내의 불안정한 상황은 계속되었다. 사망자의 장례식에도 혼란이 발생하여 당국 측의 발포에 의해 새로운 사망자가 나왔다. 사태를 우려한 아사드 대통령은 지방 문제의 책임자인 타메르 히제(Tamer al-Hijeh) 지방자치 장관과 파이살 메크다드(Faisal Mekdad) 외무차관을 파견하여 장례식 행렬에 참가시키고 정부의 애도를 전했다. 외무차관의 파견은 일견 기묘한 측면이 있었는데, 다라아의 명문가 출신이자 대통령의 측근으로서 현지에서 명망이 높았기 때문에 보내진 것이었다. 그러나 일단 활활 불타오른 화염은 이러한 조문단의 방문으로도 수습되지 않았다.

아이들은 즉각 석방되었다. 정부는 내무부에 다라아 사건에 대한 조사위원회를 설치하고 발포 책임자의 처형을 발표했다. 주지사는 해임되었고 혐오를 받고 있던 치안 당국 책임자도 제거되었다. 23일 국영방송은 다라아에서 무장단체가 구급차를 습격하여 의사, 의료 보조원 그리고 운전수를 살해했으며 치안군 가운데에서도 사망자가 나왔다고 전했다.

국내에서는 다라아 사건에 호응하여 홈스(Homs), 바니야스(Baniyas)에서 군중이 길거리에 나왔다. 다마스쿠스 교외의 두마(Douma)에서도 이제까지 볼 수 없었던 규모의 군중이 길거리를 천천히 행진했다.

사태의 전개양상을 심각하게 판단한 시리아 정부는 대응책을 마련하고, 3월 24일에 일련의 민주화 정책의 주요 골자를 발표했다. 다라아 사건 진상규명위원회의 설치, 부패척결 방안의 도입, 「비상사태법」의 긴급 재검토, 정당 자유화에 관한 새로운 법과 자유에 관한 새로운 법의 도입, 그리고 「출입국관리법」 개정을 향한 절차의 개시, 법에 의한 지배의 관철 등이다. 동시에 시위대를 향한 실탄 발포를 금지하는 대통령 지시도 내려졌다는 것이 밝혀졌다.

그러나 다라아의 시위에서는 변함없이 사망자가 속출했다. 정부는 시위대의 요구 가운데에는 정당한 것이 있다며 검토를 약속하는 한편, 요르단 국경 지대로부터 선동자가 잠입하고 있는 것과 무장 밀수그룹에 의한 경찰서 습격을 비난했다. 실제로 다라아 지방의 부족은 요르단 국내 북부까지 확산되어 있으며, 국경을 횡단하는 무장 밀수활동으로 잘 알려져 있다.

29일에 무함마드 오타리(Muhammad al-Otari)[12] 총리가 이끄는 내각이 퇴진하고, 이튿날 30일 바샤르 아사드 대통령은 인민의회에 도착하여, 민중봉기가 시작된 이래 처음으로 공개적인 석상에서 소신을 말했다.

대통령은 정부가 국민과 함께 있다는 것을 강조하며 "일련의 개혁을 지향하는 정책은 이번 소동이 일어났기 때문에 사후적으로 허둥지둥 대책을 세워 추진한 것이 아니며, 이전부터 입안되어 있던 계획에 따라 시기가 도래했기 때문에 추진하고 있다. 최근의 소동은 외국, 특히 이스라엘과 관계가 있는 세력이 시리아의 약체화와 분열을 기도한 모략이며, 일부 위성방송국도 가담하고 있다"라고 비난했다.

아사드 대통령은 자신이 국민으로부터 절대적인 신뢰를 얻고 있다고 자부하며, 연설 중에 항상 미소를 잃지 않고 사망자에 대해서 애도의 의사도 표명했다. 그러나 이와 같은 인식은 심각한 사태를 우려하는 국민의 의식과는 거리가 멀었다. 이에 대해 반정부 측은 내용이 없는 연설이라고 혹평했다.

미국 정부에 의한 새로운 제재

반정부 시위는 더욱 확대되어 카미슐리(Qamishili)와 하사케(Hassake) 등 멀리 떨어진 지역으로까지 전파되었다. 시리아 정부 측은 힘으로 강경하게 진압하는 길을 선택했다. 희생자가 늘어나고 체포되는 시민들도

---

12 무함마드 오타리(Muhammad Naji al-Otari, 1944~), 알레포와 홈스 지역의 행정을 담당한 바 있으며, 2003년부터 2011년까지 시리아의 총리를 지냈다.

계속 증가했다. 강력한 힘으로 대처하면 이에 대한 반발도 강하다. 경찰관 등 치안기관에 대한 공격 사건도 증가했다.

카미슐리와 하사케에는 반세기에 걸쳐 국적이 없는 쿠르드족[13]이 다수 거주하고 있다. 1962년에 국세(國勢) 조사를 할 때 국적을 부정당한 쿠르드족과 그 자손들이다. 그들은 무상 의료와 교육을 받는 자격을 박탈당하고 부동산 소유의 권리도 없어서, 장기간에 걸쳐 국적의 부여를 정부에 요청해왔다. 이것은 인권문제인 것과 동시에 해당 지방의 치안상의 현안이기도 했다. 대통령 취임 이래 이 문제에 관심을 갖고 있던 바샤르 아사드 대통령은 이전부터 이미 복안(腹案)을 결정했다. 4월 7일 정부는 이 오래된 과제를 일거에 해결하고자 무국적자에 대한 국적의 무조건 부여를 결정했다.

4월 16일, 새로운 내각이 발족하여 대통령은 훈시를 내렸다. 그 가운데 대통령은 국민과의 의사소통을 가능한 한 밀접하게 하고 국민의 기대에 부응하는 정부, 투명성을 중요시하고 국민으로부터 신뢰를 받는 정부를 만들며 「비상사태법」의 폐지 등 일련의 민주화 정책을 조속히 추진하는 것, 경제문제에 다대한 관심을 쏟는 것 등을 지시하고 마지막으로 이렇게 훈시했다. "당신들은 국민에 대해서 조신하고 겸허해야 한다. 오만함은 그 어떤 것이라도 정당화될 수 없다."

21일, 대통령은 「비상사태법」과 고등치안 재판소를 철폐하고 새롭

---

13 쿠르드족(Kurds), 쿠르드어를 사용하며 중동지역에 폭넓게 산재하여 거주하고 있는 약 3,000만 명의 민족이다. 쿠르디스탄(Kurdistan)의 회복을 염원하고 있는데, 이 지역은 터키의 동부, 이라크의 북부, 이란의 북서부, 그리고 시리아 북부에 걸쳐 있다.

게 시위의 자유에 관한 법률을 도입했다.

그러나 이 결정에 대해서 미국 국무부는 충분하지 않다며 평가하지 않았다. 이러한 부정적 성명은 반체제파 세력에 힘을 불어넣었다. 그리고 치안군에 의한 민중의 사망자 수는 약 500명에 달한다고 반체제파가 발표하자, 29일 오바마(Barack Obama)[14] 대통령은 시리아 정권의 간부들에 대한 제재를 발표했다.

미국 정부는 1979년 이래 시리아에 대해서 경제제재를 부과하고 있었는데, 3월 이래의 민중봉기와 정부 측에 의한 가차 없는 민중탄압 앞에 미국 정부는 새로운 제재를 도입했다. 그 이후 수차례에 걸쳐 시리아 정부에 대해서 대통령 및 정권에 가까운 민간 관계자에 대한 재산동결과 여행금지의 제재가 부과되었고, 유럽연합(EU)도 마찬가지의 조치를 취했다.

레바논 암시장에서 대규모로 거래되는 무기들

사상자는 급속하게 계속 증가하고 있다. 정부는 경찰, 치안군 측의 사상자 수를 중심으로 발표할 뿐이기 때문에 전체 사상자 수는 판명되지 않고 있다. 한편, 반체제 측 단체는 이것을 항상 민중의 희생자들이라고 주장하며 그 사상자 수를 단정적으로 공표해오고 있다.

그러나 치안은 악화되고 사태가 혼란스럽고 통신 상태도 불안정한 상황에서 매일처럼 전날의 사상자 수가 단정적으로 발표되고 있는데, 뉴

---

14 버락 오바마(Barack Hsussein Obama, 1961~), 케냐 출신의 흑인 아버지와 미국 백인 어머니 사이에서 태어났다. 2009년 1월 20일부터 미국의 제44대 대통령으로 재직하고 있다.

스 프로그램마다 정리되어 발표되는 그 숫자에 과연 어느 정도의 신빙성이 있을까? 전체의 경향을 알 수 있는 실마리는 되겠지만 그 정확성은 대단히 의문스럽다. 반정부 단체 측에서 공표하는 사망자 가운데에는 사고 현장의 생존자와 관계가 없는 사람들이 섞여 있는 경우가 적지 않다. 국영방송에서 그러한 생존자에 대해 보도해도, 반정부 단체들은 이것을 실제로 고려하지 않는 상태로 새로운 사망자 수를 발표하고 있다.

반정부 측과 구미 국가들의 정부, 이에 더하여 알자지라, 알아라비야, '프랑스 24(France 24)' 등의 보도기관은 민중의 시위가 항상 평화적으로 행해졌으며, 이와 관련해 정부 측이 치안군을 이용하여 탄압하고 있다고 비난을 계속해왔는데, 현장에서는 점차로 정부 측과 반정부 측의 무장충돌이 빈발한다는 보도가 전해지고 있다. 이것을 말해주는 바와 같이, 4월부터 5월에 걸쳐서 레바논의 암시장에서는 무기 매매가 급격하게 증가하여 가격이 높게 뛰었다.

6월 상순이 되자, 레바논 신문은 러시아제 칼라쉬니코프 자동소총(AK-47)이 과거 1개월 동안 400달러에서 1,600달러로 가격이 올랐고, 미군이 사용하는 M4 공격용 라이플총의 가격은 1만 5,000달러가 되었다고 보도했다. 새로운 해가 밝아 2012년이 되자 AK-47은 2,100달러까지 치솟아 오르고, 민중봉기 이전에는 1개에 100달러였던 수류탄이 500달러까지 가격이 상승했다. 그럼에도 시리아로부터 와서 암시장에서 무기를 구입하려는 움직임은 끊이지 않는다. 그들은 부자연스러울 정도로 자금이 풍부하다.

시리아 국영방송은 살인 행위와 파괴 행위를 일삼는 용의자를 체포하여 그들의 자백 내용을 자주 유포했는데, 그 가운데에는 레바논 신문의 보도 내용을 뒷받침하는 것이 있다. 이라크에도 무기 암시장이 있으며, 그곳으로부터 무기가 시리아로 흘러든다. 나아가 무기는 터키, 요르단으로부터도 유입된다. 동시에 그때까지 시리아 국내에서는 유통되지 않았던 외국에서 만들어진 위성 휴대전화기가 치안 당국이 체포한 용의자들로부터 몰수되는 사례가 현저하게 나타났다.

반체제 측 단체는 이러한 발표에 대해 일절 언급하지 않는데, 정부 측과 정부 지지자로 간주되어 반체제 측에 의해 살해당하는 사람들 가운데에는 사체(死體)가 무참하게 절단되어 있는 엽기적인 희생자들이 점차로 늘어나고 있다.

소년은 당국의 고문으로 사망했는가?

이 같은 상황 속에서 4월 말에 다라아 시의 시위에 참가한 후 행방불명이 된 13세의 소년이 5월 하순경 사체가 되어 가족의 품으로 돌아오는 사건이 발생했다. 유튜브에는 바로 그 함자 카티브(Hamza al-Khatib) 소년의 사체 영상이 흘렀다.

반체제 측은 소년의 사망을 치안기관에 의한 고문사 사건으로서 다루고, 알자지라와 알아라비야 등의 미디어들은 대대적인 캠페인을 벌였다. 소년의 친족은 사체에 총탄 흔적이 있으며 피부는 고문으로 시커멓게 되었고 성기가 절단되었다는 등 소년의 시신 모습을 자세히 설명했다. 자신을 활동가라고 밝힌 한 인물은 소년과 함께 시위에 참가하고 있을 때, 소년이 악명 높은 공군 정보국에 의해 납치되었으며 그때 함께 납치된 사람들 중에 몇 명은 사체가 되어 집으로 보내졌다고 말했다. 이밖에도 이때를 놓칠세라 이른바 사정에 정통한 사람이 출현하여 외국 TV 방송국의 화면에서 모든 것을 '증언'했다. 이 사건은 아사드 정권의 학살적인 고문 살인의 상징으로서 크게 주목을 받았다.

이에 대해 시리아 정부는 즉각 반응했다. 아사드 대통령은 소년의 가족에게 직접적으로 애도의 의사를 표명하고, 국영방송은 사건의 진상규명을 위한 특별 프로그램을 편성했다. 검시를 맡은 의사 등 전문가들은 소년의 사망은 세 발의 총탄이 원인으로 총탄 흔적 이외에 사체에 손상은 없으며, 사체는 바로 가족이 있는 곳으로 인도되었는데, 소년을 특정할 만한 신상 관련 정보가 아무것도 없었기 때문에 가족에 대한 인도가 3주 정도 늦어진 것이며, 시간의 경과로 인해 피부에 사후 변색이 초래되었고, 성기의 절단은 사체의 부패에 의한 것으로 판단된다고 밝혔다. 상세한 검시 보고서도 공표되었다.

그러나 정부 측이 공표한 정보에 대해 언급하는 바도 없이, 그 이후에도 소년의 죽음은 당국에 의한 고문사라고 국제사회에서 상징적으로 계속 보도되었으며, '유엔 인권고등판무관사무소(OHCHR)'[15]의 보고서에서도 다루어지게 된다.

소년의 사망이 주목을 계속 받고 있을 때, 이번에는 시리아 북부 지역에서 큰 사건이 발생했다. 터키 국경까지 20km 정도 떨어져 있으며 가솔린, 연료, 일용품 등의 밀수 활동으로 알려진 지스르 앗슈구르(Jisr as-Shughour)라는 마을에서 6월 7일에 치안군 관계자가 120명을 살해한 것이다. 반정부 측에서는 이 사건은 탈영병과 정부 사이의 충돌이라고 주장했지만, 정권 측에서는 수백 명을 상회하는 반정부 측 그룹에 의한

---

15 유엔 인권고등판무관사무소(Office of the United Nations High Commissioner for Human Rights: OHCHR), 유엔에 속해 있는 조직의 하나로 세계 각국의 인권 보호와 계몽 활동의 진작을 목적으로 한다. 스위스 제네바에 본부를 두고 있다.

주도면밀한 무장공격이었다고 하며, 수일 동안에 걸쳐 군대의 태세를 정비한 이후 반정부 그룹의 토벌에 나섰다.

실제로 1980년 3월에도 당시 격렬하게 반정부 무장 활동을 했던 무슬림형제단의 격퇴 과정에서 동 지역에서 정부 측이 격렬한 토벌 활동을 감행했던 역사가 있다.

이번에는 군이 토벌에 나서기 전에 4만~5만 명의 인구 가운데 많은 주민들이 마을을 버리고 그중에 일부는 터키 영내로 도주했고, 터키 측이 준비해둔 캠프에 모여들었다. 한편, 시리아군은 지스르 앗슈구르를 무력으로 평정했다.

이때 터키 영내의 캠프 지역에서는 피난민들이 국제사회를 향해 "자유를, 민주주의를, 바샤르 아사드 정권의 타도를!"이라는 슬로건을 내세우며 목이 쉬도록 절규했고, 그 모습은 폭넓게 보도되었다. 그들 중 절반은 그로부터 1개월 반도 안 되는 사이에 치안을 회복한 마을로 되돌아갔다. 국제사회는 귀국하는 그들에 대해서는 그 어떤 관심도 보이지 않았다.

6월 중순에 반정부 측 단체는 3월의 민중봉기 이후 이미 시민의 사망자 수가 약 1,300명을 넘었으며 치안군 측 사망자는 340명을 상회한다고 발표했다.

전국에서 들끓어 오르는 민중봉기의 바람

이 무렵, 체포자들이 대통령의 지시로 집단적으로 석방되는 일은 있었지만, 대통령이 금지령을 내린 시위대에 대한 실탄의 발포는 줄곧 잦아들지 않을 뿐만 아니라 사망자가 증가하는 것으로 볼 때, 아사드 대통령이 정권 내부에서 실권을 상실하고 있는 것은 아닌가 하는 견해가 일각에서 제기되었다.

아사드 대통령은 6월 20일 공개적인 자리에서 자신의 소신을 표명했다. 시리아는 독립 이전부터 항상 국외로부터의 모략에 노출되어왔으며, 일련의 봉기는 외국이 주도하는 모략의 일환이라는 견해를 유지하면서 다음과 같이 말했다.

봉기하고 있는 민중에는 세 가지 부류가 있다. 정부에 요구를 제기하는 사람들, 범죄자들, 그리고 수는 비교적 적지만 이슬람 과격주의자들이다. 정부는 앞의 부류에 속하는 사람들의 요구에는 정면에서 대응하지만, 범죄자들에게는 법을 적용하고, 마지막의 그룹에 대해서는 싸우겠다. 지스르 앗슈구르 사건은 실제로 세 번째 그룹이 관여한 사건이었다. 현재의 문제를 해결하기 위해서 필요한 것은 모든 계층의 국민이 참가하여 어떤 과제에 대해서도, 이를테면 헌법의 개정문제에 대해서도 진지하게 말을 나누고 국민 대화를 진행하는 것이다.

이 TV 방송이 끝나자, 반대하는 군중은 홈스(Homes), 하마(Hama), 라타키아(Latakia), 그리고 다마스쿠스 교외 등에서 길거리로 나와 "무기를 들고 군중을 살육하는 정부와 국민 사이의 대화는 불가능하다"라고 절규했고, 반정부 단체 측에서는 이 연설이 시간 벌기에 불과한 것이라고 평가했다.

미국 정부도 "개혁은 말이 아닌 실행을 보여주어야 한다"라고 반응했고, 유럽연합(EU)은 "신뢰할 수 있는 대화가 시작되어야 하는데, 이 연설에 실망했다"라고 대응하여 아사드 대통령의 연설을 높게 평가하지 않았다. 그러나 아사드 대통령은 연설에서 '말이 아닌 행동을, 형식이 아닌 실질'을 강조했다. 개혁의 절차를 명시하고 그의 결심을 논했던 것이다. 군중뿐만 아니라 국제사회도 바샤르 아사드 대통령의 연설 내용을 제대로 알고자 하지 않았고, 억측으로만 반응했다.

국내의 반정부 시위는 규모가 더욱 확대되었다. 하마 시에서는 7월 8일에 이제까지 가운데 최대 규모의 군중이 길거리로 나왔다. 이튿날 반정부 단체는 참가자가 50만 명에 달했다고 발표했고, 국제사회에서는 그 숫자를 그대로 인용했다. 다마스쿠스 주재 미국 대사와 프랑스 대사는 8일, 시리아 외교부의 동의를 얻지 않고 하마 시를 방문했으며, 특히 미국 대사는 시위대를 만나 격려하고 그들로부터 올리브 나뭇가지를 전해 받았다.

시리아 외교부는 두 대사를 소환하여 그들의 행동이 내정간섭에 해당한다는 항의를 전했는데 양국이 그 항의를 거부하자, 12일 다마스쿠스의 수백 명에 이르는 격노한 시민들이 미국과 프랑스의 두 대사관을 습격하고 난폭한 행패를 부렸다.

하마 시에서는 22일에도 대규모 시위가 일어났는데, 이번에는 65만 명의 군중이 길거리로 나왔다고 반정부 단체 측이 발표했다. 그런데 하마 시는 전체 인구가 80만 명이다. 이를 감안할 때, 80% 이상의 사람들이 길거리로 나온 것이 된다. 그러나 보도된 영상 화면을 보아도 대규모이긴 하지만 그 정도는 아니었다. 아사드 정권은 이 시기의 시위가 가장 큰 규모였는데, 그럼에도 군중은 전국적인 차원에서 기껏해야 13만 5,000명의 정도였다고 판단하고 있다.

다마스쿠스의 군중이 미국과 프랑스의 대사관을 습격했을 때, 또 다른 일군의 무리는 카타르 대사관을 급습하여 돌을 던지고 계란을 투척했다. 카타르의 알자지라 방송국의 보도가 너무나도 반(反)시리아적인 성향을 보여주고 있으며 악의로 가득하다는 것이 정권을 지지하는 그들의 불만이었다. 시리아 정부는 카타르 정부에 대해 이 습격 사건과 관련하여 공식적으로 사죄했다.

7월 23일의 이른 아침, 홈스 시 교외에서 알레포로부터 다마스쿠스로 향하는 여객 열차가 다리 위에서 탈선하여 전복되는 사고가 일어났다. 다행스럽게도 열차 차량이 다리 밑으로 떨어지는 것은 면했기 때문에, 480여 명의 승객들은 무사했지만 운전수는 사망했다. 사고 원인을 조사한 결과, 선로의 볼트가 풀려져 있었다. 시리아 정부가 이를 테러 사건이라고 비난하자, 반정부 측은 정부가 국제사회의 관심을 이끌어내기 위해 벌인 자작극에 의한 사건이라고 반응했다. 그 이후, 범인이 체포되자 반정부 측은 이 사건에 대해 침묵했다.

반정부 단체는 7월 하순, 민간인의 누계 확인 사망자 수는 약 1,500명이며, 정부 측 사망자는 365명이라고 발표했다. 시리아 정부에서는 6월 말에 정부 측의 사망자가 500명을 넘었다고 언급했다.

본격적인 시위 탄압

이 무렵이 되자, 시리아 정부와 국내 보도관계자 등 일각에서는 사태가 나선계단을 타고 굴러 떨어지는 것처럼 일종의 내전 상태로 향하고 있는 것은 아닌가 하고 사태의 발전양상에 대해 진지하게 우려하는 움직임이 일어났다. 그들은 폭력을 멈추고 쌍방 간에 대화를 나누는 장을 마련하는 것이 사태의 해결을 위한 거의 유일한 길이라고 생각했다.

그런데 다른 한편으로 하페즈 아사드 대통령 시대에 뛰어난 능력을 발휘하고 은퇴한 지 이미 10년이 넘은 전임 군 정보기관의 수장인 알리 두바(Ali Douba)[16] 등의 강경파가 부름을 받아 정부 부처 내로 돌아왔으며, 지도력을 발휘하기 시작했다는 것이 알려지게 되었다. 그리고 반정부 시위대에 대해 강경한 조치를 취하는 자세가 가일층 강화되었다.

시리아를 대표하는 사업가인 바샤르 아사드 대통령 모친 혈통의 조카 라미 마클루프(Rami Makhlouf, 1969~)[17]가 5월에 미국의 ≪뉴욕 타임스(New York Times)≫ 기자와 인터뷰를 했다.

아사드 대통령 일가의 일원으로서 타인과의 경쟁을 허락하지 않는 우월적인 영향력을 행사하여 부를 축적했다는 소문이 나돌고 있었기 때문에, 그에 대한 평판은 시리아 국민들 사이에서 대단히 나빴다. 라미 마클루프는 시리아 정권의 어두운 부분을 대표하는 인물로서 미국 정부와 유럽연합으로부터 제재의 대상이 되었으며, 3월 이래의 민중봉기 가운데에서도 그의 타도를 부르짖는 목소리는 자주 들리곤 했다.

그러한 그가 기자에게 이와 같은 위기 상황 속에서 "정권 중추부는 가일층 결속을 더욱 굳게 하고 있으며, 대통령이 최종 결단을 내리지만 실질적으로는 합의제이며 모두가 결정하고 있다. 우리는 최후까지 싸울 것이며, 우리가 당할 때에는 당하는 것은 우리만이 아니라는 것을 알아야 할 것"이라고 말했다. 라미 마클루프는 정치적인 문제에 직접적으로 관여하지 않지만, 정권 중추부와 직접 연결되어 있으며 정치 정세에 대해서 매우 정통하다. 그런 그가 정권 중추부의 강경자세에 대해 언급한

---

16 알리 두바(Ali Douba, 1933~), 알라위파 출신으로 1974년부터 2000년까지 시리아군 첩보기관의 수장을 맡았다.
17 라미 마클루프(Rami Makhlouf, 1969~), 바샤르 아사드의 모친 계열 친족으로 시리아 내에서 최고의 부와 권력을 지닌 사람들 중의 한 명으로 간주되고 있다. 현재 통신회사 시리아텔과 은행 두 곳, 방송사 두 곳 등을 보유하고 있다. 그의 허락 없이는 시리아에 외국 기업이 들어올 수 없는 것으로 알려져 있다.

것이다.

정권이 강경한 자세를 취하게 된 데에는 이유가 있다. 민중봉기의 이면에 바아스당이 결성된 이래의 불구대천의 적인 무슬림형제단이 존재하고 있다는 냄새를 맡은 것이다.

불구대천의 적, 무슬림형제단

바아스당은 1947년의 창당 당시부터 시리아에서 활동하는 무슬림형제단과 격렬하게 대립해왔다. 1946년 4월에 시리아가 독립하자, 무슬림형제단은 군 내부에서 강력한 영향을 미쳤다.

무슬림형제단은 이슬람교 수니파 가운데에서도 원리주의에 가까운 보수파에 의해 조직되었다. 이에 따라 이슬람교에 별로 구애받지 않고 통일, 자유 그리고 사회주의를 슬로건으로 내세우며 세속주의를 실천하는 바아스당과는 서로 화합할 수 없었다. 수니파 유력자들과 대토지 소유자들은 바아스당 세력이 확대되자, 바아스당 가운데에서도 유력한 이단적인 소수파인 알라위파[18] 관계자들과, 같은 수니파지만 가난한 가정 출신자들이 대두하는 것에 강한 위화감을 갖게 된다. 이 같은 배경 속에

---

18 알라위파(*Alawis*), 이슬람 시아파의 알리 숭배를 극단적으로 추구하여 신격화한 종파로, 창시자 무함마드 이븐 누사이르(Muhammad ibn Nusayr)의 이름을 따서 '누사이르파'로 불리기도 한다. 시리아에서 알라위파는 소수 종파에 속하지만 세습정권을 이어가고 있는 알라위파 바샤르 아사드 대통령으로 인해 현재 권력층을 형성하고 있다. 또한, 일본의 중동 문제 평론가 세키 고타로(瀨木耿太郎)는 알라위파가 십자군의 후예로 알려져 있기도 하다는 것을 밝히고 있다. 세키 고타로, 『중동정세를 보는 눈(中東情勢を見る眼)』(岩波新書, 1984), p.153.

서 그들은 무슬림형제단을 지원하기 시작했다.

1963년에 바아스당이 쿠데타로 정권을 탈취하자, 바아스당의 급진적 사회주의 정책은 도시의 상인들과 대토지 소유자들에게 불안감을 초래했다. 다마스쿠스로부터 210km 거리의 북부 지역에 위치해 있는 하마 시에는 대토지 소유자들이 많으며, 무슬림형제단의 영향이 강하다. 무슬림형제단은 대토지 소유자들은 물론 정권의 급진적 사회주의 정책에 불만을 갖고 있는 상인들로부터 자금을 제공받고 있다. 이슬람 사제가 격렬한 선동 연설을 했을 때, 하마 시의 무슬림형제단은 무장 궐기를 한 바 있다. 그것은 1964년 4월의 일이었다. 정부 측은 전차까지 투입하여 수일 동안에 걸쳐 이를 진압했다. 이리하여, 당시 수많은 무슬림형제단 구성원들은 자취를 감췄다.

세력을 확대하고 있는 바아스당이지만 당내의 권력 투쟁이 끊이질 않았고, 정권에 참여하는 알라위파는 이를 기회로 축재를 대대적으로 도모하여 거대한 부를 쌓는 사례도 눈에 띄게 되었다. 이 과정에서 시리아 사회에는 부정부패가 만연했다. 국민의 생활은 고통스러워졌고, 사회 가운데의 불만은 확대되었다.

1970년대 후반이 되자 핵심 요직에 오른 알라위파 주요 인사에 대한 암살 사건이 많이 발생하게 된다. 1979년 6월에는 알레포 포병학교에서 32명의 젊은 알라위파 장교들이 일거에 학살되는 사건이 발생했다. 당국은 이와 같은 일련의 암살 사건들은 알라위파를 노린 무슬림형제단이 자행한 것이라고 발표했다. 1980년 6월에는 하페즈 아사드 대통령 암살 미수사건이 발생했는데, 그는 이때 간신히 죽음을 면했다. 1979년부터 1981년에 걸쳐 시리아 전국에서 300명 이상이 암살되었다.

오늘날에 이르러 다마스쿠스와 알레포는 3시간 반이 소요되는 거리밖에 안 되지만 당시에는 8시간이 걸렸다. 독립 이전 프랑스 위임통치 시대에, 프랑스는 다마스쿠스 지방과 알레포 지방을 양분하여 지배했다. 두 지방 간의 상호 감정에는 지금도 미묘한 부분이 있다. 알레포에서는 사업가와 상인들이 무슬림형제단을 비밀리에 지원했다.

1982년 2월 3일 새벽녘 하마 시에서 치안부대가 무슬림형제단의 군사조직과 충돌하자, 무슬림형제단 멤버들이 하마 시 전역에서 일제히 무장봉기를 일으켰다. 그 규모와 군사력에 의해 아사드 정권은 충격을 받았고, 이 봉기를 처리하는 것이 정권의 운명을 결정할 것이라고 판단하여 즉시 정보 통제와 함구령을 내리고 철저한 탄압에 나섰다.

1주일 후 국외의 무슬림형제단 그룹과 미국 국무부는 동시에 하마 사건을 공표했고, 이 사건은 곧 세계에 알려지게 된다. 공표의 타이밍이 동시였던 점에서 시리아 정권 측은 무슬림형제단과 미국 정부가 결부되어 있는 것으로 강하게 의심했다.

당시 이라크와 이란은 전쟁 상태에 있었는데, 이라크가 시리아의 이란 지지를 비난했기 때문에 양국의 국경은 폐쇄되어 있었다. 신생국가 이란에 의한 테헤란 주재 미국 대사관 점령 사건이라는 트라우마에서 벗어나지 못하고 있던 미국 정부는 이스라엘에 대한 강경파지만 '적의 적은 우리 편'이라는 인식 아래, 이라크를 사실상 지원했다. 이스라엘과 기질이 서로 통하는 요르단 국왕과 아사드 대통령 사이의 관계는 항상 나빴으며 결코 호전되지 못했다.

이집트와 이스라엘의 평화 합의에 반대하는 아사드 대통령은 이스라엘과 미국 정부로부터 비난을 받았다. 또한, 시리아는 레바논에 자국의 군대를 상주시켰는데, 레바논 국내의 '팔레스타인 해방기구(PLO)'[19]에 대해 이스라엘이 강경한 자세를 견지했다. 이 시기에 시리아는 미국 정부와 밀접한 관계를 맺고 있는 인접 국가들에 의해 포위되어 있는 상태에 처해 있었다.

무슬림형제단은 철저하게 토벌되고, 하마 시의 구(舊)시가지는 거의 파괴되었다. 희생자의 정확한 수는 결코 공표되지 않았지만, 다수의 시민들을 포함하여 수천 명에서 2만 명 사이인 것으로 알려져 있다. 무슬림형제단 가운데 절반 정도의 지식인 멤버들은 국외로 도주했다.

하마의 봉기가 진압되자 표면적으로는 국내에 평온한 분위기가 회복되었다. 최고형인 사형의 형벌로 무슬림형제단은 철저한 탄압을 계속해서 받았다. 그럼에도 무슬림형제단은 사회 속에서 침울하고 음침한 통주저음(通奏低音)이 되어 조용히 계속해서 울려 퍼졌다.

2008년 7월부터 오랫동안 다마스쿠스 교외의 사이드나야(Saydnaya)에 있는 정치범 형무소의 내부에서 폭동이 계속 일어났다. 형벌을 받고 있는 무슬림형제단 멤버들이 중심이 되어 처우개선을 요구하는 투쟁이었는데, 외부와의 연락을 포함하여 그들 사이의 연락 실태에 당국은 놀랐다. 이 폭동으로 인해 일설에는 25명 혹은 그 이상의 수감자가 사망했다고 하는데, 이에 대해 보도된 적은 거의 없었다.

2009년부터 시리아에서 니카브(niqab)라는 겨우 눈만 드러내고 얼굴 전체를 뒤덮는 검은색 스카프, 그리고 발목까지 내려오는 검은색의 긴

---

19 팔레스타인 해방기구(Palestine Liberation Organization: PLO), 1964년에 창설되었으며, 이스라엘의 지배 아래에 있는 팔레스타인을 해방시키는 것을 목적으로 하는 여러 독립운동 단체들의 통합기관이다. 최대 파벌인 파타(*Fatah*)를 위시하여 팔레스타인해방 인민전선(PFLP), 팔레스타인 인민당(PPP) 등이 참가하고 있다. 본부는 팔레스타인 라말라(Ramallah)에 있으며, 현재 의장은 2004년부터 마흐무드 압바스(Mahmoud Abbas)가 맡고 있다.

오버코트를 한해 내내 착용하고 외출하는 여성이 마을 가운데 눈에 띄게 증가했다. 정부에서는 이러한 경향에 우려를 표했다. 치안 당국은 알레포 주변 등 북부 지역에서 이슬람 보수파의 움직임이 활발해지고 있다고 보았는데, 이것이 전국 규모의 반정부 행동으로 이어지게 될 것으로는 미처 생각하지 못했다. 2010년 말에는 다마스쿠스 교외에 카지노마저 개설되었다.

민중봉기의 뒤에 도사리고 있는 무슬림형제단의 움직임

그리고 2011년 3월 이래 민중봉기가 일어나고 있다. 시리아 정부는 무장투쟁 활동을 하는 그룹을 토벌하는 과정에서 체포된 용의자들 중의 일부를 '테러리스트'로 규정하고, 이들이 자백하는 모습을 방영했다. 이들 용의자들은 시장에서 물건을 파는 사람, 도장사(塗裝師), 대장장이, 양탄자 운반인, 택시 운전사, 식당 종업원, 공장 노동자 등 대부분이 비공식 섹터에서 일하는 노동자들이었다. 또한 이들 가운데에는 출옥자들도 적지 않았으며 이슬람법 학사 및 경제학 학사 등의 고학력자들도 소수지만 혼재되어 있었다.

이러한 고학력자들에 의한 자백 내용의 특징은 그들이 사우디아라비아에 체재하고 있을 때, 이슬람교와 관계가 없는 세속정권인 시리아 정부를 타도하는 운동을 시작하려는 반정부 활동에 대한 참가를 유혹받고, 자금상의 지원을 약속받았다는 것이다.

4월에 방영된 자백 내용은 용의자가 비공식 섹터의 인물인데, 무슬림형제단 멤버가 중간에서 주선하여 레바논의 국회의원으로부터 자금과 무기를 받아 무장투쟁 사건을 일으켰다고 했다.

당연한 일이지만 지명된 레바논의 국회의원은 이를 즉각 부정했고,

그가 소속된 파벌의 영수인 사드 하리리(Saad Hariri)[20] 전임 총리도 무슬림형제단과의 관계를 강하게 부정했다. 그러나 위키리크스[21]에서 공표된 베이루트 주재 미국 대사관의 전문 내용에 의하면, 2006년 사드 하리리가 미국 대사에게 시리아는 아사드 정권을 대신하여 무슬림형제단이 참가하는 정권을 수립하는 것이 바람직하다고 말하여 그와 무슬림형제단과의 관계를 시사하고 있다.

그런데 사드 하리리는 암살된 전임 총리이자 그의 부친인 라피크 하리리(Rafiq Hariri)[22]와 마찬가지로 사우디아라비아의 국적도 보유하고 있으며, 사우디아라비아 왕실과 대단히 깊은 관계를 맺고 있다.

아사드 정권은 3월 이래의 민중봉기 가운데에서 이슬람 보수파뿐만 아니라 생각하지도 않았던 무슬림형제단의 움직임을 강하게 느꼈다. 그리고 30년 전과 비교할 수 없을 정도로 국외 세력과의 관계를 심화시킨 그들의 움직임을 인식하고, 심각한 위기감 속에서 가차 없는 탄압을 추진했다.

동시에 정권 측에서는 회유책을 제시하면서 무슬림형제단과 그 주변

---

20 사드 하리리(Saad-eddine Rafiq al-Hariri, 1970~), 사우디아라비아 리야드에서 태어났으며, 라피크 하리리 전임 총리의 차남이다. 2009년부터 2011년까지 레바논의 총리를 역임했다.
21 위키리크스(WikiLeaks), 자체적으로 수집하거나 익명의 정보제공자가 제공한 미공개 정보, 비밀, 또는 사적인 정보를 공개하는 국제적인 비영리기관이다. 2006년 12월부터 활동을 시작했으며, 현재 스웨덴에 기반하고 있다.
22 라피크 하리리(Rafiq Baha El Deen al-Hariri, 1944~2005), 레바논의 사업가로서 1992~1998년과 2000~2004년까지 레바논의 총리를 역임했다. 2005년 2월 14일 수도 베이루트에서 폭탄테러로 암살되었다.

에 쐐기를 박아 넣고자 했다. 아사드 대통령은 6월 20일의 연설에서 "30년 전 무슬림형제단과의 대결은 시리아 역사의 어두운 부분이다. 오늘날에도 당시의 대결을 질질 끄는 형태로 무슬림형제단 관계자로 간주되어 공무원이 되는 것이 거부되고, 사회보장을 받지 못하며, 여권의 발급도 할 수 없는 등의 불이익을 받고 있는 사람들이 있다는 것을 알고 있다. 이 문제는 정의의 문제이며, 머지않아 완전하게 해결될 것이다"라는 말을 힘을 다해 강조하면서, 무슬림형제단과 그 주변 사람들 사이의 이반을 시도했다. 또한 이슬람 보수파 사람들에 대한 대응책으로서 시리아 정부는 니카브의 착용금지 조치를 사실상 철회했고, 이슬람주의자들로부터 비난을 받았던 카지노 영업장도 폐쇄시켰다.

그러나 민중봉기의 열기는 계속해서 높아질 뿐이며, 회유책은 효과를 거두지 못했다. 정권은 물러서지 않고 오직 나아가겠다는 각오로 무슬림형제단과 이슬람 보수파에 대항하기 위한 강경책으로 돌진했다.

그럼에도 반정부 시위는 거의 전국으로 확대되었는데, 다마스쿠스와 제2의 도시 알레포에서는 시민들의 시내 외출이 많았으며, 사람들은 마을의 카페에 모여서 조용한 나날을 보냈다. 상인과 공장 경영자 등 사업가들은 심각한 위기에 직면했지만, 그럼에도 조용하게 참으며 버텼다.

8월이 되었다. 이 해의 라마단(단식월)[23]은 8월이었다. 반정부 측은 라마단 기간 중에도 길거리로 계속 나왔고 반정부 운동을 더욱 확대할 것을 부르짖었는데, 정부 측에서는 이에 대한 퇴치와 진압 태도를 완화하

---

23 라마단(Ramadan, رمضان), 이슬람력으로 아홉 번째 달을 지칭한다. 2012년에는 7월 20일 저녁에 시작해서 8월 16일에 종료된다. 라마단 기간 중에는 음식의 섭취와 흡연 등이 금지되며, 폭력과 중상 등을 삼가야 한다.

지 않았을 뿐만 아니라 거꾸로 더욱 강화했다.

국민평의회의 발족

8월 17일, 아사드 대통령은 바아스당의 중앙위원회 소속 간부들 앞에서 그의 소신을 피력했다. 이에 대해서는 보도가 되지 않았는데, 아사드 대통령은 이 가운데에서 민주화 개혁에서 바아스당이 시리아 국가와 사회를 지도한다는 바아스당의 우월성을 규정하고 있는 헌법 제8조가 시대에 맞지 않게 되었다는 것을 인정해야 한다며 헌법 개정의 필요성을 언급했다. 헌법의 동 조항에 대한 철폐 자체는 반정부 측이 추구하는 정치적 요구의 중심이 되어왔다.

아사드 대통령은 매우 이른 시기부터 이 헌법 조항에 대해 위화감을 지니고 있었던 모양이다. 2007년의 대통령 신임투표에서는 신임투표가 아니라 경쟁선거에 임하고 싶다고 말한 것으로 알려져 있다. 아사드 대통령은 5월 상순에 소집된 인민회의에서 헌법 개정의 문제를 제기하는 자세를 보였지만, 그때에는 아직 주위를 충분하게 설득하지 못했다.

개혁 지향의 정책은 라마단 기간 중에도 차례로 입법화되었다. 8월 4일에 다수 정당법과 개정 선거법, 8월 23일 지방자치단체법, 8월 28일 보도의 자유에 관한 법이 공포되었다. 또한, 9월 7일에는 다수 정당법의 시행령도 제정되었다.

한편, 과거 10년 동안 추진되어온 시장경제의 도입을 지향하며 외자의 도입을 용이하게 하는 경제개혁 노선은 기본적으로 늦추어지고, 긴급사태에 대응하기 위한 소극적인 대응이 증가했다. 소련식 사회주의 경제시대에는 노동자의 권리가 극진하게 보호되어, 그것이 경제의 활성화를 방해했던 점을 반성하여 기업 종업원의 신분보장을 제한하고 경영자에 의한 종업원의 해고를 손쉽게 하는 법률을 2010년 3월에 노동자 조합과 바아스당 내부 등의 저항을 배제하고 결국 도입했다. 그런데 이것도 재고의 대상이 되어, 지금에 와서는 거들떠보지도 않는 법률로 전락하고 있다.

9월이 되자, 한 가지 뚜렷한 경향이 나타났다. 치안 당국의 강경한 자세 앞에서, 인터넷을 사용한 민중봉기를 호소하는 국외로부터의 격렬한 움직임에도 불구하고 시위 참가자가 급속하게 감소되었다. 라마단이 끝나는 금요일이었던 9월 2일에 외국의 미디어는 변함없이 시위 모습을 대대적으로 보도했는데, 그 미디어도 뉴스의 마지막 부분에 전국에서 수천 명의 규모에 머물렀다는 것을 언급하지 않을 수 없었다.

9월 10일부터는 아사드 대통령이 국민화해를 위해 추진한 국민대화가 국민 각계각층 대표자의 출석을 확보하기 시작했다. 그러나 출석한 어느 사업가는 개인적인 입장에 따라 회의에 참가했지만, 아직 관제(官制) 대화에 머물러 있어서 국민대화라고 하기에는 앞으로 수차례에 걸쳐 탈피를 거듭할 필요가 있다고 밝혔다.

한편, 시리아 국내의 반대파 세력의 주도로 설립된 국민조정위원회 (National Co-ordinating Body)는 다마스쿠스 시내에서 17일에 회의를 개최하고 성명을 발표하여, 치안군 병사의 철수, 평화적 시위의 허가, 시위대에 발포하여 살해한 인물의 처형, 모든 정치범의 석방 등을 요구했다. 회의에는 약 200명의 참가자들이 동석했는데, 저명한 민주화 운동 활동가로서 수년 동안 형무소 생활을 경험한 미셸 킬로(Michel Kilo)[24]와

---

24 미셸 킬로(Michel Kilo, 1940~), 시리아의 인권운동가이자 민주화 인사이다. 시리아 반체제 인사들 중 대표적인 사상가로서 간주되고 있다. 장기간 정치범

하산 압둘아짐(Hassan Abdul-Azim)[25] 등도 가담했다. 국외에서는 그때까지 각종 재외 시리아인 그룹들이 각각 독자적으로 반체제 운동을 전개해왔는데, 9월이 되자 터키의 이스탄불에 모여 10월 2일에 시리아 국민평의회(Syrian National Council: SNC)가 정식으로 발족하게 된다.

유엔(UN)의 인권담당 고등판무관은 시리아 국내의 사망자에 대해 9월 12일에 성명을 발표하면서, 그 가운데 신뢰할 수 있는 정보원에 의하면 이미 사망자 수는 2,600명 이상이 되었다고 공표했다. 다만 고등판무관 측의 발표는 항상 정보원이 밝혀지지 않으며, 신뢰할 수 있다는 판단의 근거에 대해서도 일절 설명이 없다. 한편, 시리아의 대통령 보좌관은 같은 날 반정부 측과 정부 측의 확인 사망자 수는 각각 대략 700명이라고 밝혔다.

10월 4일, 뉴욕의 유엔 안전보장이사회에서는 미국과 프랑스가 중심이 되어 추진한 시리아에 대한 제재결의안이 러시아와 중국의 거부권 발동으로 흐지부지되었다.

아랍연맹 감시단의 수용

반체제 측에서는 시위가 변함없이 평화적으로 행해졌는데, 이에 대해 정부 측이 무력으로 탄압했기 때문에 희생자가 계속 증가했다는 기

으로 수감되었다가 2009년 5월에 석방되었다.
25 하산 압둘아짐(Hassan Abdul-Azim), 시리아 다마스쿠스를 중심으로 활동하는 변호사 및 반체제파 핵심 지도자들 중의 한 명이다. 현재 2011년 성립된 '민주개혁을 위한 국민조정위원회(National Coordination Committee for the Forces of Democratic Change: NCC)' 의장이다.

존의 비난을 되풀이했다. 국제사회도 이와 같은 주장에 입각하여 대응했는데, 반체제 측의 무장 그룹에 의한 활발한 활동은 정부의 치안군과 빈번하게 충돌을 일으켜 희생자를 더욱 증가시켰다.

쿠르드 지방의 한 중심지인 카미슐리(Qamishli)는 터키 국경에 인접해 있다. 마을의 바깥에 철도 노선의 절단기와 같은 모양의 오르내림 문이 있으며, 그곳을 향해 서 있는 쪽과 같은 모습의 마을이 바라다 보인다. 바라보고 있는 쪽은 터키 영토이다. 이 정도로 국경을 접하고 있는 카미슐리 시내에서 10월 7일 저명한 쿠르드족 활동가 마샬 타모(Mashal Tamo)[26]가 무장 그룹의 습격을 받아 살해되었다.

시리아 정부가 이 살인 사건에 관해 비난 성명을 내자 이번에도 반정부 측은 이 사건이 정부의 자작극이라고 비난했다. 미국의 백악관은 이에 대해 반정부 활동가의 입을 틀어막고자 하는 시리아 정부 측의 새로운 움직임이라고 비난하고, 바샤르 아사드 대통령은 즉각 퇴진해야 한다는 내용의 성명을 냈다. 백주 대낮의 일이었지만, 시리아의 정부 기관에서 필사적으로 수사를 해도 범인 조직은 홀연히 사라져버렸고 시내에 흔적도 남지 않았다. 카미슐리에서는 사태가 진정되었기 때문에, 위화감이 남는 사건이다. 마샬 타모의 장례식에는 주지사가 참석하여 애도의 뜻을 표명했다.

10월 15일, 대통령은 새로운 헌법 초안의 작성을 위한 위원회의 발족

---

26 마샬 타모(Mashal Tamo), 쿠르디스탄 미래당(The Kurdistan Future Party)의 당수이자 시리아 지역을 중심으로 한 쿠르드족 해방운동의 지도자였다. 2011년 10월 7일, 쿠르드족이 많이 거주하는 도시인 시리아의 카미슐리에서 암살되었다.

을 지시하고, 4개월 이내에 초안을 작성하여 제출하도록 했다. 바아스당의 한 간부에 따르면, 헌법 초안은 인민회의에서 채택된 이후 국민투표에 부쳐져 과반수로 채택됨으로써 성립될 예정이라고 한다.

아랍연맹 내부의 규칙에 따르면, 2011년 3월부터 1년간은 팔레스타인이 각료회의 의장을 맡을 차례에 해당되지만, 팔레스타인의 요청을 받아들이는 형태로 카타르의 총리 겸 외무장관[27]이 의장에 취임했다.

10월 중순이 되자, 카타르가 강력하게 의장으로서의 직권을 행사하며 사우디아라비아와 연대하여 걸프협력기구(GCC)를 이끌고 아랍연맹을 주도하기 시작했다. 그리고 아랍연맹 긴급 각료회의의 개최를 요구했다. 회의는 시리아의 반대를 배제하고 개최되었다. 시리아 정부는 반정부파의 무장해제, 반정부파에 대한 아랍 국가들의 자금원조 중단, 미디어의 반(反)시리아 캠페인 중단을 요구했는데, 결국 폭력행사의 중지, 체포자의 석방, 시가지로부터의 모든 군 병력 철수, 아랍연맹의 관계기관 및 외국 미디어의 시리아 국내에서의 자유로운 이동 등의 네 가지 사항에 대해 합의했다.

11월 4일, 시리아 정부는 내무부를 통해 아랍연맹과의 합의를 실시하는 일환으로서 국민에 대해 무기를 소지하고 있는 사람들은 1주일 이내에 당국에 무기를 갖고 자수할 경우 사면을 받게 될 것이라는 취지의 내용을 발표했다. 그러자 즉각 미국 국무부 대변인은 기자회견을 통해

---

27 하마드 빈 자심(Hamad bin Jassim, 1959~), 카타르의 총리(2007년 4월 3일 취임) 및 외무장관(1992년 1월 11일 취임)이다. 그는 아랍 세계에서 널리 읽히는 신문 《알와탄(Al Watan)》과 카타르의 주요 신문 《알라야(Al Raya)》와 《알샤르크(Al Sharq)》의 소유주이다.

지금은 시리아 정부의 호소에 대응할 시기가 아니라고 회답했으며, 이것이 크게 보도되었다.

이 발언에 대해 시리아 정부는 미국 정부가 반정부 측이 평화적으로 시위를 행하고 있다는 미국 자신의 주장을 스스로 부정하고 반정부 측의 계속적인 무장투쟁을 지지하고 있다며 강력하게 반발한다. 10일 후, 미국 정부가 이번에는 반대 취지의 내용을 공표했다. 반정부 측이 무력 활동을 벌이는 것은 시리아 정부 측의 폭력행위에 구실을 주는 것이기 때문에 억제되어야 한다는 내용이었다. 미국 정부의 발언은 일관성을 잃고 흔들렸다.

그 이후에도 사태는 혼미를 거듭했다. 12일, 아랍연맹은 다시 각료급 회의를 개최하고 아랍연맹과 합의를 한 이후에도 다수의 사망자가 계속 나오고 있다는 이유를 들어 아랍연맹 내부의 회의에 시리아 대표단이 출석할 수 있는 자격을 중지시키고, 15일까지 이전에 합의된 사항들을 실시할 것을 요구했다. 회의에서 의장은 시리아 대표의 격렬한 반론을 무시한 채 다수결로 논의를 종결지었다. 이 과정에서 레바논과 예멘은 반대했고, 이라크는 기권했다.

한편, 12일의 일방적인 결정이 시리아에 전해지자, 깊은 밤인데도 불구하고 다마스쿠스에서는 수많은 격노한 시민들이 길거리로 쏟아져 나와 사우디아라비아, 카타르, 그리고 터키의 각 대사관을 습격했다.

군의 탈영병들이 터키 영내에 본거지를 마련하고 조직한 '자유시리아군(FSA)'은 이미 7월 하순경부터 활동을 해왔다고 스스로 주장하고 있는데, 11월이 되자 군사평의회의 설치를 표명하고 아사드 정권의 타도를 위한 활동의 강화를 선언했다.

사면초가의 시리아

이 무렵, 레바논 신문은 미국, 프랑스, 영국, 독일, 터키, 사우디아라비아, 카타르, 쿠웨이트, 이집트, 그리고 요르단 등의 국가들이 아사드 정권에 대한 정책협의를 긴밀히 하는 움직임을 보이고 있다고 보도했다. 아랍 및 중동 문제에 정통한 브라질의 프리랜서 저널리스트 페페 에스코바르(Pepe Escobar)는 이러한 국가들의 정보기관 관계자가 시리아에 인접한 터키 영내의 이스켄데룬(Iskenderun)에 모여 정책조정을 하고 있다는 기사를 썼다. 이 시점에서 시리아는 반응을 보이지 않았는데, 이듬해 1월 말이 되자 시리아 국영통신이 같은 취지의 내용을 보도하는 것과 함께 반정부 그룹에 대해 사우디아라비아와 카타르가 협력하여 지원하는 관계에 접어들었다는 것을 전했다.

11월 26일이 되자, 아랍연맹 각료회의에서는 시리아에 대한 항공편의 운행중단, 무역 정지, 나아가 시리아 정부와의 외화 거래와 시리아 정부자산의 동결을 핵심 내용으로 하는 경제제재 조치를 결정한다. 시리아 측은 아랍연맹이 특정 구미 국가들의 주구가 되어버렸다며 반발했다. 이러한 경제제재 결정에 레바논과 이라크는 불참을 표명했고, 회의에서 결정에 찬성한 요르단도 그 이후 소극적인 자세로 후퇴했다. 보도에 의하면, 2009년에는 시리아 전체 수출의 52.5%가 아랍 국가들을 상대로 이루어졌다.

거의 사면초가 상황에 처해 있는 시리아지만, 이 시기에 바샤르 아사드 대통령과 인터뷰했던 구미의 저널리스트들은 그의 냉정한 태도에 놀랐다. 10월 말에 인터뷰했던 영국의 ≪텔레그라프(The Telegraph)≫는 다음과 같이 썼다.

아랍 독재자와 만난다고 하면 엄중한 경비 속을 몇 번이나 검사받으며 통과하고, 딱딱한 의전을 정확히 지키고, 하늘을 찌를 것과 같은 거대한 궁전 안에서 관리들에게 둘러싸인 상대의 혼잣말을 공손하게 들을 것이라고 상상하겠지만, 아사드 대통령은 그 정반대였다. 담당자인 젊은 여성이 혼자 마중 나와 그녀의 안내로 10분 정도 차를 타고 어느 지점에서 샛길로 들어서자, 거기에는 문도 없고 문지기도 없었다. 그리고 그곳에는 영국의 경우라면 교외의 별장과 같은 건물이 있었다. 그 건물의 홀에서 대통령은 우리를 맞이해주었다.

11월 하순, 영국의 ≪선데이타임스(Sunday Times)≫가 인터뷰를 했을 때, 담당 기자는 이렇게 적었다.

아사드 대통령은 마치 청년 사업가인 것처럼 생각되는 인물이었다. 검은색 신사복을 착용하고 스스로 가방을 들고는 발랄한 분위기로 인민회당에 들어서서, 주변의 직원들과 인사말을 나누었다. 그러한 자세를 볼 때, 누가 그 인물을 대통령이라고 생각할 수 있겠는가?

12월 상순에 인터뷰를 한 미국 ABC TV의 바바라 월터스(Babara Walters) 여사는 아래와 같이 말했다.

미국을 출국하기 전에 국무부로부터 다마스쿠스는 위험하기에 호텔방에서 나오지 않도록 주의를 받았기 때문에 걱정이 깊어졌지만, 현지에 도착하자 그러한 우려는 쓸모가 없었다. 아사드 대통령은 인터뷰를 즐거워하는 모습이었다. 그는 그 어떤 예민한 질문에도 뒷걸음을 치지 않았다.

인터뷰가 끝나자 그는 미소를 머금은 채 인사했다.

이러한 회견을 통해서 아사드 대통령은 명백한 지지층에 더하여 중간층이라고 불리는 국민의 대부분을 차지하는 사람들에 의해 정부가 유지되고 있다는 자신감을 내보였던 것이다. 실제로 특히 소수민족, 소수종교 종파, 그리고 대도시의 상인 및 사업가들은 변함없이 현재의 시리아 정권을 지지하고 있다.

정권 내부에서의 자폭테러

아랍 세계에서는 2011년의 민중봉기 이래, 튀니지에서 이슬람주의 그룹이 지도적인 위치에 서게 되었고, 이집트에서는 이집트의 무슬림형제단과 이슬람 보수주의 세력의 우세가 명백해졌다. 카다피 이후의 리비아에서는 이미 이슬람 보수주의 그룹이 영향력을 떨치고 있다. 모로코에서는 이슬람주의 그룹 대표가 총리로 취임했다.[28] 카타르의 총리는 온건 이슬람주의 그룹과의 연대에 대해 전향적인 자세를 보이고 있다. 이렇게 점차적으로 아랍 세계의 정치 상황에서 이슬람주의 색채가 강화되면서 시리아의 세속정권은 고립이 심화되고 있다.

구미 국가들은 무엇보다 아사드 정권에 대해 엄격하다. 그러한 구미 국가들에 대해 바샤르 아사드 대통령은 시리아가 인종, 종교, 종파가 서로 뒤섞여 있으며, 미묘하고 위험한 균형 위에 성립되어 있는 국가이기

---

28 압델릴라 벤키라네(Abdelilah Benkirane, 1954~), 모로코의 총리(2011년 11월 29일 취임)로서 이슬람주의와 이슬람 민주주의를 표방하는 모로코 정의개발당(Justice and Development Party: JDP) 총재이다.

때문에 이와 같은 시리아에 대해 개입할 경우 이 지역에 끔찍한 혼란이 일어나게 될 것이라는 경고를 제시하며 견제하는 자세를 취했다.

12월 19일, 시리아 정부는 이집트 카이로의 아랍연맹 본부에서 아랍연맹의 감시활동에 관한 합의 문서에 서명했다. 시리아 정부를 비난하는 구미 국가들과 아랍 국가들이 모두 큰 목소리로 요구했던 감시단이 결국 시리아에서 활동을 하게 된 것이다. 22일, 선발대가 시리아에 들어갔고, 감시단 제1진은 26일에 시리아에 들어가 감시활동을 시작했다. 감시단은 160명 규모로 1개월 동안의 활동을 예정했고, 나아가 1개월 동안의 추가 연장도 할 수 있도록 했다.

이때 정권의 바로 코밑에서 자폭테러가 발생했다. 23일 아침 10시를 넘은 시각에 총리 관저와 큰 길 하나 정도의 거리가 떨어졌을 뿐인 치안당국 본부와 그 안의 군사 시설 앞에서, 2대의 자동차가 대폭발을 일으켜 44명이 사망했다.

시리아 국영통신사는 사고 현장의 절규하는 처참한 모습을 편집하지 않은 채로 보도하여, 충격을 크게 받았음을 나타냈다. 시리아 정부는 이 사건에 알카에다[29]가 개입되어 있다는 냄새를 맡았다. 반체제 측은 이때에도 정부의 자작극이라고 비난했다. 이듬해 2012년 1월 6일 오전에도 같은 형태의 자폭테러가 다마스쿠스 변두리의 번화가에서 발생하여 26

---

29 알카에다(Al-Qaeda), 1988년과 1989년 사이에 사우디아라비아 출신의 오사마 빈 라덴(Osama bin Laden)을 중심으로 조직된 국제적인 무슬림 무장집단이다. 이슬람 수니파 조직으로서 반미와 반유대주의를 표방하며, 미국과 유럽연합 등에 의해 테러조직으로 규정되었다. 2011년 오사마 빈 라덴의 사망 이후, 현재 아이만 자와히리(Ayman al-Zawahiri)가 이끌고 있다.

명이 희생되었다. 그 이후에도 다마스쿠스와 알레포에서 마찬가지의 사건이 일어났고, 3월이 되어 알카에다 계통이라고 여겨지는 그룹이 자신들의 범행이라며 성명을 냈다.

시리아를 비난하는 국가들로부터 기대를 받기 시작한 감시단의 활동이었지만, 사태는 의외의 방향으로 전개되었다. 외국 미디어에 의한 성급한 질문에 대해 감시단의 단장[30]이 시리아의 정세에 관해 특별히 문제시될 만한 것이 없다는 반응을 보이자, 구미와 일부 아랍 국가들은 신경이 거슬려 이에 대해 격노했다.

그 이후에도 단장이 감시단의 업무를 신중하게 추진할 생각이라고 말하자 반체제파는 몹시 격분했고, 수단(Sudan)의 군인 출신인 단장이 시민을 탄압한 군 경력을 지니고 있다는 등의 이유를 내세우며 단장에 대한 인신공격도 시작했다. 또한, 감시단이 활동하는 동안에도 사망자 수는 계속 증가했다며 신경질적으로 목소리를 크게 질렀다. 1월 15일이 되자, 카타르의 최고지도자(Sheikh)[31] 하마드(Hamad bin Khalifa al-Thani)[32] 국왕은 아랍군의 파견에 대한 검토 가능성을 언급한다.

한편, 시리아 정부는 아랍연맹과의 합의 사항에 관한 실행으로서,

---

30 모하메드 다비(Mohamed Ahmed Mustafa al-Dabi, 1948~), 수단의 장군 및 첩보계통 담당자로서 2011년 12월부터 2012년 2월까지 아랍연맹의 시리아 감시단 단장을 맡았다.
31 셰이크(Sheikh, شيخ), 아랍어로 부족의 족장, 장로, 존경받는 현인 혹은 이슬람 지식인 등을 의미한다.
32 하마드 빈 칼리파 타니(Hamad bin Khalifa al-Thani, 1952~), 1995년 이후 카타르를 지배하고 있는 국왕이다. 영국에서 군사교육을 받은 바 있으며, 카타르 국방장관을 역임했다.

2012년 1월 하순까지 총 합계 9,207명에 대한 사면조치를 결정하고 이를 발표했다.

아사드 대통령은 1월 10일에 연설을 통해 자신의 소신을 국내외에 밝혔다. 그 가운데 테러 집단이 점차로 지식층을 표적으로 하는 활동을 하고 있음을 지적한 후에, 시온주의자[33]들이 내부에서 활동하며 시리아를 손과 발을 모두 쓸 수 없는 속수무책의 무기력한 국가로 만들고자 획책하고 있다고 언급했다. 국외에서 활동하는 반체제파도 국내로 돌아와 대화에 응한다면 이를 환영할 것이라고 호소하는 한편, 외국세력과 손을 잡고 무력 활동을 계속하는 그룹은 가차 없이 대응할 것이라고 하면서 이슬람주의 그룹과 무슬림형제단에 대한 대결자세를 다시금 명확히 보였다.

또한, 개혁을 지향하는 정책은 무력집단과의 투쟁과는 별로도 하여 지금부터 추진하고, 개혁 노선의 커다란 난제 극복에 하나의 선을 긋는 헌법 개정을 위한 국민투표를 3월 상순에 추진하며, 아울러 인민회의 선거를 그 이후에 실시할 것임을 표명했다.

1월 22일, 아랍연맹은 감시단의 활동을 1개월 동안 연장하기로 결정했다. 동시에 아사드 대통령에 대해 권한을 파루크 샤라아(Farouk Sharaa)[34] 부통령에게 위임하고 거국일치 정부를 구성하여 선거를 실시할 것

---

33 시온주의자(Zionist), 팔레스타인 지역에 유대인 국가를 건설하는 것, 혹은 유대교와 유대민족의 문화를 부흥시키는 것을 목적으로 하는 민족주의 운동인 시온주의(Zionism)를 신봉하는 사람을 말한다. 히브리어로 시온(*Zion*, ציון)은 예루살렘을 의미한다.

34 파루크 샤라아(Farouk Sharaa, 1938~), 시리아의 제1부통령(2006년 2월 21일 취임)이다. 1984년부터 2006년까지 시리아의 외무장관을 역임했다.

을 요구했는데, 시리아 정부는 즉각 이를 거부했다. 그러자 사우디아라비아는 감시단으로부터 철수하겠다는 의사를 표명했고, 아랍연맹 각료회의는 이에 따르는 형태로 감시단 단장의 보고서와 스스로의 1개월 연장결정을 무시하고 감시단 활동의 중지를 결정했다.

아랍연맹은 시리아 문제를 유엔 안보리에 회부했다. 이를 접수하여 2월 4일, 유엔 안보리에서는 시리아에 대한 제재를 포함하는 비난 결의안의 채택 안건이 상정되었는데, 시리아 정부에 대해서만 비난하는 내용은 균형을 상실했다는 이유를 들어 러시아와 중국은 이에 대해 거부권을 행사했다. 이는 2011년 10월과 같은 흐름의 전개이다.

2월 10일, 이번에는 알레포의 치안 당국을 노린 자폭테러가 발생했다. '자유시리아군(FSA)'[35]이 재빠르게 자신의 작전행동이라며 성과를 과시했지만, 16일에 미국 워싱턴의 상원 군사위원회에서 미국 국가정보국(DNI) 제임스 클래퍼(James Clapper)[36] 국장이 시리아 국내에서 발생한 일련의 자폭테러 사건은 알카에다의 연루 가능성이 대단히 의심된다고 증언했다. 3월이 되자, 알카에다 계통의 그룹이 자폭테러 실행을 확인하는 성명을 냈다.

같은 날, 카타르의 대표[37]가 의장을 맡고 있는 유엔 총회에서 압도적

---

35 '자유시리아군(Free Syria Army: FSA)', 탈영한 시리아 군인들 위주로 구성된 반체제 무장 세력으로 2011년 7월 29일에 성립이 선포되었다. 확인되고 있지는 않지만 약 4만 명의 병력을 보유하고 있으며, 사령관은 리아드 아사드(Riad Mousa al-Assad)가 맡고 있다.
36 제임스 클래퍼(James R. Clapper, 1941~), 미국 메릴랜드주립대에서 정치학을 공부했으며, 2010년 9월 이후 미국 국가정보국 국장으로 재임 중이다. 1991년부터 1995년까지 미국 국방정보국(DIA) 국장을 역임한 바 있다.

인 다수의 찬성에 의해 시리아 정부에 대한 비난 결의가 채택되었다.

새로운 헌법의 작성을 위해 구성된 위원회는 2월 초에 대통령에게 새 헌법의 초안을 제출했는데 동 초안은 인민회의로부터 자문을 받지 않았으며, 26일에 이에 대한 국민투표가 전국적으로 실시되었다. 전체 유권자의 57.4%에 해당하는 828만 명이 투표를 했고, 그 가운데 89.4%에 달하는 749만 명의 지지를 얻어 결국 채택되었다.

새로운 헌법은 27일자로 공포되었다. 기존 헌법에 규정되어 있던 바아스당의 우월성을 전면적으로 폐지하고 1년 동안 추진되어온 개혁과 관련된 제반 입법을 반영했다. 또한, 대통령의 임기를 1기 7년에 재선까지만 가능하도록 함으로써 정권의 영속성을 부정했고, 대통령 선거는 경쟁 선거로 실시하도록 규정했으며, 개헌 절차도 가중되었다. 경과 규정은 현 대통령에게 기존 헌법 아래에서 임기 말기까지를 인정하고 있다.

이와 같은 새로운 헌법에 대해 제3조에서 대통령은 무슬림(이슬람교도)이어야만 한다는 규정은 21세기의 세속국가로서 우스꽝스럽다는 의견이 정권 내부에 존재한다. 또한, 국민들 사이에는 제88조에서 대통령의 임기를 7년으로 한 것은 너무 길다는 등의 의견도 있는데, 국민적 차원에서의 논의가 거의 없는 상태로 국민투표에 부쳐졌다. 어쨌든 새로운 헌법의 내용은 오늘날 아랍 세계에서 대단히 선진적인 것이다.

4월 14일과 21일, 유엔 안보리는 유엔과 아랍연맹이 시리아 문제의 특사로서 지명한 코피 아난 전임 유엔 사무총장의 분쟁 중단을 위한 제안을 지지하고, 300명 정도의 비무장 감시원을 파견하는 내용의 결의를

---

37 나시르 나세르(Nassir Abdulaziz al-Nasser, 1952~), 카타르의 외교관으로 현재 제66차 유엔 총회 의장(2011년 9월 14일 취임)을 맡고 있다.

전원 일치로 채택했다. 시리아 정부와 반체제 측 모두 이와 같은 결의를 환영했다.

그 이후에도 인터넷상에는 시위의 참가를 독려하는 호소가 격렬하게 전개되었지만, 반체제 측의 발표를 살펴봐도 국내의 반정부 시위는 전국적인 차원에서 기껏해야 수만 명 규모에 멈추었다.

구미 국가들이 국내정세의 혼란 속에서 총선거가 실시되는 것은 말도 안 되고 이는 불길하고 의미가 없는 일이라며 비난하는 가운데, 새로운 헌법 체제가 발족한 이후 최초로 실시된 인민회의 총선거가 5월 7일에 전국적으로 실시되었다. 발표에 의하면, 유권자의 투표율은 51.26%로 당파별 당선자 수는 공표되지 않았는데, 바샤르 아사드 대통령은 16일에 러시아 TV가 방송한 그의 인터뷰 내용 중에서 정권 지지파가 당선자의 다수를 차지했으며, 작년 이래 추진된 정부의 개혁정책을 국민이 지지했다고 말했다. 인민의회 선거의 투표율은 2월의 새로운 헌법 채택을 위한 국민투표의 투표율 57.4%에 비해 낮았고, 12월의 지방선거 투표율 41%보다는 높았다.

대통령은 같은 인터뷰에서 국내에서 반체제 무력 활동을 하고 있는 이슬람주의 과격파와 알카에다 계통 그룹 내부에 외국인 활동가들이 참가하고 있음을 밝히고, 정부 측에서 체포하여 구속한 그와 같은 외국 용병들을 향후 공개할 것이라 천명했다.

5월 10일, 다마스쿠스에서 많은 시민들이 출근하고 학생들이 등교하는 시각에, 두 건의 자폭테러 사건이 발생하여 55명이 희생되고, 약 400명의 부상자가 나왔다. 시리아 국민평의회는 이때에도 이 사건은 코피 아난 특사의 조정 작업을 실패하도록 만들기 위한 시리아 정권 측의 자작극이라고 발표했는데, 이튿날 알카에다 계통의 그룹이 범행 성명을 냈다.

시리아 정부는 4월 상순, 현재까지 1년 동안 반체제 테러리스트 그룹이 시리아 국민 6,143명을 살해하고 1,590명을 납치했으며, 특히 납치 피해자들 중 2/3의 안부를 파악할 수 없다는 것을 유엔 인권담당 고등판무관에게 보내는 서한을 통해 밝혔다. 한편, 반체제 측에서는 정부가 이미 1만 명 이상의 시민을 살해했다고 주장했다.

시리아 국민평의회

여기에서 반체제파 그룹을 개관해보도록 하겠다. 시리아의 반체제파 운동은 크게 나누어볼 때, 주로 ① 국외에 거주하는 시리아인들로 구성된 조직, ② 국내에서 기존부터 정권에 대해 자유와 민주주의의 실현 및 인권의 수호를 요구하는 과정에서 수차례에 걸쳐 탄압을 받아온 사람들이 중심이 되어 구성된 그룹, ③ 2011년 3월 이래 국내에서 무기를 들고 정부 측에 대항하여 활동하는 그룹, 그리고 ④ 민중 그룹이 있다.

2011년 3월에 민중봉기가 일어나자, 국외의 정부비판파 시리아인들은 목구멍으로 마른 침을 삼키며 국내 정세의 전개를 지켜보았다. 한편, 2월에 국내 인터넷 사용이 더욱 자유롭게 되자, 이를 이용하여 봉기를 선동하는 메시지를 계속해서 보내는 그룹이 물을 만난 물고기처럼 활약했다. 시위에 대한 탄압이 계속되자 일부 반체제파 사람들은 터키 국내로 모여들어 반정부 세력을 규합하는 회의를 개최했다.

7월이 되자 이러한 움직임은 빈번해졌고, 8월 하순에 터키의 이스탄불에서 시리아 국민평의회 그룹의 모습이 나타나기 시작했다. 또한, 9월에는 수백 명이 결집하게 됨으로써 동 그룹은 더욱 조직다운 모양새를 갖추게 된다. 그렇지만 국제사회에 시리아 정권에 반대하는 그룹이 존재하고 있음을 보여주고 정권을 타도하기 위해 서로 모였을 뿐, 아직

오합지졸의 모습을 벗어나지 못했다. 한편, 이 과정에서 이슬람주의자들의 존재가 부각되었다.

10월 2일, 시리아 국민평의회는 기자회견을 개최하여 아사드 정권과 대결하는 조직이 세워졌음을 밝히면서, 시리아 국내에서 평화적인 반(反)정부 활동을 추진하고 아사드 정권을 타도한 이후 바로 시리아 국민평의회가 시리아 정권을 담당하게 될 것이라고 힘찬 목소리로 공언한다.

시리아 국민평의회 의장에는 프랑스의 소르본대학 현대 중동정치사 교수로 재직하고 있던 브뤼앙 갈리운(Bruhan Ghalioun)[38]이 취임했다. 2012년 1월에 인민의회의 현직 의원이 시리아를 탈출하여 일시 화젯거리가 되었는데, 그 의원은 브뤼앙 갈리운 의장과 사촌형제 관계이다.[39]

시리아 국민평의회를 구성하는 이들은 2005년 10월에「다마스쿠스 선언」을 공표한 세속파 그룹, 무슬림형제단, 이슬람주의 그룹, 그리고 쿠르드족 그룹 등이다. 시리아 국민평의회가 이 성명을 낸 그 날, 국내의 알레포에서는 국내 수니파 최고위의 아흐마드 바드레딘 하순(Ahmad Badreddin Hassoun)[40] 대법관의 자제가 불특정 범인에 의해 암살되었다.

---

38 브뤼앙 갈리운(Bruhan Ghalioun, 1945~), 홈스에서 출생한 수니파 무슬림으로 다마스쿠스대학을 졸업했으며, 프랑스 파리 소르본대학에서 사회학 교수로 재직했다. 2011년 8월 29일부터 2012년 6월 10일까지 시리아 국민평회의(Syrian National Council) 의장을 지냈다. 무슬림형제단과의 긴밀한 관계 및 비폭력 투쟁 견지 등으로 많은 비판을 받았다.

39 이마드 갈리운(Imad Gahlioun), 홈스 시 의원이었으나 아사드 정권의 개혁정책 추진에 회의를 품고 2012년 1월경 시리아를 떠났다.

40 아흐마드 바드레딘 하순(Ahmad Badreddin Hassoun, 1949~), 시리아 알레포에서 태어났으며, 2005년 7월 이후 시리아의 이슬람 최고 율법학자(Grand Mufti)로 활동하고 있다.

암살범은 2012년 4월에 체포되어 사건이 해명되었는데, 범인은 암살 1건마다 800달러의 보수를 받았다. 무슬림형제단이 국내에서 궐기했을 때 셰이크(*Sheikh*) 아흐메드 쿠프타로(Ahmed Kuftaro)[41] 전임 대법관의 아들도 암살되었다.

갈리운 교수는 홈스 시 출신의 수니파이다. 아사드 정권을 비판하는 입장에 서 있지만, 온건하고 점진적인 체제 내 개혁을 주장해왔다. 그러나 이번의 민중봉기로 정권의 그칠 줄 모르는 폭력적인 억압행동과 반체제 측이 공표하는 사망자 수의 놀라움만 더할 뿐인 증가 경향에 위기감을 느끼고, 점차 체제 내 개혁의 한계를 깨닫고 있다. 이를테면, 갈리운 교수와 가까운 한 사람의 말에 따르면, 그는 성공할 가능성이 보이지 않는다고 해도 정권 타도를 추구하지 않으면 현 상황의 타개가 불가능하다는 이러지도 저러지도 못하는 처지에서 활동하고 있다고 한다.

한편, 국외의 지식인 대표로서 소르본대학 교수라는 귀중한 직책을 '광고탑'으로 이용하고자 하는 유혹에 더하여, 현 단계에서는 이슬람주의 그룹이 전면에 나서지 않고 온건파 지식인이 대표하는 것이 국제적인 지지를 확대하기 위해 바람직하다는 국민평의회 내부의 고려도 작용하여 그는 의장에 취임하게 되었다. 따라서 갈리운 교수가 독자적인 지지 그룹을 갖고 우월적 입장에서 의장에 취임한 것은 아니기 때문에, 그의 입지는 약하다. 아직 조직이 충분히 굳건하지 않기 때문에, 의장의 임기는 재선이 가능하지만 3개월로 대단히 짧은 기간이다.

---

41 아흐메드 쿠프타로(Ahmed Kuftaro, 1915~2004), 시리아 다마스쿠스에서 출생했다. 1958년에 다마스쿠스의 최고 율법학자(Grand Mufti)가 되었고, 1964년에 시리아의 최고 율법학자가 되었다.

갈리운 의장은 적극적으로 발언을 하면서 유럽과 중동 지역의 국가들을 순방하며 이해와 지지를 구했다. 카이로의 아랍연맹에는 수차례나 발걸음을 하여 호의적인 반응을 받았고, 걸프지역의 국가들도 방문했다. 10월 9일, 시리아의 왈리드 무알렘 외무장관은 기자회견 석상에서 "시리아 국민평의회가 무엇을 목적으로 하고 있는지에 대해서는 관심이 없지만, 이 불법적인 평의회를 승인하려는 국가가 있다면 시리아는 그 나라에 대해서 엄격한 조치를 취할 것이다"라는 강력한 경고를 표명하며 경계감을 나타냈다.

2012년 4월, 83개의 국가 및 기구가 한곳에 모인 '시리아의 친구들 회의(Friends of Syria Conference)'에서는 시리아 국민평의회를 시리아 국민을 대표하는 정통성이 있는 단체로 승인했다. 그러나 거기에 '유일한' 단체라는 표현은 언급되지 않았다.

시리아 국민평의회에는 시리아 국내의 반정부 활동가들도 참가하고 있는 것으로 알려져 있는데, 국내 기반은 대단히 취약하며 적은 수의 소중한 국내파 구성원들과 쿠르드족들 모두 지도부의 현재 모습에 불만을 품고 탈퇴하는 사례가 끊이지 않고 있다. 2012년이 되자, 국내파 인권 활동가로 저명한 하이탐 말레(Haitham Maleh)[42]는 조직운영의 실태에 반발했으며, 쿠르드족 지도자는 터키 정부의 영향 아래 지도부가 쿠르드

---

42 하이탐 말레(Haitham al-Maleh, 1931~), 시리아의 전직 법관 및 민주화 운동가로 아사드 정권에 저항하는 반체제파 핵심 인사들 중 한 명이다. 2003년에 독일 의회에서 시리아 인권문제에 대해 논의할 때 공개적으로 아사드 정권을 '파시스트 독재'라고 밝혔으며 귀국한 이후 7년간 출국금지 조치를 당했다. 또한, 2009년 10월에 투옥되었다가 2011년 3월에 대통령 특사로 풀려났다.

족 문제를 다루지 않고 있다고 비판하며 탈퇴했다.

국민평의회 구성원의 대부분은 해외 거주 시리아인들이다. 무슬림형제단의 지식인 그룹 대부분은 국내에서의 탄압을 피해 국외로 도주했다. 그들은 구미 국가들을 잘 이해하고 있으며, 구미 사회에서 움직이는 방법을 몸으로 체득하고 있다. 한편, 국내 사회의 저변에 많은 지지자를 지니고 있는 국내 멤버들과의 연락은 물리적으로 어려운 것이 현실이다. 또한, 거주하고 있는 곳들 사이의 지성적·사회적 조건의 차이가 커서, 상호 간의 의사소통이 결코 쉽지 않다.

무엇보다도 시리아 국민평의회와 국내 반정부파 지식인 그룹 사이의 충돌이 극복되지 않고 있다. 무언가 협력을 하여 정권 타도로 나아가기 위해 두 그룹은 협의를 거듭했다. 2011년 12월 30일, 갈리온 의장은 국내의 반정부파 조직인 '민주개혁을 위한 국민조정위원회(NCC)'[43]와 합의를 한다. 그런데 합의 내용이 밝혀지자마자 곧바로 국민평의회 내부에서 반대 의견이 분출되었다. 합의 내용 중에 시리아의 주권과 국내의 안정에 위협이 된다는 이유로 외국의 개입이 부정되었던 것이다.

그렇지만 국민평의회 내부에서 이 문구는 국민평의회의 입장이 아니라는 강력한 비판이 제기됨에 따라, 갈리온 의장은 합의를 파기할 수밖에 없었다. 국민평의회 내부의 그룹은 자신의 입장을 우선적으로 주장하고

---

43 민주개혁을 위한 전국조정위원회(The National Co-ordinating Committee for Democratic Change: NCC), 다마스쿠스 외곽의 한 호텔에서 좌파 성향의 13개 정당, 3개의 쿠르드족 정당, 독자적인 정치 활동가 및 청년 활동가 등이 모여 공식적으로 성립되었으며, 현재 후세인 아짐(Hussein Abdel Azim)이 의장을 맡고 있다. 시리아 정부에 대한 외국의 군사적 개입 및 외교적 압박보다는 경제적 제재를 가하는 것을 선호한다.

있으며, 의장의 지도력은 취약하다. 시리아 정부는 무슬림형제단과 이슬람 보수주의자들에 의해 국민평의회의 주도권이 장악되어 있는 것으로 이해하고 있다. 2012년 5월 17일, 갈라운 의장은 결국 사의를 밝혔다.

터키 정부의 비호 아래에 있는 '자유시리아군'

시리아 국군에서 이탈한 이후 터키 영내로 도주하여 그곳에서 무장그룹을 결성하고 '자유시리아군(FSA)'으로 이름을 명명한 한 집단이 있다. 이 그룹을 이끌고 있는 지도자는 2011년 7월에 터키 영내로 들어간 리아드 아사드(Riad Asaad, 1961~)[44] 퇴역 공군 대령인데, 일찍이 7월 하순에 시리아 국내에서 무장 활동을 벌였다고 한다. 군으로부터의 탈영병은 그 이후에도 계속 증가하고 있다.

아사드 대통령도 미국 ABC TV와의 인터뷰 가운데 탈영병에 대해 언급하면서, 탈영병은 어느 세계에서나 존재하는 것이며 현 상황에서 그 규모가 다소 확대되고 있다는 것을 인정했다. 리아드 아사드 대령은 외국 언론을 상대로 한 기자회견과 전화 인터뷰에 빈번하게 응하고 있다. 터키 영내로 도주한 피난민이 미디어에 대해 발설하는 것을 규제하고 있는 터키 정부지만, 리아드 아사드 대령의 기자회견은 터키 정부가 주선한 것이다. '자유시리아군'은 터키 정부의 비호 아래에 있다.

그러한 리아드 아사드 대령의 발언은 위세가 강력하다. 2012년 초에 '자유시리아군'이 4만 명 규모가 되었다고 공언했는데, 이것은 그 누구

---

44 리아드 아사드(Riad Mousa al-Asaad, 1961~), 시리아 공군에서 대령으로 근무했으며, 현재 반체제 무장 세력 '자유시리아군(FSA)'의 사령관이다. 2011년 7월에 탈영을 했고, 현재 터키를 중심으로 활동하고 있다.

도 믿지 않는다. 또한, 군을 이탈하는 것은 국민 개병제도 아래에서 징병된 수니파의 젊은 병사들이 압도적으로 많고, 병사로서의 훈련 정도는 별로 높지 않으며 탈영할 때 휴대하고 나올 수 있는 무기에도 한계가 있다. 탈영한 군인의 최고 직위는 준장이며, 영관급 이탈자도 몇 명이 있지만 군의 중추부로부터의 이탈자는 나오지 않고 있다. 그런데 시리아군에는 300명 정도의 준장이 있다.

'자유시리아군'은 국내에서 무력투쟁의 결과, 정부군에게 손해를 입히는 전과를 냈다고 보도되는 경우에는 조속히 자신의 성과라고 번지르르하게 발표한다. 한편, 시민 생활에 직접적으로 좋지 못한 영향을 미치기 때문에 평판이 나쁜 석유 수송라인의 파괴, 철도의 탈선 및 전복사건, 대규모 폭발 등이 일어나면, 이를 정권 측의 자작극이라고 주장하며 비난이 자신에게 향하지 않도록 회피하고 있다. 국내 전투 부대와의 연대 관계에 대한 실태는 아직 불명확한 부분이 많다. 또한, 군으로부터의 탈영병들 중에는 국내에 머물고 있는 자들도 있고, 레바논으로 도주하는 이들도 있다. '자유시리아군'이 하나의 조직으로서 확립되기 위해서는 아직 시간이 필요하다.

무장 그룹의 탈법적인 자금력

국내에서 무장을 한 채 시리아 정부의 치안군과 싸우고 있는 무장 그룹에 대해서는 군 탈영병 등의 그룹이 존재하고 있다는 것이 알려져 있는데, 그 구체적인 실체는 아직 명확하지 않다. 민중봉기가 시작된 때부터 존재해왔고, 그 이후 규모가 계속 확대되고 있는 무장집단의 실제 모습도 상세한 내용은 불확실하다. 시리아 국내 각지에서 활동하는 이 같은 무장집단들은 그 활동 모습으로부터 볼 때, 대단히 조직화되어가고 있음을 살펴볼 수 있는데, 다른 지역의 조직과 어디까지 연대하고 있는가에 대해서는 아직 그 실체를 알 수 없다. 미국 워싱턴에 있는 싱크탱크 전쟁연구소의 견해에 따르면, 모두 33개의 그룹이 존재하며 그중에 유력한 3개 그룹은 '자유시리아군'과 관계되어 있다. 다른 그룹은 실질적 관계가 없지만 '자유시리아군' 산하에 있는 것으로 알려져 있으며, 어떤 의미에서 '자유시리아군'의 존재가치를 인정하는 형태가 되고 있다.

그러나 가격이 계속 치솟고 있는 레바논의 무기거래 암시장에서 무기를 계속적으로 조달하고 있는 것에서 살펴볼 수 있는 것은 그들의 탈법적인 자금력이다. 카타르와 사우디아라비아는 반체제파의 무장 그룹에 대한 자금과 무기 지원의 필요성을 강력하게 주장해 마지않는다. 시리아 정부는 카타르와 사우디아라비아 등의 걸프지역 국가들로부터의 지원이 무장 그룹을 뒷받침하고 있다면서 비난을 거듭하고 있다.

시리아 국영방송은 무장 그룹의 멤버가 자백하는 모습을 방송했다. 그 자백 내용을 그대로 받아들이기는 어렵지만, 자세히 살펴보면 무장 그룹의 몇 가지 실태를 알 수 있다. 그들이 사용하고 있는 무기는 칼라니쉬코프 자동소총, 권총, 소련제 휴대식 대전차 포탄, 수류탄 등의 소형 화기가 중심이며 폭발물은 수제 형태의 것이 많고, 그 외에 대공 및 대전차 중화기를 사용하는 경우도 있다고 한다.

무엇보다 관심을 끄는 것은 무기를 휴대하는 그룹에 대해 언급한 부분이다. 9월에 이루어진 자백에 따르면, 하마에서 활동하는 무장 그룹의 규모는 200명이었다. 10월이 되자 다라아에서 700명의 무장 그룹, 홈스에서 500명 규모, 그리고 라타키아에서는 700명 규모의 무장 그룹이 전개되었다. 무장집단의 규모가 점차 커지고 있다.

이들은 이전부터 은닉하고 있던 무기, 치안군의 병사 숙소에서 탈영할 때 훔친 무기, 그리고 주변 각국으로부터 조달한 무기 등으로 무장한 수백 명 단위의 그룹들이다. 이들이 풍부한 자금의 혜택을 받고 최신식 통신기기를 갖추고 있다는 점은 외국과의 협력관계를 말해준다. 국내에서 충돌사건이 빈발하고 있는 지역에는 이미 이러한 규모의 무장 세력이 활동하고 있음을 의미한다. 그들 대부분은 교육을 충분히 받지 못했다. 주로 비공식 부문에서 움직이거나, 혹은 과거에 범죄와 관계되었던 인물들이다. 그들은 사회의 소외된 음지에서 생활해온 사회계층에 속한다. 그곳은 이슬람 보수파, 과격파, 그리고 무슬림형제단이 지지 기반을 확대하고 있는 실로 더할 수 없이 좋은 온상이다.

독일의 주간지 ≪슈피겔(Der Spiegel)≫의 인터넷판 2012년 3월 29일자 기사는 홈스 시에서 활동하는 반체제파 무장 그룹인 '파루크 여단'[45]의 처형 담당자를 레바논 국내에서 인터뷰한 이후, 그 내용을 보도했다. 파루크 여단에서는 2011년 8월부터 처형을 시작하여 반년 넘게 약 150명의 정부 관계자들을 처형했는데, 민중봉기가 시작된 이래 혁명을 배신한 시민과 조직 내부의 배신자 및 첩자를 처형한 것이 이미 200명에서 250명이 된다고 전했다. 나아가, 상대의 목을 칼로 찔러 살해하는 것이 이곳의 문화이며, 프랑스인이 프랑스어를 말하는 것처럼 이 지역에서는 폭력이 본질이라고 단언했다.

이튿날에는 이라크에서 미군과 싸운 이슬람주의 과격파 레바논인과의 인터뷰 기사가 실렸다. 그 인물은 2011년 여름 이후 그룹을 결성하

---

45 파루크 여단(The Farouq Brigade), '자유시리아군(FSA)'에 소속된 여단으로 시리아 전임 국방장관 무스타파 틀라스의 사촌 조카인 압둘 라자크 틀라스(Abdul Razzaq Tlass)가 이끌고 있다.

여 시리아 영내로 무장을 갖추고 침입하여 시리아 정부군과 싸웠으며, 전투 현장에는 팔레스타인, 리비아, 예멘, 이라크 등에서 온 사람들이 있기 때문에 시리아 정권에 대한 싸움은 확실히 국제화되고 있다는 발언을 보도했다.

민주개혁을 위한 국민조정위원회

시리아 국내에 머물며 자유와 민주화를 위해 투쟁해왔고 수년 동안에 걸친 가혹한 옥중 생활을 경험했지만, 그럼에도 절개를 굽히지 않는 소수의 사람들이 있다. 바샤르 아사드 대통령이 집권한 이후에는 대부분의 경우 사전 통지도 없이 갑자기 강제로 체포 및 구금되는 것이 아니라, 언제 어디에 출두하라는 지시를 받고 체포되었다. 그 때문에 체포될 때까지의 사이에 자신이 체포되는 것을 외부 사람들에게 알리는 것이 가능해졌다. 가족은 이러한 당국에 의한 체포를 알게 되었고 외부에서는 재판도 공개로 방청할 수 있게 되었으며, 국제적으로 저명한 운동가의 경우에는 다마스쿠스의 외국 대사관 관계자들이 방청하고 있다.

그렇다고 해도 체포가 된 이후의 구류, 그리고 확정판결이 난 이후의 감옥에서의 처우는 열악하다. 수감자들 중에는 고등교육을 받은 지식인들도 있지만, 조직폭력으로 수감된 자 및 동성애 범죄자들과 함께 뒤섞여 있는 감방에 들어가 있다. 장기간에 걸쳐 수감되는 경우에는 감방이 이동되는 경우가 있지만, 옮겨지는 곳도 모두 뒤섞여 있는 감방이다.

형무소 내에서는 사건도 발생한다. 뒤섞여 있는 감방의 문화는 특이하며, 그곳에서의 수년 동안의 생활은 옥중의 동거 수형자들과의 관계, 간수와의 관계 등이 어렵다는 것에 더하여, 생활환경 그 자체가 열악하고 엄격하다. 정권 측은 수감자가 다시 참회를 한다면 언제라도 석방한다고 말하지만, 자유를 요구하고 민주화를 주장하는 그들은 그러한 유혹에는 넘어가지 않는다. 그 때문에 형기가 만료될 때까지 옥중 생활이 계속된다. 국제적인 설득이 효과를 보는 경우는 드물다. 또한, 나중에 출소하더라도 각종 제약을 받는다.

그러한 그들에게는 강한 자부심이 있다. 안전한 국외로 몸을 피신하여 구미 국가들, 아랍 국가들 그리고 터키와 연락을 취해 지원을 받으면서, 화려한 모습으로 반체제 운동을 하는 사람들이 주도권을 장악하고 있는 조직에 가담하는 것은 그들의 기질상 쉽게 허락되지 않는다.

거기에 외국 세력에 대해 도의적인 지원을 요구하는 것이나, 어쨌든 군사적 개입을 요구하는 것은 가급적 손을 더럽히지 않으면서 성과를 실현하고자 하는 자세로밖에 보이지 않는다. 어디까지나 시리아 국내에 머물러 운동을 계속해온 자신들이 바로 시리아의 국내 사정을 세부까지 알고 있으며, 정권 측에 변혁의 필요성을 받아들이도록 함으로써 확실한 체제개혁으로 사태를 주도해야 한다는 자부심이 있다. 실제로 체포와 복역을 거듭하고 출소해도 항상 당국이 감시하고 있을 것임에 틀림없는 인권활동가이자 작가인 미셸 킬로는 국내 사정에 놀랄 정도로 정통하고 판단도 확실하여, 그와 회담을 갖는 사람들을 항상 놀라게 한다.

이러한 그들은 '민주개혁을 위한 국민조정위원회'를 설립하여, 2011년 9월 18일 다마스쿠스 시내에서 200명이 참가하는 가운데 반정부 회의를 개최했다. 이 자리에서 그들은 시리아 정부의 반정부파에 대한 탄압을 중단할 것을 요구했고, 시위는 평화 속에 추진할 것을 선언했다.

앞에서 언급한 바와 같이, 12월 30일 카이로에서 시리아 국민평의회와 합의서에 함께 서명했는데, 이 합의 내용이 밝혀지게 되자마자 평의회 내부에서 이의가 제기되어 파경을 맞이하게 된다. 결국 정권 반대세력 진영 내부의 틈새는 메워지지 않았다.

시리아 국내의 활동가들 중에도 시리아 국민평의회에 대해 이해하려는 자세를 보이는 흐름이 없는 것은 아니다. 저명한 리아드 세이프(Riad Seif)[46] 전임 인민회의 의원은 그러한 사람들 가운데 한 명이다.

다마스쿠스의 세이프 일가는 의류품 제조업에 종사해온 역사를 갖고 있다. 그 일원인 리아드 세이프는 의류 관련 청부생산 회사인 아디다스를 공동으로 경영했다. 이 회사는 시리아의 업계 가운데에서는 다소 이색적인 것이었다. 사원의 복리후생에 대한 배려가 두터웠던 것이다. 통근을 위한 버스를 두었고, 영유아가 있는 사원들을 위해 탁아소를 공장 부지 내에 설치했다. 물품구매부를 유지하여 생활용품을 매입 가격으로 저렴하게 판매했고, 8시간 노동제를 지켰다. 보건실을 설립하여 매월 2일 동안은 의사를 상주시켜 진료를 맡도록 했다. 나아가 독일로부터 생산성 향상을 위한 기술을 도입했다.

그는 노동자의 인권을 존중하는 사회경영과 사회제도를 제창하여 시리아의 치안 당국과 충돌을 반복했다. 결국 회사경영을 계속하는 것이 어려워지자 경영권을 공동 경영자에게 매각하고 인민의회 의원으로 변신한다. 그는 의원이 되어 자유 및 인권수호를 호소하면서 당국과 충돌을 반복했고 결국 체포되어 투옥되었다. 그가 전립선암을 앓게 되자 그의 부인은 자신의 조국 독일에서 수술을 받는 것을 희망했지만, 시리아 당국은 국내에서 수술이 가능하다는 이유로 출국을 허락하지 않았다.

46 리아드 세이프(Riad Seif, 1946~), 시리아의 전직 인민의회 의원, 사업가, 민주화 운동가이다. 2008년 초에 「다마스쿠스 선언」을 주도했다는 이유로 체포되어 수감되었다.

제 2 장

중동의 활성 단층

기자: 아사드 대통령 각하, 국외의 세력이 정권을 타도하고자 한다면 지진이 일어날 것이라고 말씀하셨는데, 그것은 무엇을 의미합니까?

아사드: 시리아는 중동 세계 가운데의 활성 단층입니다. 중동은 다양한 민족, 종교, 종파로 구성되어 있습니다. 그 가운데에서도 시리아는 특히 그러한 다양성이 높습니다. 시리아에서는 다양한 요소가 모두 밀접하게 연계되어 있습니다. 지구로 비유하자면, 그것은 활성 단층인 것입니다. 만약 당신이 이것을 갖고 놀고자 한다면, 지역 전체를 아우르는 지진이 일어나게 될 것입니다. 그렇기 때문에 나를 전복하고자 하거나 나를 타깃으로 삼고자 해도, 그것은 내가 아니라 이와 같은 지역 사회의 구성 그 자체에 영향을 미치게 되는 것입니다.

2011년 12월, 미국 ABC TV의 바샤르 아사드 대통령과의 인터뷰

민족과 종교의 도가니

이스라엘의 건국과 주변 국가들의 영토를 잠식하여 이스라엘 자국의 영토를 확대해온 정책을 핵심적인 문제로 하는 중동 분쟁은 아직 끝나지 않았다. 시리아는 골란 고원을 사이에 두고 군사적으로 이스라엘과 대치하고 있으며, 팔레스타인 난민은 자신의 권리 회복을 계속 요구하며 이스라엘에 대한 투쟁을 벌이고 있다.

동서(東西) 관계 속에서 시리아는 미·소 간의 냉전에 휩쓸렸다. 또한, 소련이 붕괴된 이후에 충분한 뒷방패가 없는 상태로 변화하는 국제정세에 의해 영향을 받으면서, 시리아는 이스라엘 및 그 배후에서 이스라엘의 존속과 과도한 안전보장을 적극적으로 지원하고 있는 미국과의 간격을 어떻게 유지해갈 것인가에 대한 고뇌와 수고를 거듭해왔다.

레바논 내전이 혼란스러운 양상을 보이자, 시리아는 뒤에서 언급하는 바와 같이 군대를 파병하여 29년간 주둔시켰고, 그동안에 이스라엘과 서로 불꽃을 내뿜는 전투를 벌였다. 미국, 프랑스 등이 파병을 하기도 해서 레바논에 대한 경영에는 매우 어려움을 겪었는데, 결국 레바논 국민들의 봉기에 맞닥뜨리게 되어 군을 철수시켰다. 시리아군이 철수한 이후, 레바논이 안정되었는가 하면 실상은 그렇지 않다.

왜냐하면 레바논의 정치가들은 종교 그룹의 이익을 대표할 뿐이며, 항상 국외의 유력한 지원자들을 탐색하면서 국내에서의 영향력을 증가시키고자 했기 때문이다. 따라서 레바논 국내 정치상황의 불안정은 계속되었고, 시리아는 바로 옆에 인접하는 이웃국가로서 지금도 레바논의 내정 및 외교에 큰 영향을 미치고 있다.

1979년 이란에서 팔레비 왕조[1]가 무너지고 시아파 지도자에 의한 정권이 탄생하자, 걸프지역의 아랍 국가들은 이를 대단히 경계했지만, 시리아는 바로 이란을 승인하고 함께 손을 잡았다. 이란은 국제사회 가운데에서 고립되어 있기 때문에, 지금도 시리아와의 협력관계를 중시하고 있다. 시리아는 아랍 국가들과 이란 사이에 문제가 발생할 경우, 이를 해결하기 위한 중개 역할을 마다하지 않고 있다. 그렇지만 이란과 아랍 국가들 사이의 틈새는 시리아의 노력에도 불구하고 어떻게 할 수 없을 정도로 그 골이 깊다.

1982년 이스라엘이 레바논을 침략하자 이란의 지도 아래, 레바논 내의 시아파 무슬림으로 구성된, 이스라엘에 대한 저항조직으로서 하나의 정당인 헤즈볼라(Hezbollah)[2]가 조직되었다. 헤즈볼라는 점차 성장하여 21세기에 접어들자 레바논 내부에서 억누르고자 해도 억누를 수 없는 존재가 되었다. 또한, 이스라엘에게도 자국의 북부 지역에 대한 커다란 위협이 되었다. 헤즈볼라의 동향은 레바논 정계에 항상 큰 태풍을 일으킨다. 헤즈볼라는 시리아의 현 정권과 긴밀한 협력관계에 있다.

쿠르드족은 3,000만 명을 넘는 상당한 규모의 민족이지만, 역사적으로 스스로의 국가를 갖지 못했다. 그런데 역사에 이름을 남긴 한 사람의 위인을 만들어냈다. 십자군을 맞이하여 격퇴시킨 살라딘(Saladin)[3]이 바

---

1. 팔레비 왕조(Pahlavi dynasty), 1925년부터 1979년까지 현재의 이란 지역에 존재했던 왕조이다. 레자 샤 팔레비(Reza Shah Palhavi, 1878~1944)에 의해 수립되었다.
2. 헤즈볼라(Hezbollah), 1982년에 발족한 레바논에 기반을 둔 이슬람 시아파 무장조직이자 합법적인 정당이다. 정식 명칭은 '레바논 이슬람 저항을 위한 신의 당'이다. 1992년 이후 하산 나스랄라(Hassan Nasrallah)가 지도하고 있다.
3. 살라딘(Saladin, 1138~1193), 본명은 살라흐 앗딘(Salah ad-Din)이다. 티크리트(현재 이라크 북부) 출신의 쿠르드족 무슬림 장군으로 이집트와 시리아의

로 쿠드르족이다. 그는 아이유브 왕조[4]를 열었지만, 그것은 쿠르드족 국가의 창설은 아니었다.

쿠르드족의 거주 지역은 주로 이란, 이라크, 그리고 터키이며 시리아에는 약 200만 명이 머물고 있다. 각국에서 쿠르드족 문제는 매우 미묘한 문제이며, 시리아가 터키의 쿠르드족 반정부 그룹인 '쿠르드 노동자당(PKK)'[5]을 지원했던 시기가 있었다. 쿠르드족 사람들은 현재에도 사실상 국경을 넘어 서로 왕래하고 있다.

시리아에게 걸프지역 국가들과의 관계는 정치적인 측면과 경제적인 측면에서 모두 중요하다. 이스라엘에게 빼앗긴 영토의 회복과 팔레스타인 난민의 권리 회복이라는 아랍의 대의명분 아래, 걸프지역 국가들에게도 시리아는 중동 분쟁의 키를 잡고 있는 국가로서 지원 대상국이며 경제적 교류 역시 적지 않다. 걸프지역 국가에서 경제활동을 영위하고 있는 시리아 사람들도 많다.

       술탄(*Sultan*)이었고, 십자군과의 전쟁을 계속하여 예루살렘을 다시 이슬람의 영토로 복속시켰다. 전성기에 이집트, 시리아, 이라크, 예멘, 메카 등을 아우르는 아이유브 왕조를 세웠다. 시리아 다마스쿠스에서 사망했고, 그의 시신은 현재 다마스쿠스의 우마이야 모스크에 매장되어 있다.

4 아이유브 왕조(Ayyubid dynasty), 쿠르드에서 기원한 수니파 이슬람 왕조로 살라딘에 의해 1171년에서 성립되어 1341년에 해체되었다. 수도는 이집트 카이로였으며, 시리아 다마스쿠스에도 아이유브 왕조의 군주가 머물렀다.

5 쿠르드 노동자당(Parti Karkerani Kurdistan: PKK), 1978년에 세워진 무장집단으로 압둘라 외잘란(Abdullah Öcalan)이 1999년에 체포될 때까지 이끌었으며 현재 무라트 카라일란(Murat Karailan)이 지도하고 있다. 터키 남쪽, 이라크 북서쪽, 시리아 북동쪽, 이란 북서쪽에 걸쳐 있는 쿠르디스탄에 쿠르드족의 사회주의 국가를 세우는 것을 목표로 삼고 있다.

다음으로, 시리아의 국내 상황을 살펴보도록 하겠다. 시리아 사회는 복잡한 종교 및 종파로 이루어져 있으며, 다민족 국가이기도 하다. 역사적으로 이러한 구성 요소들 사이에 긴장 관계가 전개되어왔다.

아랍인이 인구의 90%를 차지하고, 다음으로 쿠르드족, 1915년 오스만 제국 시대에 자행된 아르메니아인 대학살 당시 도망하여 이주한 아르메니아인 등이 있으며, 그들만의 독자적인 문화를 유지하고 있다. 나아가, 코카서스, 터키, 아시리아[6] 계통의 사람들이 있다. 유사 이래 시리아가 문명의 십자로라고 일컬어져온 바와 같이, 많은 민족들이 서로 왕래한 역사가 있으며 다양한 인종의 도가니가 되어 이들은 각계에서 활약하고 있다.

종교적으로 살펴보면 이슬람 수니파 무슬림이 약 75%를 차지하며, 알라위파를 포함하여 시아파 무슬림은 10% 남짓, 그리고 기독교도가 그 나머지를 구성하고 있다. 기독교도는 동방정교[7] 신자가 절반을 차지하며, 로마 가톨릭교 신자는 인구의 1.6%에 해당하고, 프로테스탄트는 거의 없다. 유대교 신자는 절반이 1990년대에 이스라엘로 이주하여 현재는 한 줌의 사람들이 남아 있을 뿐이다.

시리아 사회에는 아직까지 부족이 사회의 주된 구성단위이며, 사회의 근대화와 함께 특히 도시 지역에서는 부족 간의 유대관계가 점차 엷

---

6 아시리아인(*Assyrians*), 아람어의 하나인 현대 아람어(Neo-Aramaic)를 구사하며 기독교를 신봉하는 중동의 소수민족이다. 약 300만 명 규모로 주로 시리아 북동부, 터키 동남부, 이라크 북부와 이란 서북부 지역에 거주하고 있다.

7 동방정교(Eastern Orthodox Church), 일명 그리스정교라고 불리는 기독교의 한 종파로서 3억 명의 신도를 지니고 있다. 각국 혹은 지역의 이름을 붙여 러시아정교회, 루마니아정교회 등 다양한 명칭으로 불리기도 한다.

어지고 있다. 그렇지만 민중봉기 이래로 정부와 반정부파 간의 항쟁을 거치면서, 도시와 농촌 지역을 불문하고 모든 곳에서 부족 의식이 높아지고 있다는 점이 인식되고 있다. 사람들은 다시 부족 중심의 사회로 회귀하려고 하며, 부족사회 가운데에서 일종의 생활상의 안정감을 찾고 있다. 거기에서는 법도를 너나할 것 없이 지킨다. 이전에는 부족사회 가운데에서 원로의 영향력이 막강했는데, 민중봉기가 길어짐에 따라 원로의 지도력에도 어두운 그늘이 드리워지고 있다.

제1차 세계대전이 종결된 이후, 국제사회의 역학 관계에 의해 국경선이 일방적으로 획정되어 현재의 국경이 만들어졌다. 이 때문에, 국경선에 의해 분단되어버린 부족들이 많다. 그렇지만 실제 현실은 부족들이 분단되어 있는 것이 아니라 국경을 초월하여 존재하고 있다는 쪽이 사실에 가깝다. 국경선을 경계로 하여 양측에서 동일 부족 간의 왕래가 적지 않다.

이러한 부족 문제의 실상이 국제적인 관심을 일으킨 사례가 있다. 이라크 전쟁이 종결된 이후, 혼란스러운 이라크 사회의 안정을 회복시키고자 했을 때 특히 국경 지역의 치안 회복을 위해 미국 정부는 시리아 정부가 자국의 부족 세력을 활용하여 이라크 내의 부족사회에 영향력을 행사해줄 것을 기대했다. 그리고 시리아 정부는 그와 같은 기대에 부응하려는 움직임을 보였다.

시리아는 매우 많은 문제를 내부에 지니고 있는 국가이다. 그런데 이러한 문제들은 오늘날 중동 세계가 또한 갖고 있는 문제기도 하다. 따라서 시리아를 살펴봄으로써 중동 세계의 현대사를 이해할 수 있게 된다.

바아스당의 정권탈취와 권력투쟁

1930년대에 프랑스의 소르본대학에서 유학한 적이 있는 동방정교 신자 미셸 아플라크(Michel Aflaq)[8]와 이슬람 수니파 무슬림 살라 알딘 비타르(Salah al-Din al-Bitar)[9]는 상식과 교양이 풍부한 프랑스의 지식인들과 시리아에 파견되어 지배하고 있는 편협하고 악질적인 프랑스의 식민지 관료들 사이의 너무 큰 질적인 차이에 놀라게 된다. 이에 따라, 자유와 사회적 정의를 위해 깨어 있는 사람들을 결집시키고, 식민지 지배 아래에 놓여 있는 조국 시리아의 해방을 구상하게 된다.

그것은 단순히 자국의 해방에 그치지 않고 역사, 종교, 언어, 전통을 서로 공유하고 있는 아랍인들의 통일, 외국세력으로부터의 자유와 사회적·정신적 속박으로부터의 개인의 해방, 그리고 사회적 정의를 지향하는 아랍 세계 전체 운동의 일환으로 고려된 정당의 결성이었다. 공식명

---

8 미셸 아플라크(Michel Aflaq, 1910~1989), 시리아 다마스쿠스에서 출생한 철학자, 사회학자, 아랍 민족주의자이다. 바아스 운동(Ba'athism)의 이론적 토대를 제공한 인물로 여겨지고 있다. 시리아 바아스당의 지도자로 활동하던 중 1966년 쿠데타가 발생하자 추방되었다. 그 이후 레바논에 잠시 머물렀다가 이라크로 들어가 1968년부터 그가 죽을 때까지 이라크 바아스당의 민족지도부 사무국장을 역임했다. *The Battle for One Destiny* (1958)를 비롯하여 많은 저서를 남겼다.

9 살라 알딘 비타르(Salah al-Din al-Bitar, 1912~1980), 다마스쿠스에서 출생한 시리아의 정치인이다. 1930년대에 미셸 아플라크와 함께 프랑스 파리에서 유학하던 시절 조우하여 민족주의와 사회주의를 결합한 사상체계를 고안했으며 그 이후 바아스당을 조직했다. 시리아의 바아스당이 이끄는 정부에서 몇 차례 총리를 맡았으나 1966년 쿠데타 이후 정치기반을 상실했다. 1980년 7월 프랑스 파리에서 시리아 정권에 대한 저항투쟁을 하던 가운데 총을 맞고 암살되었으며, 그의 시신은 그 이후 이라크 바그다드(Baghdad)에 안치되었다.

칭은 '아랍 사회주의 부흥당', 약칭 '바아스당'이다. 아랍어로 바아스(Ba'ath)는 부흥을 의미한다.

아플라크보다도 조금 일찍 소르본대학에서 유학한 알라위파의 자키 아르수지(Zaki Arsuzi)[10]가 이끌고 있던 바아스 운동도 있었다. 결국 정권을 탈취하여 대통령이 되는 하페즈 아사드(현 바샤르 아사드 대통령의 부친)는 아르수지의 주장에 접촉하고 공감하여, 그가 16세가 되던 해에 이 조직에 가입했다. 이들은 1947년에 합쳐진다. 바아스당의 이념은 특히 소수민족과 소수종파의 구성원들 가운데에 사회의 부조리에 눈을 뜬 젊은이들 사이에서 강력한 지지를 받게 된다.

아플라크와 비타르는 다마스쿠스 출신의 도시 지식인들이며, 일반 민중을 향해 운동을 확대했다. 1950년대에 바아스당은 국민에게 나름대로 호소를 하고 일정한 국민적 지지를 얻어, 의회 의장과 몇 개의 장관 직책을 차지하게 된다.

한편, 아르수지는 알라위파에 속하는 인물인데, 사회에서 차별받는 알라위파의 가난한 가정에서 태어난 청년들의 상당수가 군대로 들어감에 따라, 군대 내에서 아르수지 계열의 바아스당 당원들이 증가했다. 이후 아플라크·비타르 계열과 아르수지 계열의 사이에 점차 틈새가 생겨나게 된다.

1958년부터 1961년까지 시리아와 이집트는 서로 합병하여 연합국

---

10 자키 아르수지(Zaki al-Arsuzi, 1899~1968), 시리아 라타키아에서 출생한 철학자, 사회학자, 역사학자, 아랍 민족주의자로서 바아스당의 성립과 발전에 중요한 역할을 했다. 1966년에 쿠데타가 발생한 이후 시리아 바아스당의 핵심 이념가로서 활동했다. 저서로 *The Arab World* (1958) 등이 있다.

가[11]를 유지했는데, 가말 압델 나세르(Gamal Abdel Nasser)[12] 대통령의 이집트가 계속 주도권을 행사하는 것에 불만이 많았던 시리아는 연합국가에서 탈퇴한다. 그 이후 시리아 국내의 정치 상황은 다시 불안정하게 되었다. 1963년 2월, 이라크의 바그다드에서 바아스당이 쿠데타를 일으켜 정권을 장악하자,[13] 이러한 움직임에 영향을 받아 1개월 후인 3월에 시리아군 내부의 바아스당 당원들이 궐기하여 정권을 탈취했다. 그러나 군 내부의 바아스당 세력이 확실하게 압도적인 우세에 있었던 것은 아니며, 쿠데타 이후 해결해야 할 첫 번째 과제는 서로 다른 이익을 추구하는 다양한 군 내부 그룹에 대해 직책을 배분하는 것이었다.

이 당시 시리아의 정권 교체에 민중의 참가는 전혀 없었다. 관련된 민중이 있다면, 그들은 일정하게 당파와 연결되어 정권을 탈취한 이후에 특정 이익을 얻고자 했던 한 줌 정도의 그룹에 의한 움직임에 불과했다. 민중은 사실상 모기장 바깥에 배제된 상태로 일련의 사태가 진행되었다.

---

11 통일아랍공화국(United Arab Republic), 1958년 2월 22일, 이집트와 시리아가 통합하여 수립된 국가로서 수도는 이집트 카이로였고, 가말 압델 나세르가 대통령에 취임했다. 1961년 시리아의 군사 쿠데타로 인한 탈퇴로 소멸되었으나, 나세르 대통령은 1971년까지 통일아랍공화국의 국호를 유지했다.

12 가말 압델 나세르(Gamal Abdel Nasser, 1918~1970), 이집트의 군인 출신 정치가로서, 1956년부터 그가 사망할 때까지 대통령으로 재임했다. 1958년부터 1961년까지 이집트와 시리아가 통합된 통합아랍공화국(UAR)의 대통령에 취임했다. 이집트의 개혁과 근대화를 주장했으며, 아랍 세계의 연대와 통일을 주장했다.

13 이라크의 바아스당 세력에 의해 1963년 2월 8일에 일어난 군사정변으로, 아흐메드 하산 바크르(Ahmed Hassan al-Bakr) 장군이 주도하여 당시 이라크의 수반이었던 압달 카림 카심(Abd al-Karim Qasim)을 몰아냈다.

시리아의 경제는 정체되었다. 상인들은 바아스당 정권의 급진적인 사회주의 정책을 경계했다. 도시와 지방의 유력자들은 이단적 소수종파인 알라위파와 가난한 가정 출신자들의 대두에 강한 위화감을 지녔다. 한편, 일반 민중도 생활고가 경감되지 않자 불만을 품었다.

바아스당과 무슬림형제단의 관계는 처음부터 나빴고, 양측은 군 내부에서도 서로 충돌했다. 무슬림형제단은 이슬람 수니파 세력 가운데에서도 보수파에 의해 조직되었는데, 이슬람교에 별로 구애되지 않는 바아스당에 대해 강력하게 대항했다. 1964년 4월에 하마 시에서 일어난 무슬림형제단 멤버들의 무장궐기는 이미 앞에서 논한 바와 같다(44쪽 참조). 무슬림형제단의 활동은 그 이후 바아스당 정권하에서 적발될 경우 최고형인 사형을 받을 정도로 금지되고 격렬한 탄압을 받았다. 그렇지만 무슬림형제단은 반정부 무장단체로서 일종의 원망스러움이 가득한 어두운 침전물이 되어 시리아 사회에 어두운 그림자를 계속 드리웠다.

1965년 초에는 대규모의 국유화 정책이 도입되었다. 이에 대해 국가 내부에서 반발이 일어났고, 특히 다마스쿠스의 상인들은 점포를 폐쇄하며 항의행동에 나섰다.

정권 내부의 실력자들은 서로 간에 권력투쟁으로 시간을 보냈다. 바아스당의 창설자들인 아플라크와 비타르는 이미 50대의 나이였다. 이에 반해 군의 바아스당 당원들은 일반적으로 가난한 농촌 가정의 출신자들로 초등교육 정도의 교육을 받았을 뿐이었고 당의 창설자들보다 20세가량 젊었다. 그들은 당내 문민지도자들에 대해 충분히 만족하지 못했고, 정권의 탈취에서 활동의 목적을 찾아내었다. 양자 사이에는 큰 틈새가 발생했고, 또한 그것은 확대될 뿐이었다.

1966년 2월, 당 내부에서 문민지도부 및 군 내부의 문민지지파와 군 내부의 다른 멤버들 사이에 충돌이 발발하여, 결국 아플라크와 그의 지지파가 추방되었다. 아플라크는 이라크로 가서 그가 사망할 때까지 이라크 바아스당의 민족지도부 사무총장을 역임했다.[14]

시리아와 이집트가 연합국가를 이루었던 시대에 시리아에서 이집트로 파견되어 부임했던 바아스당 소속 군인들 사이에서 비밀리에 '5인위원회'가 결성되었다. 이 위원회는 양국 간의 연합이 해체된 이후 바아스당 내의 권력투쟁을 주도하게 된다. 하페즈 아사드는 카이로 시절부터 이 5인위원회의 구성원으로서 중요한 역할을 수행했는데, 동 위원회의 최연소 멤버라는 측면도 있었기 때문에 당시에는 외부에 나서지 않았다.

이 투쟁의 결과 당시 35세였던 그는 국방장관에 임명되었고, 이를 통해 처음으로 정치 무대에 모습을 드러낸다. 5인위원회의 다른 멤버들은 차례로 실각하고 오직 살라 자디드(Salah Jadid)[15]와 하페즈 아사드가 남게 되었다. 이후 알라위파로 하페즈 아사드보다 4세 연상인 자디드가 정권을 장악했다. 권력을 장악한 자디드는 숨어서 활동하는 지도자로서 자신을 겉으로 드러내지 않고 바아스당 지역지도부의 사무차장에 머문 채, 자신의 부하들을 주요 각료 직책에 임명하여 당과 정부를 지배했다.

바아스당 내부의 권력투쟁은 오직 인간관계 혹은 정책선택을 둘러싼 상호 간의 반목과 대립이었다. 시리아의 바아스당이나 이라크의 사담 후세인(Saddam Hussein)[16] 대통령 시기의 바아스당도 혁명정당으로서

---

14 아플라크의 후임 사무총장으로 사담 후세인(Saddam Hussein)이 발탁되었다.
15 살라 자디드(Salah Jadid, 1926~1993), 알라위파 출신의 시리아 군인이자 바아스당 지도자들 가운데 한 명으로서, 1966년부터 1970년까지 시리아의 실제적인 지도자였다.

'단결, 자유, 사회정의 실현'이라는 슬로건을 내세우며 정권을 획득했다. 그러나 그 이후 국가를 통치하고 국민을 강력하게 이끌며 지도하는 이념, 그리고 그것을 가능하도록 하는 정책을 구축하는 영역에서는 두드러진 성과를 거두지 못했다. 시리아와 이라크에 있는 두 개의 바아스당 모두 지도자의 지시를 이론화하고, 이를 실천에 옮기는 것을 핵심으로 삼았다. 바아스당에는 독재정치를 허용하는 체질이 있었다.

바아스당과 경제계

오스만 제국 시대 말기에 이미 산업으로서 섬유산업의 맹아가 다마스쿠스에 출현했다. 프랑스 위임통치 시기에는 시리아 국내에서 생산된 밀과 면(綿) 등의 농산물 중개업과 무역업으로 이름을 떨친 가족 경영형태의 기업 활동이 성행했다. 또한, 섬유산업 등 경공업 분야의 초기적인 발전 모습도 나타났다. 1946년의 시리아 독립에서 1950년대에 이르는 동안 정계에서는 쿠데타가 반복되는 불안한 시대였지만, 정쟁과 거리를 둔 경제계는 자유롭고 활기가 넘쳐흘렀으며 기업들의 활동이 왕성했다.

이 무렵 특히 섬유산업에서는 수많은 기업들이 우렁찬 목소리를 내며 문을 열었다. 이들은 비교적 소규모 투자의 노동집약적인 형태로 시작했으며, 각종 직물기기도 이탈리아로부터 쉽게 입수할 수 있었다. 일반적인 경향을 살펴보면, 다마스쿠스에서는 하의 등의 속옷과 양말 생

---

16 사담 후세인(Saddam Hussein Abd al-Majid al-Tikriti, 1937~2006), 1968년 이라크 바아스당이 주도한 쿠데타에서 핵심적인 역할을 했으며, 1979년부터 2003년까지 이라크의 대통령을 지냈다. 2006년 12월 30일, 이라크 최고법정의 유죄판결에 따라 교수형에 처해졌다.

산을 지향한 반면, 알레포에서는 기성복 제품의 생산에 집중하는 특징이 있었다.

시리아가 이집트와 연합국가를 이루던 시기인 1961년에 시리아에서는 무역업 및 면(綿) 등과 관련된 기간사업에 대한 국영화 조치가 취해졌고, 대규모 농지에 대해서도 규제가 이루어졌다. 이집트와의 연합국가가 해체되자 일시적으로 국영화 조치에 대한 완화가 진행되는데, 1963년에 바아스당이 정권을 잡게 되자 더욱 엄격한 사회주의적 경제정책이 도입되었다. 이에 따라, 농지의 국유화를 위시한 주요 산업에 대한 국영화가 일방적으로 이루어졌고, 1964년 섬유봉제업계도 그 거센 파도에 휩쓸리게 된다.

이와 관련하여 몇 가지의 사례를 살펴보도록 하겠다. 오스만 제국 시대의 말기 이래, 시리아와 레바논으로부터 수많은 사람들이 해외로 이주했다. 그들의 주요 행선지 가운데는 미국도 있었지만, 그 이상으로 남미 지역이 많았으며 오늘날 남미 대륙의 시리아계 인구는 수백만 명이 넘는다. 또한, 아프리카 대륙에 이주한 이들도 적지 않다.

시리아 정부의 국영화 조치로 의해 재산을 잃게 된 기업가들 중의 일부는 레바논으로 이주하거나, 혹은 새로운 보금자리를 찾아 일가친척에게 의지하며 지냈다. 또한, 그들은 연줄을 찾아 남미 지역과 아프리카의 시리아인 사회로 이주한 이후, 시리아 국내 정세를 관찰하면서 자국으로 돌아갈 기회를 엿보고 있었다. 시리아 국내에 남은 자들은 지혜롭게 처신을 하면서, 자신들의 생계를 유지하며 재기를 할 수 있는 기회를 찾고자 했다.

한 예를 들면, 1950년대에 조부가 커다란 규모의 무역회사를 소유하고 있던 어떤 경영자 일가는 1963년에 국영화되어 재산의 대부분을 상실하자, 레바논으로 이주하여 사업을 꼼꼼히 경영하면서 시리아 국내의 상황을 지켜보았다. 이들은 1970년에 하페즈 아사드 국방장관이 권력을 탈취하여 정권을 운영하기 시작하자, 정치 환경의 변화를 감지하고 부친의 주도로 시리아 국내로 돌아가 남성용 양말 제조공장을 일으켜 세웠다. 이 분야를 선택한 것은 비교적 소규모의 자본으로 시작할 수 있을 뿐만 아니라, 작은 공장으로 기동력을 확보할 수 있어서 당국에 의해 눈총을 받을 경우에 간단히 공장을 접고 행방을 감출 수 있기 때문이었다. 이리하여 같은 규모의 소규모 공장 5개를 각각 다른 곳에 세우고, 당국의 눈을 피하면서 경영을 했다. 이렇게 되면 단속을 받더라도 최소한 몇 곳은 살아남을 수 있다. 1991년에 「투자자유화법」이 성립되고 1995년에 동 시행령이 마련되자 정권의 경제운영 방침이 과거로 되돌아가지 않을 것이라는 것을 확신하고, 1998년에 5개 회사를 1개 회사로 통합하여 공업단지에 멋진 공장을 건설했다.

바샤르 아사드 대통령 시대가 되자 경영환경은 극적으로 개선되었고, 민중봉기가 일어나기 이전에는 연매출 600만 달러 규모를 실현했으며 제품의 90%를 유럽 국가들과 사우디아라비아, 쿠웨이트 등 걸프지역 국가들에게 수출했다. 그럼에도 부친의 형제는 경계를 늦추지 않고 각각 독립적으로 회사를 경영하고 있다. 게다가, 형제간에 자본을 서로 분담하여 일족에게 예측 불가능한 사태가 발생할 경우에도 살아남을 수 있는 방도를 확보하고 있다.

또한, 다른 어떤 일족은 이집트와 연합국가를 이루고 있던 시기에 보유하던 재산이 한 차례 국영화되었는데, 연합국가가 해체된 이후에 일시 재산이 반환되었다. 그런데 바아스당 정권이 발족하게 됨으로써, 회사는 다시 국영화되었다. 이에 따라, 1963년에 시리아를 떠나 당시 일족의 사촌이 섬유봉제 공장을 경영하고 있는 나이지리아로 향했다. 이들은 그곳에서 경영 노하우를 습득하면서 일어설 수 있는 발판을 마련하는 기간을 보낸다. 그 이후, 시리아의 제지 산업이 아직 충분히 발전하지 못한 점에 주목하여, 1983년에 귀국하여 제지 사업을 일으켰다. 당시 시리아에는 외화가 심각하게 부족했기 때문에, 이들의 회사는 수입대체 산업의 진흥책으로서 크게 환영받았고, 자력으로 이탈리아와 스웨덴으로부터 기계를 수입하는 것을 허락받아 사업의 안정적인 발전이 담보되었다.

그럼에도 이 회사의 경영자는 자신의 사업을 지키기 위해 정권 핵심부와의 양호한 의사소통을 유지하는 데에 노력을 게을리 하지 않았다. 그것은 자금을 제공하고 이에 대한 답례를 기대하는 관계의 수립이 아니라, 시리아의 국가경제와 사회의 적정한 발전을 위해 동 회사의 생산 노하우와 생산기술이 대단히 중요하며 이를 대체할 수 있는 것이 없다는 것을 정권 핵심부에게 이해시키는 방식이었다. 또한, 자신의 친족을 인민의회 의원으로 만들어 사전 준비를 더욱 강화했다.

이 밖에 나이지리아에 임시로 이주했는데 그 지역에서 가전제품을 수입하여 판매하는 사업에 성공을 거두고, 현지 시리아인 사회에서 중요한 지위를 차지하여 그 상태로 잔류하게 된 일가도 있다.

시리아 국내에 머문 경영자들도 적지 않다. 어떤 경영자는 독립 직후인 1948년에 10대의 봉제 직물기기와 15명의 노동자로 양말 공장을 시작한 이래 사업이 점차 확대되었는데, 1963년의 「국유화법」에 의해 공장이 몰수되었다. 국유화 정책은 광범위하게 미쳤는데 소매업과 소규모의 운수업 등은 대상에서 제외되었기 때문에, 이 경영자 일족은 오랫동안 소매업에 종사하면서 잘 견뎌냈다. 그리고 1965년이 되자, 양말 공장을 비밀리에 설립하여 활동을 재개했다.

또한, 1980년대 초에 정부가 부인용 스타킹에 대한 국영기업의 독점적 생산방침을 철회하자마자, 이것을 좋은 기회라고 판단하고 스타킹 생산에 나서 회사를 합법화한다. 1990년대에 외국자본에 대한「투자자유화법」이 도입되어, 외국으로부터 원자재와 부품의 수입이 쉬워졌다. 그렇게 되자 사업을 더욱 확대하고, 최근에는 사업 환경이 호전되어서 중동 세계로 수출도 하고 있다.

20세기 초부터 사업가로서 역사가 깊은 일족이었지만 1960년대의 국유화 정책에 의해 가업이었던 무역업과 농산물 도매업 분야 회사와 재산이 몰수되어 갈 곳을 잃게 된 어느 일족은, 다마스쿠스로부터 멀리 떨어진 라타키아(Latakia)에 농산물 가공공장을 비밀리에 세우고 소매업에도 진출했다. 그런데 이 일가는 잘 알려진 존재였기 때문에 당국의 감시도 그런대로 엄격했고 설립된 공장이 적발되는 경우도 적지 않았다. 그럼에도 일족의 족장이 말하는 바에 따르면, 당국과 '고양이와 쥐의 술래잡기'를 지칠 줄도 모르고 계속하면서 어떻게든 살아남았다. 그리고 1973년 무렵부터 관세 자유화 지대의 창설과 무역의 일부 민간개방이 이루어져 경제계의 분위기에 변화가 일어나자, 그 변화에 편승하여 사업을 점차 확대했다.

1970년대 중반에는 유럽에 정보 수집을 위한 무역 사무소를 개설하고, 투자가 쉽게 이루어지기 시작하자 외국기업을 유치하고 공동사업 경영에 나섰다. 바샤르 아사드 대통령 시대가 되자, 대규모 투자에 대해서도 불안감이 적어지게 되어 현재는 1억 달러 이상의 대규모 공장을 건설하고 있으며, 자력으로 선박을 조달하여 해외로부터 원료를 수입하는 데에까지 발전했다. 또한, 금융업계에도 진출하여 적극적으로 사업

전개를 도모하고 있다.

공업생산 분야뿐만이 아니다. 상업 활동에서 20세기 초부터 시리아를 대표하는 가문들 중의 하나가 샬라 가문(al-Shallah family)이다. 이 가문의 조부는 프랑스의 위임령 시기에 부유한 다마스쿠스 상인으로서 반(反)프랑스 독립운동에 자금 원조를 했다. 부친[17]은 당초 바아스당의 사회주의 정책에 비판적이었는데, 하페즈 아사드 대통령이 취임하자 그때까지의 자세를 갑작스럽게 바꾸어 대통령에 대한 지지의사를 밝혔다. 또한, 바아스당과 무슬림형제단이 서로 투쟁할 때에는 알레포의 상인들이 무슬림형제단을 음으로 양으로 지원하는 것에 저항하여, 그는 다마스쿠스의 상인들을 직접 설득하여 다마스쿠스에 대한 무슬림형제단의 영향력이 침투되는 것을 방지하고, 아사드 정권에 철저하게 밀착했다.

이후 그는 시리아 상공회의소 의장에 취임하여 16년간 근무하고, 사망하기 1년 전인 1999년에 회장 직책을 구미와 일본 기업의 대리점을 큰 규모로 운영하고 있던 자신의 아들[18]에게 계승시켰다. 그의 아들은 이를 계승하여 12년간 근무하고, 민중봉기가 일어나기 1년 전에 은퇴했다.[19] 은퇴한 아들은 2009년부터 다마스쿠스 증권거래소 이사장 직책을 맡고 있다.

어려운 시대를 경험하고 요령껏 빠져나와 21세기 초의 번영과 발전

---

17 바데르 샬라(Bader al-Din al-Shallah)를 지칭한다.
18 라텝 샬라(Rateb al-Shallah), 영국 옥스퍼드대학에서 공부했으며 다마스쿠스 상공회의소 의장을 2009년까지 역임했다. 2009년 1월에 시리아 연합상공회의소(FSCC) 명예회장으로 임명되었다.
19 현재 상공회의소 의장은 모하마드 칼라아(Mohamad Ghassan al-Qallaa)이다.

을 실현한 시리아의 기업가들은 앞을 내다보는 눈썰미가 대단히 기민하고 사업 기회의 포착에 재빠르며 현실적이다. 알레포에서 단연 유명한 수니파의 명문가 자비리 가문(al-Jabiri family)[20]의 역사는 18세기 이전까지 올라간다. 20세기 중반까지 존속되었던 대토지를 소유한 일족으로, 알레포의 일각에 있던 소유지는 시속 60km로 10분 동안 자동차를 타고 가도 전체 부지를 모두 돌아볼 수 없었다고 한다. 이 가문의 일족은 농지가 수용되어도 해당 지역의 남아 있는 명성을 유지했다. 본가의 적통을 잇고 있는 당주(當主)는 1950년대에 미국에 유학하여 미국인 부인을 맞이했으며, 교외 지역의 남아 있는 땅에서 생활을 했다. 당주의 여동생[21]은 군인 무스타파 틀라스(Mustafa Tlass)[22]와 결혼했다. 그는 바아스당 정권에서 국방장관 및 부총리가 된다.

다시 일부만이 부유해진 사회경제

시리아 사회의 분위기는 일견 밝고 쾌활하다. 사람들은 외국인을 환대한다. 이와 같은 사회에서는 관광업이 번영하기 마련이다. 특히 바샤르 아사드 대통령이 집권한 10년 동안 시리아의 관광업은 크게 발전하

---

20 자비리 가문, 18세기부터 20세기에 걸쳐 시리아 알레포를 기반으로 한 가장 유명하고 부유했던 가문이다.
21 1958년에 결혼한 라미아 자비리(Lamia al-Jabiri)를 지칭한다.
22 무스타파 틀라스(Mustafa Abdul Qadir Tlass, 1932~), 이슬람 수니파 출신의 부친 아래에서 출생했으며, 모친을 통해 알라위파와 연결되는 것으로 알려져 있다. 1972년부터 2002년까지 장기간 시리아의 국방장관을 역임했다. 현재 반체제 무장 세력을 이끌고 있는 압둘 라자크 틀라스(Abdul Razzaq Tlass)는 그의 사촌 조카이다.

여 국민총생산(GDP)의 12%를 산출하는 주요한 산업이 되었다. 유네스코 세계유산에 등록된 구(舊)다마스쿠스 시가지는 관광객들로 넘치며 활기가 있었다. 그렇지만 2011년 3월에 민중봉기가 시작된 이후, 관광업은 거의 괴멸되었다. 지금에 이르러서는 비행기 편과 육로를 통해 주로 이란인들로 구성된 성지 방문단만 왕래하고 있다.

하페즈 아사드 대통령 시대에 시리아 사회는 무하바라트(Muhabarat)[23]라고 불리는 정보·치안 당국이 항상 가혹하게 지배를 했고, 이는 정권의 기둥이 되었다. 정보·치안 당국은 시민생활의 세부 사항까지 들여다보고 눈에 불을 켜고 위협을 가했다. 당국 측에서 의심할 만한 소지가 있으면 그 진위 유무를 떠나 누구라도 연행되었고, 고문도 반복적으로 이루어졌다. 이는 4개의 주요 조직 이외에도 10개에 달하는 기타 조직으로 구성되었으며, 이들 간에 상호 경쟁이 이루어졌고 각 조직의 수장은 원칙적으로 대통령에게 직접 연계되어 활동했다.

그렇지만 바샤르 아사드 대통령 시대가 되어, 특히 민중봉기가 일어나기 이전에는 인권활동가, 민주화 운동가로서 알려진 확신범과 같은 인물들에 대해서는 몰라도, 일반 시민에 대한 치안 당국의 자세는 대단히 유연해졌다는 게 대다수 시민들의 인식이다. 예를 들면, 외국 기업과 기관에 근무할 경우에 정기적으로 당국에 출두하여 허가증 기한 연장에 대한 절차와 보고를 하는 것이 의무화되어 있는데, 이 보고와 절차가 형

---

23 무하바라트(Muhabarat), 특히 시리아군의 치안정보 부문을 중심으로 형성되어 있는, 아사드 정권의 정치적 지배를 뒷받침하고 있는 여러 관련 부서들을 의미한다. 시리아 정치에 큰 영향을 미치고 있으며, 바샤르 아사드 대통령에 의해 직접 통제되고 있다.

식적이 되었고 관련 담당자의 대응도 이전에는 생각할 수 없을 정도로 온화해졌다.

또한, 밀고에 대해서도 정보·치안 당국의 자세가 변화되었다. 의심스러운 인물을 심문하는 데에 강압적인 자세가 사라지고, 무슨 일이 있어도 입건시키는 일은 없어지게 되었다. 한편, 가령 밀고가 개인적인 원한, 사실과 다른 무고, 사리사욕 등에 의한 사실무근이어도 당국은 그 밀고자를 벌하지도 않는다. 당국의 입장에서 볼 때 100개 중에 1개, 1,000개 중에 3개의 유용한 정보가 있다면 그것으로 괜찮은 것이기 때문에 밀고 사회의 전통은 존속되고 있다.

그러던 것이 2011년 3월 이후, 예전 상황으로 되돌아가 버렸다. 정보·치안 당국은 다시 그 본래의 성격을 그대로 드러냈다. 이에 따라, 치안유지를 위해 많은 시민들이 체포되고 구금되었다.

그럼에도 한 차례 정치적 자유에 눈을 뜬 사람들의 입은 다시 닫히지 않는다. 2000년대에 들어서 정보부는 시민들이 외국 TV 방송을 시청할 수 있도록 자유화 조치를 취했는데, 그 이후 대도시와 지방의 도시를 불문하고 접시모양의 파라볼라 안테나가 전국적으로 즐비하게 늘어섰다. 사막에서 생활하는 유목민들도 폐차가 되기 직전의 낡아버린 트랙터에서 엔진을 떼어내어 발전기에 연결시키고, 파라볼라 안테나의 기둥을 사막에 세워 외국의 TV 방송을 보며 즐기고 있다.

예전부터 시리아의 일부 시민들은 인터넷상에서 재주를 부렸고 유튜브(YouToube)와 페이스북(Facebook)이 많이 이용되었다. 미국 정부가 정보통신 분야에 대한 제제 완화에 나서자, 2010년 6월에 미국의 컴퓨터 회사 델(Dell)은 마이크로소프트사 등의 관련 담당자가 시리아를 방문하여 아사드 대통령과 회담을 하고 인터넷을 더욱 개방하도록 권고했다.

시리아 정부는 이에 대응하여 2011년 2월에 해금조치를 취했고, 그 이후 정부는 이러한 자유화 정책을 유지해왔다. 또한 민중봉기가 시작된 이래, 시리아 국민들은 일련의 민주화 개혁정책의 추진 덕분에 더욱 큰 자유를 향유할 수 있게 되었고, 이전에는 기피되었던 정치적 의제도 자유롭게 말할 수 있게 되었다.

한편, 석유 수송라인이 폭파되어 발전소의 가동률이 저하되고 있기 때문에 시리아의 전력 사정은 나쁘다. 수도 다마스쿠스에서조차 매일 수 시간의 계획정전이 실시되고 있고, 지방에서는 12시간 이상의 정전 상태가 계속되고 있다.

시리아의 겨울은 춥고 눈도 내린다. 난방은 석유난로가 일반적으로 사용되지만, 그 난로용 경유가 희소해져 가격이 올랐다. 요리용 프로판 가스를 입수하는 것에도 적지 않은 수고와 시간이 든다. 자동차 연료용 가솔린은 질이 나빠졌다. 물가는 2011년의 농사 작황이 좋은 기후의 혜택을 입었기 때문에 식료, 일용품에 대해 큰 영향을 미치지 않았지만, 수입 제품은 가격이 일제히 오르고 있다.

시리아 정부는 관세 5%까지의 대상품목에 대한 수입은 기존대로 허가하고 있는데, 이를 초월하는 대상품목에 대해서는 수입 신용장의 발급을 정지시켰다. 이 때문에, 수입업자는 자신이 현금을 직접 마련하지 않으면 안 된다. 다마스쿠스와 알레포의 경제계에서는 장기화되는 위기로 인해 불만이 내부에서 쌓이고 있다. 시리아 경제무역부 장관은 연료 석유는 60%가 국내산 원유이며, 40%를 수입을 통해 조달하고 있다고 하면서, 어려움에 직면하고 있는 국내경제는 생산성을 향상시킴으로써 해결할 수 있다고 강조했지만, 이를 위한 구체적이며 뾰족한 수는 없다.

국민이 자국의 정권에 대해 신뢰를 상실하게 되면 자국 통화가 하락하게 되고 외화의 가치가 올라간다. 시리아의 외환정책은 달러, 유로, 엔화를 중심으로 하고, 나아가 시리아에 대한 경제제재가 거듭되어지자 중국의 위안(元)화도 기축통화로 편입시켰다. 환율은 1달러에 47시리아파운드(SYP) 정도로 유지되었다. 2011년 3월 이전에는 기준 환율과 암시장에서 통용되는 환율 사이에 괴리가 거의 없었는데, 민중봉기가 시작되자 약 10% 정도의 차이가 발생하게 되었다. 시리아의 외화보유고는 2011년 3월의 시점에서 174억 달러였다.[24]

실제 환율과 기준 환율 사이의 격차를 줄이기 위해 시리아 정부는 2011년 12월 초에 변동 환율제로 이행했다. 시리아파운드는 서서히 계속 하락되고, 변동 환율제에서의 달러에 대한 기준 환율은 60시리아파운드, 암시장에서 거래되는 환율은 70시리아파운드를 넘었다.

국민은 어쨌든 자신의 재산을 보전하고자 한다. 국내정치의 불안한 정세가 장기화됨에 따라 자금에 여유가 있는 계층에서는 재산을 부동산으로 바꾸어 만일에 대비하려는 움직임이 증가했다. 이 때문에 2000년대에 들어 시리아에서는 두 차례의 부동산 버블이 일어났다. 최초의 부동산 버블은 걸프지역으로부터 자금이 유입되던 시기에 발생했다.

또한, 정부의 눈길이 미치지 않는 때를 노려서, 건축 허가를 받지 않은 상태의 불법 건물들을 건설하는 붐이 조성되고 있다. 이 때문에 시멘트업계는 큰 이윤을 보고 있다.

시리아, 레바논, 요르단 지역에서는 활성 단층이 대규모로 움직이는

---

24 *EIU Country Report*에 따르면, 시리아의 외화보유고는 2010년 195억 달러였으나, 2011년에는 148억 달러 그리고 2012년에는 97억 달러 수준으로 감소할 것으로 추정되고 있다.

지진이 1,000년에 4회 정도의 빈도로 발생하며, 그때마다 역사를 채색했던 왕조의 쇠퇴와 교체를 기록했다. 18세기 중반의 대지진으로 인해 다마스쿠스 시내에서 2만 5,000명의 사망자가 나왔다고 한다. 언제 일어날 것인지 예견할 수 없는 대지진이 시리아를 습격한다면, 큰 피해의 발생은 피할 수 없을 것이다.

탈피를 도모한 알라위파 체제

시리아는 90% 정도가 이슬람을 신봉하는 무슬림이며, 또한 이슬람 수니파가 인구의 75%를 차지하고 있어서 압도적인 이슬람 수니파 국가이다. 아사드 정권은 전체 인구의 12% 정도밖에 되지 않는 알라위파가 중추를 강화하고 있는 정권으로 알려져 있다. 알라위파는 역사적으로 이슬람교 세계에서 이단적인 존재로 간주되어 반복하여 박해를 받아왔고, 그 때문에 그들은 산악지대로 도주하여 거주했다. 그들의 대다수는 가난하며 교육을 받을 기회를 얻지 못해서, 시리아의 일반 사회 속에서 한 단계 아래의 존재로서 인식되었다. 알라위파 남자는 도시에 나가서 하급 공무원으로 취직하고, 여성은 도시 생활자의 가정에서 가사 보조원으로 일하는 것이 보통이었다.

알라위파가 마침내 이슬람 시아파에 속하는 것으로 간주된 것은, 1973년에 하페즈 아사드 대통령이 레바논의 시아파 지도자 이맘(Imam)[25]

---

25 이맘(Imam, إمام), 아랍어로 지도자를 의미하며, 이슬람교의 여러 종교 공동체를 지도하고 통솔하는 사람을 일반적으로 이맘이라고 부른다. 특히 시아파에서는 종교 공동체의 최고지도자를 의미하며, 시아파가 압도적인 대다수를 차지하고 있는 이란에서는 이맘이 강력한 권력을 행사하며 실제로 국가를 다스

무사 사드르(Mousa Sadr)[26]로부터 그와 같은 취지의 결정을 얻으면서부터이다. 알라위파 사람들은 그들이 사회의 멍에로부터 해방된 것은 하페즈 아사드 대통령 덕분이라고 생각한다.

시리아를 관찰하는 전 세계 연구자들 사이의 상식은 아사드 정권이 '겉'과 '속'이 서로 다른 이중구조로 되어 있다는 것이다. '겉'은 정부이며 국민의 넓은 지지와 융화를 얻기 위해서 알라위파에 한정되지 않고 수니파, 기독교 신자 등 폭넓게 인재를 활용한다. 한편, '속'은 체제 유지를 위한 지배기구인 군, 치안조직 등에서 알라위파 사람들이 중추부를 공고히 하고 진정한 권력을 장악하고 있다.

한편, 다마스쿠스의 지식인들은 바샤르 아사드 대통령이 취임한 2000년 이후 상황에 큰 변화가 일어났으며, 모든 게 알라위파이기 때문이라는 분위기는 더 이상 아니게 되었다고 한다. 바샤르 아사드 대통령은 확실히 알라위파 가정에서 출생한 인물이지만, 다마스쿠스에서 태어나고 교육을 받으면서 성장했다. 그의 동생 마헤르(Maher Assad, 1967~) 준장도 마찬가지이다. 그들의 학창시절 교우관계는 치우침이 없었다. 또한, 두 사람 모두 이슬람 수니파 여성과 결혼했다. 그들의 생활환경 속에는 알라위파라는 사실에 구애받는 것이 부친 하페즈 아사드 대통령 시대보다 희박하다.

시리아에서는 일족, 부족, 종파 간의 유대관계가 대단히 강력하다. 그리고 있다.

26 무사 사드르(Mousa al-Sadr, 1928~1978), 이란의 쿰(Qum)에서 태어났으며 테헤란대학에서 이슬람 율법과 정치학을 배웠다. 레바논 철학자로서 1978년 8월에 종적을 감춘 시아파 종교 지도자이다.

중에서도 가장 강력한 유대관계는 일족 가운데에 있다. 바샤르 아사드 정권에도 일족의 일부 구성원들이 군부와 치안 조직 가운데 핵심적인 직책을 담당하고 있다. 민중봉기가 발발한 이후, 유럽연합(EU)이 시리아에 부과한 제재 대상자들 중에는 아사드 대통령은 물론 이와 더불어 동생 마헤르 아사드, 매형 아세프 샤우카트(Assef Shawqat, 1950~2012), 사촌동생 실업가 라미 마클루프(Rami Makhlouf, 1969~), 그 손아래 동생 하페즈 마클루프(Hafez Makhlouf, 1971~) 대령, 치안 당국의 이야드 마클루프(Iyad Makhlouf, 1973~), 사업가인 이하브 마클루프(Ihab Maklouf, 1973~), 소요가 일어났을 때 다라아 시의 치안 당국 본부장이었던 사촌형제 아테프 나지브(Atef Najib), 나아가 부친 형제계열의 사촌형제 파와즈 아사드(Fawwaz Assad, 1962~)와 문디르 아사드(Mundhir Assad, 1961~) 등이 이름을 나란히 하고 있다. 미국 정부의 제재 내용도 이와 거의 마찬가지이다.

일족의 유대관계가 매우 강력하다는 것은 사실이다. 그렇지만 과연 일족이 그러한 결속을 그 어떤 것과도 바꾸기 어려운 것으로 삼고 어떤 것보다 가장 우선시하고 있는가 하면, 꼭 그렇다고는 말할 수 없다.

하페즈 아사드 대통령의 동생 리파아트 아사드(Rifaat Assad, 1937~)[27]는 1984년에 정권 탈취를 시도하다가 물러났고, 하페즈 아사드 대통령

---

27 리파아트 아사드(Rifaat al-Assad, 1937~), 바샤르 아사드 대통령의 삼촌이며, 다마스쿠스대학에서 정치학과 경제학을 공부했고 소련 과학아카데미에서 정치학 명예박사 학위를 취득했다. 그는 4명의 부인과 결혼했으며, 그중 한 부인의 가족은 사우디아라비아 압둘라(Abduallah bin Abdulaziz al-Saud, 1926~) 국왕과 결혼했다.

이 서거했을 때에도 움직이려는 태세를 보였지만 그의 행동은 저지되었다. 자신의 아들이 바샤르 아사드 대통령의 숙부 자밀 아사드(Jamil Assad, 1933~2004)[28]의 딸과 결혼한 가지 카나안(Ghazi Kanaan, 1942~2005)[29]은 내무부 장관이었던 2005년에 자살했다. 강력한 세관국장이라는 요직에 있던 모친 계열의 일족 하산 마클루프(Hassan Maklouf)는 2009년에 부정부패에 연루되어 해임되고 체포되었다. 이 체포에 대해 바샤르 아사드 대통령의 숙부가 칼로 잘라내듯이 해서는 안 된다고 각별히 청원했지만, 바샤르 아사드 대통령은 이에 대해 딱 잘라 거절했다. 이로 인해 체면을 잃은 숙부는 격노했고, 두 사람 사이의 관계는 오랫동안 소원해졌다고 한다. 바샤르 아사드 대통령은 일족이라고 해도 문제가 있을 경우에는 매우 준엄하게 책임을 추궁해왔다.

바샤르 아사드 대통령은 민중봉기가 발발하기 전까지는 정권 내에 다양하며 다른 사고방식을 지닌 인재들을 한데 모아 활용했다. 자신이 오랫동안 회장을 맡았던 컴퓨터과학협회의 다수 관계자들을 당과 정부에서 중용했다. 하페즈 아사드 대통령 시대에 학자의 각료 임명은 주로 다마스쿠스대학 출신 관계자들에 대해서만 이루어졌는데, 현재는 알레포

---

28 자밀 아사드(Jamil al-Assad, 1933~2004), 바샤르 아사드 대통령의 삼촌이며, 시리아 인민의회의 국가안보위원회 업무를 담당했다. 하페즈 아사드 대통령이 사망한 이후 그의 아들 바샤르 아사드가 대통령에 취임하는 것에 적극적인 지지를 표명한 것으로 알려져 있다.

29 가지 카나안(Ghazi Kanaan, 1942~2005), 일명 아부 요룹(Abu Yo'roub)으로 알려져 있으며, 2004년부터 2006년까지 시리아의 내무장관을 역임했고, 장기간 레바논에서 치안 관련 업무를 담당했다. 그의 아들 야룹 카나안(Yaroob Kanaan)은 자밀 아사드의 딸과 결혼했다.

대학 출신자들 중에서도 많이 임명되고 있다. 그만큼 정권 내부에서 기술관료(테크노크라트)의 지위가 높아졌고, 정부 각료는 바아스당에 의해 그다지 좌우되지 않는 상태에서 정책을 입안하고 이를 실시하고 있다.

사회주의적인 시장관리형 경제정책에서 시장개방형 경제정책으로 방침을 근본적으로 전환시킴으로써 경제의 구조전환을 도모한 바샤르 아사드 대통령의 최초 10년간의 경제정책을 주도했던 이들은 각자 상당히 입장이 다른 압둘라 다르다리(Abdullah Dardari)[30] 경제담당 부총리 〔영국의 대학에서 경제학 연수, 유엔개발계획(UNDP) 전임 직원, 비당원〕, 아메르 루트피(Amer Lutfi)[31] 경제통상부 장관(그 이후 국가계획위원회 위원장. 벨기에 루벤대학에서 계획경제를 배운 이후, 브뤼셀 자유대학으로 옮겨 계획경제에서 시장경제로의 이행문제를 연구하여 박사학위를 취득) 등이었으며, 그들이 서로 협력하고 견제하면서 경제개방 정책을 추진했다. 국내 각 방면의 이해조정은 주로 무함마드 오타리(Muhammad Otari) 총리가 수행했으며, 군부 및 치안 관계 기관이 정부 업무에 개입하는 일은 적었다. 또한, 오트리 총리는 아스마 아사드(Asma Assad, 1975~)[32] 영부인의

---

30 압둘라 다르다리(Abduallah al-Dardari), 시리아의 전임 경제담당 부총리(2003년 9월 10일부터 2011년 3월 29일까지 재직)로 바샤르 대통령의 최측근 중의 한 사람이다. 기자 출신으로 시리아 정부의 국가계획위원회 위원장을 역임했고 2006년부터 2011년까지의 5개년 계획의 입안을 추진했다.

31 아메르 루트피(Amer Lutfi, 1956~), 시리아 홈스에서 출생했으며, 2004년 10월부터 2010년 1월까지 시리아 경제무역부 장관을 역임했다.

32 아스마 아사드(Asma al-Assad, 1975~), 바샤르 아사드 대통령의 영부인으로 본명은 아스마 아크라스(Asma al-Akhras)이다. 1975년 8월 11일 영국 런던에서 이슬람 수니파 부모님 아래에서 태어났다. 시리아 국적과 영국 국적을 동시에 갖고 있으며, 1998년에 제이피모건(J. P. Morgan)의 투자은행 부서에서

인척(姻戚)이다.

민중봉기로 인해 4월에 내각은 퇴진했고, 민중의 요구에 영합하는 경제정책을 표방하는 새로운 내각[33]이 발족했다.

군부와 치안 관련 기관에는 확실히 대통령의 일족 및 알라위파 관계자들이 요직을 두루 차지하고 있다. 그러나 알라위파 계열이 아닌 관계자들이 핵심 요직에 앉는 경우도 증가하고 있다. 2011년에 취임한 국방장관[34]은 기독교 신자이며, 가장 영향력이 있는 치안정보기구 수장이었던 알리 마물루크(Ali Mamlouk)[35]는 수니파이다. 미국 정부와 유럽연합이 제재의 대상으로서 삼고 있는 인물들을 살펴보아도 정권의 요직에 앉아 있는 이들은 알라위파 일색이라고 말할 수 없다. 시리아의 한 시민은 다음과 같이 말한다.

일을 한 적이 있다. 2000년 12월에 바샤르 아사드 대통령과 결혼했으며 슬하에 세 명의 자식이 있다.

33 압델 사파르(Abdel Safar, 1953~)가 이끄는 새로운 내각이 2011년 4월 14일에 발족되었으며, 동 내각은 2012년 6월 23일에 리야드 히잡(Riyad Hijab, 1966~) 신임 총리가 주도하는 새로운 내각으로 다시 교체되었다.

34 다우드 라지하(Dawoud Rajiha, 1947~2012), 다마스쿠스 출생으로 2009년부터 2011년까지 시리아군 참모총장, 2011년 8월 8일부터 2012년 7월 18일 다마스쿠스 소재 국가보안기구 내에서 발생한 폭탄테러로 사망할 때까지 국방장관을 역임했다. 현재 시리아의 국방장관은 파흐드 프레이즈(Fahd Jassem al-Freij, 1950~)이다.

35 알리 마물루크(Ali Mamlouk, 1946~), 군인 출신으로 2005년부터 2010년까지 시리아 치안정보기구(General Security Directorate)의 수장이었으며, 2012년 7월 21일부터 다시 수장을 맡고 있다. 바샤르 아사드 대통령의 안보 관련 특별 고문이다.

예전에는 알라위파가 정권을 움직였고 이에 대해 시민은 참을 수밖에 없었으며, 모든 것이 알라위파이기 때문이라는 저주가 어디에나 있었다. 그런데 바샤르 대통령 시대가 되어 그러한 색채가 대단히 엷어지고, 일상생활 속에서는 거의 의식되지 않게 되었다. 사람들의 머릿속에서 정부 각료와 군부의 누가 어떤 종파에 속한다는 문제의식은 사라졌다. 그렇지만 다시 종파 간의 이해관계가 문제가 될 경우에 시민들은 다시 예전의 생각으로 되돌아가 여전히 모든 것이 알라위파이기 때문이라고 의식한다.

제 3 장 ● ● ●

시리아를 둘러싼 국제정세

제재에 나선 걸프지역 국가들

시리아에게 걸프지역 국가들은 중요하며, 걸프지역 국가들에게도 시리아는 중요하다. 시리아의 수출 비중 가운데 아랍 국가들을 대상으로 하는 것은 2007년에 44%를 차지했는데, 이는 유럽연합(EU)에 대한 수출과 같은 규모였다. 또한, 2000년 이래의 경향을 돌이켜 살펴보면, 유럽연합을 대상으로 하는 비중은 거의 일관되게 축소되는 것에 반해, 아랍 세계의 비중은 확대되어왔다. 2003년부터 2007년의 기간을 살펴보면, 시리아의 수출 총액은 57.6억 달러에서 117.7억 달러로 2배 증가했는데, 이를 통해서 아랍 세계를 대상으로 하는 수출이 압도적으로 증가했다는 것을 알 수 있다.

그 가운데에서 절반을 차지하는 지역이 걸프지역 국가들이며, 아랍 세계 가운데에서 시리아의 최대 수입국은 사우디아라비아였다. 주요 수입 품목은 농산품 이외에 섬유, 의료품, 의약품 등이다. 이와 함께, 걸프지역 국가들은 시리아 사람들이 이주하고 일자리를 찾기 위해 이동하는 행선지이기도 하다.

　유럽과 터키로부터 걸프지역 국가들로 향하는 물류는 상당수가 대형 트럭에 탑재되어 시리아를 통과하는 육상 수송을 통해 이루어졌다. 발송되는 곳은 이라크와 요르단을 포함하는데, 매일 300~400대의 대형 트럭이 국경을 통과하고 있다. 시리아는 걸프지역 국가들의 물류 수송로의 목덜미를 쥐고 있다. 아랍연맹이 시리아에 대한 경제제재를 발동하면 이와 같은 시리아를 경유하는 수송 루트는 큰 영향을 받는다. 이 때문에 이라크, 레바논, 그리고 요르단은 처음부터 시리아에 대한 경제제재에 가담하지 않겠다는 자세를 표명했다.

　걸프지역 국가들과의 경제관계 강화를 지향하는 터키에게는 시리아 루트 이외에 우선 이라크에 들어가 걸프지역 국가들로 향하는 육상 수송로가 있다. 한편, 터키 동부의 국경지역은 반정부 세력인 '쿠르드 노동자당(PKK)'이 활동하고 있어서 치안 상태가 나쁘며, 산악지대이기 때문에 교통편이 좋지 못하다. 다음으로, 이집트의 알렉산드리아 항구까지 선박을 통해 해상으로 트럭을 수송하는 루트가 검토되기도 했지만, 이는 수송능력에 한계가 있다. 걸프지역 국가들의 입장에서 볼 때, 물자를 운송하는 데에서 시리아를 통과할 수 없는 것이 가져오는 불이익은 대단히 크다. 그럼에도 걸프지역 국가들은 시리아 제재를 감행했다.

　이것은 단기간의 결전을 필요로 한다. 시리아에 대한 제재가 길어지면 걸프지역 경제에 대한 영향은 커진다. 물론, 터키도 곤란해진다.

시리아 · 이란 우호관계를 문제시

　걸프지역 국가들의 지배층은 모두 이슬람 수니파이다. 그러나 이러한 국가들에는 시아파 인구도 많다. 이슬람 세계의 전체를 통틀어 볼 때,

시아파 인구는 20%이고 수니파 인구는 80%인데, 역사적으로 양자 간에는 대단히 긴장된 관계가 유지되어오고 있다.

페르시아 만과 접해 있는 이란은 시아파가 인구의 대부분을 차지하며, 시아파 세력이 정권을 구성하고 있다. 또한, 이란은 사라센 제국[1] 시대부터 페르시아 만 지역의 대국이었으며, 항상 페르시아 만 지역 내에서 커다란 존재감을 과시해왔다. 게다가 이란의 현 정권은 1979년에 일어난 혁명으로 정권을 수립한 이후, 시아파 혁명의 수출을 도모하고 있는 것이 아닌가 하고 의심을 받고 있다.

이라크에서 사담 후세인의 바아스당 정권이 1980년에 이란에 대해 전쟁을 일으킨 것도, 그리고 1991년의 걸프전쟁 이후 의심받아온 이라크 국내에서의 대량살상무기[2] 문제를 조사하는 유엔의 조사활동을 동 정권이 방해한 것도, 이란의 시아파 정권이 이라크 국내의 시아파 국민들을 선동하여 이라크를 침공할지도 모른다는 수니파 정권이 갖고 있던 공포감에 그 뿌리를 둔 것이었다. 현재 이란에는 이보다 더욱 심각한 핵무기 개발 의혹이 있다. 이란의 시아파 정권에 대한 걸프지역 국가들의 지배층이 지니고 있는 의구심과 거부감은 대단히 강력하다.

시리아는 이란의 시아파 정권과 우호협력 관계에 있다. 시리아 스스

---

1 사라센 제국(Saracen Empire), 7세기부터 대략 15세기까지 인도 서부에서 이베리아 반도에 이르는 지역을 무대로 하여 흥망을 거듭한 이슬람 왕조들에 대한 총칭이다. 사라센이란 용어는 1세기 무렵 로마인과 그리스인이 아랍인을 호칭할 때 쓰였던 사라세니(Saraceni)에서 유래했다.
2 대량살상무기(Weapons of Mass Destruction: WMD), 인간을 대규모로 살상할 수 있는 무기를 가리키며, 일반적으로 생물 무기, 화학 무기, 핵무기, 방사능 무기 등의 네 가지 종류를 지칭한다.

로도, 특히 하페즈 아사드 대통령 시기에는 시아파에 속하는 알라위파가 핵심 위치를 차지하고 주도한 정권이었다.

무엇보다 하페즈 아사드 대통령의 집권 시기이던 1979년에 이집트가 이스라엘과 평화조약을 체결하여 아랍연맹으로부터 추방되자, 시리아와 견원지간이었던 이라크의 사담 후세인 정권이 이집트가 빠진 아랍 세계의 빈 공간을 매우고자 움직임에 나서는 것을 견제하고, 동시에 시리아의 동부 국경을 보전하고자 하는 의도로 추진된 것이 바로 이란과의 관계 강화였다. 나아가, 1980년대를 통해 내우외환의 상태가 계속되어 붕괴직전 상태의 경제 운영에 끝없는 어려움을 겪었던 하페즈 아사드 정권에게, 이란이 제공한 매년 10억 달러 상당의 원유 지원은 지불 조건이 파격적이었으며 그 무엇으로도 바꾸기 어려운 귀중한 것이었다.

시리아는 이란과의 우호관계를 하나의 지렛대로 삼아 아랍 세계에서 자국의 영향력을 강화하는 한편, 이란과 걸프지역 국가들 간의 사이가 좋아지도록 주선하는 중개 조정자의 역할도 추구했다.

이와 같은 시리아에 대해 걸프지역 국가들은, 예를 들면 2008년 3월의 다마스쿠스에서 열린 아랍연맹 정상회의 석상에서 바샤르 아사드 대통령은 이란과 바레인 간에 분쟁이 일어나고 있는 바레인 연안에 위치한 세 개의 섬[3]의 귀속문제에 대해 시리아가 아랍 세계의 일원으로서 행동한다고 발언했지만, 시리아가 이란과 걸프지역 국가들의 사이의 문제에 관해서 과연 어디까지 아랍의 통일을 위해 공동보조를 맞출 것인가의 여부는 마음 속 깊은 곳으로부터 신뢰하지 않고 있다.

---

3 아부 무사(Abu Mousa), 큰 툰브(the Greater Tunb), 작은 툰브(the Lesser Tunb)의 세 섬을 말한다.

이란의 핵무기 의혹에 관해서도 걸프지역 국가들은 모두 자국의 안보에 심각한 문제라고 우려하며, 시리아가 어디까지 이란에 대해 영향력을 미치는 아랍 측의 중개자가 될 수 있을 것인지 지켜보고 있는데, 시리아 정부의 관계자가 하는 말은 이란의 말을 자기주장인 것처럼 되풀이하고 있는 것에 불과하다.

걸프지역 국가들의 큰 관심은 2011년 말에 미군이 전투부대를 이라크에서 철수시킨 이후 이라크의 시아파 말리키(Nouri Maliki)[4] 정권이 무엇보다 이란과의 관계를 강화하게 될 것이 예상되는 가운데, 시리아를 이란으로부터 어떻게든 떼어내어 이란의 영향력을 약화시켜야 한다는 것에 있다.

또한, 사우디아라비아에게는 시리아가 큰 영향력을 지니고 있는 레바논 문제도 우려의 대상이다. 특히 사우디아라비아가 육성했고 사우디아라비아 국적을 지닌 사업가 라피크 하리리가 총리로서 장기간의 내전으로 피폐해진 레바논을 부흥시켜, 인구가 계속 증가하고 있는 시아파 국민의 지지를 얻고 있는 민병조직을 지닌 정당인 헤즈볼라 세력의 강화를 잠식하고자 했다. 그런데 그는 2005년 2월 베이루트 시내를 이동하던 중 강력한 폭탄의 폭발에 의해 암살된다. 이 암살 사건은 유엔의 보고서에 의하면, 시리아 정권의 중추부가 연루되어 일어났다고도 하며, 사우디아라비아 정부도 시리아 정부에 대한 심각한 우려를 표명하고 양국 간의 관계를 동결했다. 사우디아라비아의 측에서는 시리아를

---

4 누리 말리키(Nouri Kamil Mohammed Hasan al-Maliki, 1950~), 2006년 5월 이후 이라크의 총리를 맡고 있다. 이슬람 다와당(Islamic Dawa Party)의 사무총장이기도 하다.

이란으로부터 떼어놓아, 그 결과로서 헤즈볼라와 이란 사이의 관계에 금이 가도록 만들고자 했다.

한편, 이러한 가운데에서도 카타르 정부는 독자적인 길을 걸었으며, 시리아 정부와 관계를 나름대로 유지했다. 국제사회가 2005년 이래 시리아 정권을 고립시키고자 했을 때에도, 카타르 왕실의 일족이 시리아에 투자하거나 낙타 경기장과 광대한 별장을 건설하기도 했다. 또한, 미국 정부의 시리아에 대한 경제제재 조치로 인해 장거리 비행이 가능한 대형 항공기의 구입이 불가능해진 시리아에게 대통령 전용기로 사용할 수 있도록, 카타르 왕실 소유의 전용기 에어버스 A-340 비행기를 향후 미국 정부의 제재가 해제될 때 소유권을 이전시킨다는 조건 아래 카타르 정부 소유의 전용기 상태로 외관을 바꾸어 바샤르 아사드 대통령이 자유롭게 사용할 수 있도록 제공했다.

2010년 6월에 바샤르 아사드 대통령은 이 비행기에 탑승하여 남미 지역 국가들을 공식 방문했고, 그 이후에도 같은 비행기를 사용하여 아시아 국가들을 공식적으로 방문하는 일정도 계획했다.

시리아를 추격하는 급선봉으로 전락한 카타르

그런데 2011년 3월에 민중봉기가 일어나자 사태는 일변한다. 당초 걸프지역 국가들은 이에 대해 관망하는 자세로 일관했지만, 시리아 정부의 과도한 탄압에 의해 유혈참사가 발생하는 것을 우려하여 시리아 정부가 국민의 권리와 존엄을 지키며 국민의 기대에 부응하는 개혁을 추진해야 한다는 내용의 「걸프지역협력기구(GCC) 성명」을 8월 6일에 발표했다. 이로 인해 시리아 정부는 기분이 크게 상했다.

이 당시 미국 정부는 이미 시리아 정부를 강력하게 비난하며 아랍 국가들과 협의를 긴밀하게 했고, 같은 달에 오바마 대통령이 유럽연합의 주요국과 함께 바샤르 아사드 대통령의 퇴진을 요구하던 때였다.

걸프지역 각국 내부에서는 알자지라와 알아라비야 위성방송국이 시리아 정부를 규탄하는 격렬한 보도를 내보냈고, 걸프지역 각국의 국민들은 오래전부터 자국 정부가 조용히 바라보는 자세를 유지하고 있는 것을 의문시했다. 또한, 레바논에서는 인구의 70%를 차지하는 시아파 국민이 정부에 대해 권리의 승인을 요구하며 시위를 거듭했다. 쿠웨이트에서는 왕실 일족인 총리의 부정부패 문제가 국민의 지탄을 받는 대상이 되었다. 걸프지역 국가들의 교육 수준은 비교적 높고, 국민의 지적 관심도 높다. 또한, 시리아와 관련된 정보에 민감하게 반응한다.

시리아 국내의 반정부 운동은 고조되고 있으며, 국제사회는 한결같이 반체제 측에 대해 동정적이다. 알자지라 등이 보도하는 시리아 정권 측의 만행은 두드러지며, 시민 희생자들은 증가할 뿐이다. 걸프지역 각국 정부는 더 이상 조용히 지켜보는 체만 할 수 없게 되었다. 이는 각국 내부에서의 정권 기반 안정에도 직접적으로 관련되어 있다. 국민에 대한 탄압을 추구하고 있는 시리아 정권의 움직임을 계속 좌시한다면, 자국 국민들 사이에도 불안정한 움직임이 만연하게 된다.

쿠웨이트에서는 이미 1월에 국민 1명당 1,000디나르(한화 약 400만 원 상당)의 제공과 식료 쿠폰의 발급을 결정했다. 사우디아라비아에서는 국내의 시아파를 단단히 통제하는 한편, 2월에 국민의 실업대책 등으로 103억 달러를 충당하기로 결정했다. 9월이 되자, 카타르에서는 공무원 급여를 60% 인상하고 군 간부에 대해서는 봉급을 120% 올리기로 결정했다.

그리고 주변 상황을 둘러보면 다음과 같다. 이제까지 걸프지역에서 이란의 존재는 시리아의 지지로 인해 그 영향력이 더욱 확대되었는데, 시리아 정권이 이란에게서 등을 돌린다면 걸프지역으로부터 이란의 영향력을 감소시킬 수 있고 이란의 위협을 더욱 잘 봉쇄할 수 있게 된다. 바로 '기회의 문'이 열린 것이다.

희박해져가는 이스라엘에 대한 보이콧

아울러 이미 60년 동안 지속되고 있는 이스라엘과의 긴장관계도 살펴보지 않으면 안 된다. 중동 분쟁의 핵심이 되는 이스라엘의 영토 확장과 점령정책에 대항하여 아랍 세계는 항상 이스라엘을 거부하고 분쟁의 최전선에 서 있는 국가와 단체들을 지원해왔다. 대부분의 자금 원조를 담당하는 것은 걸프지역 국가들인데, 이러한 걸프지역 국가들은 끝없이 계속되는 지원에 불편함을 느끼고 있다. 또한, 이러한 국가들에게 이스라엘은 지리적으로 비교적 멀리 떨어져 있기 때문에, 직접적인 위협을 준다는 인식이 희박하다. 그러나 아랍연맹 가운데에서 시리아 등이 대이스라엘 강경책을 주장하는 한, 설령 그것이 방침상의 논의라고 해도 이는 표면화되어 반론이 불가능해진다.

현실을 살펴보면, 아랍연맹의 이스라엘에 대한 보이콧 정책은 내용적인 측면에서 현재 거의 희박해져가고 있고, 다마스쿠스에 있는 아랍연맹의 '이스라엘 보이콧 사무국'의 기능은 유명무실해지고 있다. 카타르는 자국 내부에 이미 이스라엘 무역사무소를 개설했고, 2008년 이스라엘의 가자 침공으로 인해 사무소는 폐쇄되었지만 이스라엘에 대한 반감은 크지 않다. 물론 종전과 같은 비타협적인 이스라엘 정책에는 위화감을 강하게 느끼고 있다.

그중에서도 기회를 살피는 데에 재빠르며 국제무대에서 활약하는 지역 강대국(regional power)이 되는 것을 추구하여 이미 레바논 문제에서 '도하 합의'를 실현시키고(236쪽 참조), 수단의 다르푸르 분쟁[5]에 관련해서도 조정 역할을 맡은 카타르는, 다른 한편으로 튀니지, 이집트, 리비아의 이슬람주의 그룹의 대두와 아랍 세계 여론의 이슬람 보수화 경향에 부응하여 온건파 이슬람주의 그룹의 흡수를 도모했다. 아울러 서구 세계가 온건파 이슬람주의 그룹을 두려워할 필요는 없으며, 오히려 이들은 과격파를 저지하기 위한 투쟁에서 중요한 요소라고 논하면서 이슬람주의가 대두하는 시류에 영합하는 자세를 명확히 했다. 또한, 이스라엘과 구미 각국이 테러리스트 집단으로 단죄하는 팔레스타인 해방운동을 추진하는 하마스[6] 간부의 국내 수용마저 의제로 상정할 정도였다.

그런데 그와 같던 카타르가 반대로 움직이기 시작했다. 시리아가 국제사회로부터 배척을 당하던 시기에 가장 친밀한 태도로 대했던 카타르가 이번에는 걸프협력기구(GCC)를 이끌고 자세를 바꾸어 시리아 정권을 뒤쫓는 급선봉으로 뛰어 나섰다. 때마침 카타르는 2011년 3월부터 1년간 아랍연맹 각료회의 의장국을 맡았고, 2011년 9월부터 1년간에 걸

---

5 다르푸르(Darfur) 분쟁, 2003년 2월부터 2010년까지 수단의 다르푸르에서 종교 및 경제 문제가 얽혀 발생한 인종과 종족 사이의 분쟁이다. 2011년 7월에 다르푸르 평화협정이 체결되었다.

6 하마스(Hamas), 현재 팔레스타인 가자 지구(Gaza Strip)를 다스리고 있는 이슬람 저항운동 단체 겸 정당이다. 이스라엘에 대한 무장투쟁인 제1차 인티파다(봉기)가 발생한 1987년에 아흐메드 야신(Ahmed Yassin)과 마흐무드 자하르(Mahmoud Zahar) 등에 의해 성립되었다. 하마스는 '하라카트 알 무카와마 알 이슬라미야(Harakat al-Muqāwamah al-'Islāmiyyah)'의 머리글자로 '이슬람 저항운동'을 의미하며, 또한 아랍어로 하마스(hamas, حماس)는 헌신과 열정을 뜻하기도 한다. 이집트의 무슬림형제단과 깊은 유대관계를 맺고 있다.

쳐 유엔 총회 의장국에 취임했다.

아랍연맹의 사무국장[7]은 무바라크 정권 시기의 이집트 외교부 관료였으며, 무바라크 대통령이 실각한 이후 이집트 외교부장을 단기간 역임했는데 무엇보다 시리아와는 미묘한 관계에 있다. 이러한 아랍연맹 사무국은 이미 시리아 정부에 대해 비판적 자세를 강화하고 있으며, 반체제 세력과 회담을 갖는 등 시리아 정부와 상호 긴장관계를 유지하게 되었다.

10월 16일에 개최된 아랍연맹 각료회의에서 시리아 문제가 협의되자, 카타르 정부는 걸프협력기구를 대표하여 시리아 문제에 관한 임시 각료회의의 개최를 요구했다. 시리아 대표는 이 요청이 시리아에 대한 모략의 일환이라고 주장하며 격렬하게 반발했다. 그 이후, 카타르가 사우디아라비아와 손을 잡고 아랍연맹을 이끄는 움직임은 이미 이 책의 앞부분에서 논한 바와 같다.

2012년 2월 28일에 발표된 유엔 인권이사회 독립조사위원회의 보고서는 시리아 정부의 강력한 주장을 처음으로 수용하여, 반체제 세력이 국제법상 범죄행위로 간주되는 행위를 자행했을 가능성에 대해 언급했다. 나아가 3월 20일이 되자, 미국 뉴욕의 인권단체인 인권감시협회(Human Rights Watch)가 반체제과 그룹의 만행과 학살행위를 규탄했다.

이 무렵부터 국제사회의 분위기는 약간씩 변화하기 시작한다. 3월 29일에 이라크가 주도하여 바그다드에서 개최된 아랍연맹 정상회의에서는 바샤르 아사드 대통령의 퇴진과 군사개입을 모두 요구하지 않았다. 4

---

7 나빌 엘라라비(Nabil Elaraby, 1935~), 2011년 7월부터 아랍연맹 사무국장을 맡고 있다.

월 1일에 터키 이스탄불에서 개최된 83개 국가와 기관 등이 참가한 반체제 세력을 지원하는 제2차 '시리아의 친구들 회의'에서도 시리아 국민평의회를 시리아 국민을 대표하는 정통성이 있는 조직으로 인정했을 뿐이며, 반체제파 군사조직에 대한 군사지원은 결정되지 않았다.

아사드 정권에 엄격하게 적대를 할 뿐인 카타르와 사우디아라비아의 자세에 대해 반체제파에게 무기를 제공하는 것은 위험하다고 직접적으로 지적하는 이라크의 말리키 총리와 이집트의 외무장관과 같이, 아랍 국가들 가운데에는 양국의 자세에 거리를 두기 시작하는 국가들이 점차 나타나고 있다.

카타르와 사우디아라비아는 항상 반체제파에 대한 무기지원의 필요성을 소리 높여 주장하고 있으며, 1년이 지나도 거의 아무도 이탈하지 않고 있는 아사드 정권을 향해 이탈할 것을 호소했다. 그리고 걸프협력기구는 시리아 국민평의회에 대한 자금 원조를 결정한다.

사우디아라비아는 시리아 정부에 대한 대결 자세를 표출하고, 카타르 총리는 아사드 정권을 전제주의적 폭군이라 칭하며 정권을 무너뜨리기 위해 계속 매진했다.

오스만 제국의 멍에를 벗어나 독립에 이르기까지의 고난

중세부터 근대에 이르는 시기에 걸쳐, 최고 전성기에는 동유럽에서 동쪽으로는 중앙아시아까지, 서쪽으로는 북아프리카의 가장 서부지역부터 남쪽으로는 예멘까지 광대한 지역을 수 세기에 걸쳐 지배하고, 풍부한 내용의 역사를 수놓았던 오스만 제국이 존재했다. 시리아는 지리적으로 이러한 오스만 제국의 중심부에 위치하여 사람과 물자의 통과지점으로서 중요한 지위를 차지해왔다.

이러한 시리아 지방은 지리적으로는 아랍어로 '빌라드 앗샴(Bilad as-Sham)'이라 불렸으며, 오스만 제국의 시대에는 그 범위가 오늘날의 시리아, 레바논, 요르단, 이스라엘을 포함하는 팔레스타인 지방에 상당하며, 그 중심지 다마스쿠스에는 수도 이스탄불로부터 파견된 태수(Pasha)가 주거지를 세우고 찬란한 번영을 과시했다.

다마스쿠스의 구시가지에는 18세기에 이와 같이 파견된 태수에 의해 건립된 아젬 궁전[8]이 있다. 이 궁전의 대문을 지나 어두컴컴한 통로를 빠져 나가면 햇빛에 빛나는 녹음의 경치가 갑자기 나타나, 주변의 잡다하고 시끄러운 상점가로부터 동떨어져 있는, 이슬람교 성전 코란에 묘사되어 있는 낙원의 정취를 풍기는 평온한 세계가 펼쳐진다.

안뜰에는 지금은 수돗물로 채워져 있지만, 옛날에는 바다와 강에서 끌어온 물이 샘을 채우고 커다란 삼나무, 감귤류의 나무들, 그리고 포도 덩굴이 뒤엉켜 녹음을 만들어내고 있다. 마멀레이드[9]를 만드는 오렌지 과실의 노란색이 상록의 가운데에서 빛나고 있다. 다마스쿠스의 뒤에 있는 카시운 산[10]으로부터 사막의 건조한 바람이 불어와 녹색의 잎을 살짝 흔들고 기분 좋게 피부를 건드리며 지나간다.

---

8 아젬 궁전(Azm Palace), 시리아 다마스쿠스의 우마이야 모스크 남쪽에 있는 궁전으로, 1750년에 오스만 제국의 다마스쿠스 태수 아사드 파샤 아젬(As'ad Pasha al-Azm)에 의해 세워졌다.

9 마멀레이드(Marmalade), 과일에 설탕과 물 등을 넣어 달콤하게 만든 보존 식품이다.

10 카시운 산(Mt. Qasioun), 시리아 다마스쿠스를 뒤에서 바라볼 수 있는 최고 정상 1,151m의 산으로 카인(Cain)이 아벨(Abel)을 살해한 곳으로 대부분의 무슬림에 의해 간주되는 곳이다.

태수의 아늑해 보이는 방, 엄숙한 분위기의 집무실, 매력이 풍기는 부인들의 방, 기능적인 형태의 주방, 피혁 작업에서 대장간 공간까지 있는 무기류 정비보관소 등을 갖춘 2층 건물은 모두 하얀 돌과 검은 돌로 지어져 있고 틈이 없을 정도로 안뜰을 빼곡히 둘러싸고 있다.

태수와 그의 부인들의 방은 벽과 천정에 모두 아라베스크풍의 치밀한 장식이 수놓아져 있으며, 왕년의 수준 높은 문화를 말해주고 있다. 하루에 다섯 차례 매 시각이 되면, 8세기 초에 건립된 '우마이야 모스크'[11]의 첨탑에서 이슬람 사제들이 낭랑하게 읊는 아단(기도 소리)[12]이 빗발친다.

성벽을 둘러싼 구시가지 지역은 무슬림 구역, 기독교도 구역, 유대인 구역 등으로 나뉘어 있으며, 사람들은 상업 활동에 활발하게 힘쓰고 아젬 궁전을 중심으로 문전성시를 이루고 있었다. 또한, 낙타의 등에 물품을 싣고 멀리 아랍 세계로 이동하는 대상(隊商)이 다마스쿠스에 도착하면, 그들이 숙박할 수 있는 여관도 갖추어져 있었다. 훨씬 예전의 우마이야 왕조 시대에 다마스쿠스는 지상의 낙원이었다.

권세와 문화를 과시한 오스만 제국도 1922년에 멸망했다. 1918년에 터키인들을 쫓아낸 시리아의 아랍인들은 수백 년의 오스만 제국의 굴레로부터 해방되었다고 스스로를 축하했다.

---

11 우마이야 모스크(The Umayyad Mosque), 우마이야 왕조의 제6대 칼리프 왈리드 1세(Al-Walid I, 668~715)에 의해 706년에 다마스쿠스에 건립된 현존하는 가장 오래된 모스크이다.

12 아단(adhān, اذان), 이슬람교의 예배시간을 알리는 기도 소리이다. 하루에 다섯 차례 진행된다.

그러나 그것은 덧없는 기쁨에 불과했다. 제1차 세계대전 중인 1916년 영국과 프랑스는 비밀리에 세계대전이 종식된 이후 이 지역에 대한 분할을 제멋대로 결정해버렸다.

'빌라드 앗샴'에 해당하는 지역은 전후에 요르단과 팔레스타인 지역을 영국의 세력권으로 하고, 현재의 시리아와 레바논을 프랑스의 세력권으로 하는 것이 영국과 프랑스 간에 합의되었다. 세계대전 이후에 창설된 국제연맹에서 위임통치령으로서 이 분할 협상안이 승인되어, 아랍인들에 의한 독립 움직임을 봉쇄했다. 사람들은 독립을 요구하며 투쟁 속에서 피를 흘렸지만, 자세히 살펴보면 지배자가 오스만 제국에서 영국 혹은 프랑스로 바뀐 것에 불과했다. 이 시기에 유럽의 열강은 거리낌 없이 우쭐대며 중동 세계에 대한 분할을 획책했다.

1915년의 맥마흔·후세인 협정[13]에서 영국은 아랍인에 대해 제1차 세계대전 이후 독립을 약속했다. 1916년의 사이크스·피코 비밀협정[14]에서는 영국과 프랑스가 전후의 분할통치를 서로 인정했고, 1917년의 밸푸어 선언[15]에서는 영국이 유대인에 대해 팔레스타인에 돌아갈 수 있는 거

---

13 맥마흔·후세인 협정(McMahon-Hussein Correspondence), 제1차 세계대전 중인 1915년 10월경, 이집트 주재 영국 고등판무관 맥마흔(Henry McMahon)과 메카(Mecca)의 후세인(Husayn bin Ali) 사이에 서한 교류를 통해, 전쟁이 종료된 이후 시리아의 서부를 제외한 오스만 제국의 영토에 대해 아랍인의 독립 국가를 건설하는 것에 지지를 약속한 협정이다.

14 사이크스·피코 비밀협정(Sykes-Picot Agreement), 제1차 세계대전 중인 1916년 5월 16일, 영국, 프랑스, 러시아 사이에서 체결된 오스만 제국 영토의 분할을 약속한 비밀협정이다. 영국의 중동전문가 마크 사이크스(Mark Sykes)와 프랑스 외교관 프랑스와 조르지-피코(François George-Picot)에 의해 초안이 만들어졌기 때문에 이와 같이 불린다.

주지의 건설을 인정했다. 이러한 것들은 공약(空約)들이었으며, 일방적인 것으로서 그 이후의 역사에 심각한 문제를 야기했다.

레바논과 시리아 사이에는 원래 인적·문화적으로 상당한 일체성이 있기 때문에 양자를 특별히 구분하여 인식하지 않았는데, 프랑스는 통치를 하는 데에서 레바논 지역에 마론파 기독교도가 다수 거주하고 있다는 것을 이유로, 겨우 일본 기후현(岐阜縣)[16] 면적에 불과할 뿐인 이 지역을 시리아로부터 떼어내어 별도의 지배지역으로 삼았다.

나아가, 프랑스는 제2차 세계대전이 발발할 분위기가 살며시 다가오자 신생국가 터키에 대한 외교적 배려로서, 1939년 위임통치 국가로서의 입장에서 터키계 인구가 많은 시리아 북서부의 안티오키아(Antiokia)를 중심으로 하는 지중해 연안지역을 터키에게 할양해버렸다. 여기에서도 종주국 프랑스는 자국의 이익과 상황만 생각했다.

1946년에 시리아가 독립하기까지 20여 년 동안의 기간은 국제연맹에 의한 위임통치라고는 하지만 사실상 프랑스가 주도하는 식민지 경영의 대상이었고, 프랑스 본국으로부터 파견된 질 나쁜 식민지 관료들이 주도권을 잡았다. 이 시기는 시리아 사람들에게 재난으로 가득했던 시기였으며, 반(反)프랑스 항쟁도 끊이지 않았다.

---

15 밸푸어 선언(Balfour Declaration), 제1차 세계대전 중인 1917년 11월, 영국의 외무대신 밸푸어가 영국의 유대인 공동체 지도자인 로스차일드 경(Baron Rothschild)에게 보낸 서한을 통해, 팔레스타인에 유대인의 민족 고향을 설립하는 것에 대해 지지를 표명한 선언이다.

16 기후현(岐阜縣), 일본의 중부 지역에 위치해 있는 현으로서, 면적은 약 1만 621km^{2}이며, 2012년 5월 기준 인구는 약 206만 명이다.

터키와의 관계, 긴장에서 우호로

시리아는 1946년 4월 17일에 독립했다. 터키와 시리아는 910km에 이르는 국경선을 접하고 있다. 시리아로부터 본다면 터키에게 부당하게 할양된 하타이 주(Hatay Province) 지역의 반환요구 문제, 티그리스·유프라테스 강의 수자원 문제, 국경선의 양측에 거주하는 쿠르드족 문제 등이 큰 현안이다. 이러한 문제를 둘러싸고 양국 관계는 긴장의 고조와 완화를 반복한다.

1990년대는 양국 간에 긴장이 대단히 높은 시기였다. 그것은 우선 유프라테스 강의 수자원 문제와 결부되었다. 시리아는 반(半)사막 지역이 국토의 65%를 차지하고 있으며, 농업이 주요산업이다. 그러나 이 시기에는 강우량이 아주 적어서 시리아의 농업은 유프라테스 강의 물을 대단히 필요로 했다.

또한, 유프라테스 강으로부터 물의 유입량이 적어졌기 때문에 아사드 호수(Lake Assad)에 있는 수력 발전소의 발전능력이 크게 영향을 받았다. 시리아 정부는 터키 정부에 대해 유수량의 증가를 요구했지만, 터키 정부는 이에 대해 전향적으로 응하지 않았다. 이라크 정부도 터키 정부의 자세에 불만을 높였다. 터키, 시리아, 이라크의 강 유역 '3개국 위원회' 회의가 개최되었고, 이라크에서는 석유부 장관도 참가하여 터키에 대한 석유 수출을 배려하는 자세를 보이면서 터키 측의 환심을 사려고 노력했다.

터키와 시리아 모두 티그리스·유프라테스 두 하천의 유수량 문제에 이어서 쿠르드족 문제도 함께 갖고 있다. 터키 정부에게 무장 항쟁을 통해 도발하고 있는 '쿠르드 노동자당(PKK)'에 대해 시리아 정부는 자국 국내에 당수 압둘라 외잘란(Abdullah Öcalan)[17]을 숨기면서 음으로 양으로 지원했다. 이에 대해 터키 정부는 반발했다.

  1998년이 되자, 터키 정부는 압둘라 외잘란에 대한 지원 사실을 인정하지 않는 시리아 측에 대해 시리아 국내, 특히 다마스쿠스 시내에서 파악된 외잘란의 동정을 상세하게 기록한 조사문서를 내밀었다. 외잘란의 동정이 모두 터키 정부 측에 누설되었다는 것을 보여줌으로써 시리아 정부의 주장을 부정했던 것이다.

  나아가, 터키가 국경 지역에 군을 전개시켜 대립이 군사적인 충돌로까지 발전하는 징조가 나타나자, 시리아 정부는 한풀 꺾였다. 시리아 측의 의향에 응하여 외잘란은 다마스쿠스를 떠났고, 결국 그는 케냐에서 터키 측에 의해 체포되었다. 그 이후 터키와 시리아 간의 긴장 관계는 이완되기 시작한다.

  하페즈 아사드 대통령이 서거하여 바샤르 아사드 대통령이 취임하고, 터키에서는 2002년에 정권을 장악한 정의발전당(AKP)[18]으로부터 이듬해에 레제프 에르도안(Recep Erdoğan)[19] 총리가 출현하자, 양국 관계는 크게 방향을 바꾸어 발전하기 시작했다.

---

17 압둘라 외잘란(Abdullah Öcalan, 1948~), '쿠르드 노동자당(PKK)'의 창립자이다. 1998년까지 시리아를 근거지로 하여 터키 정부에 저항하며 쿠르드족의 해방을 추진해왔으나, 결국 케냐로 추방된 이후 터키로 이송되어 수감되었다. 사형 판결을 받았으나, 2002년 터키에서 사형제도가 폐지됨에 따라 종신형에 처하게 되었다.

18 정의발전당(AKP), 2001년에 창설된 중도우파 성향의 터키 정당이다. 터키 의회 전체 550석 가운데 327석을 차지하고 있으며, 현재 터키의 집권여당이다.

19 레제프 에르도안(Recep Tayyip Erdoğan, 1954~), 터키의 현 총리이며, 집권여당 정의발전당의 당수이다. 1994년부터 1998년까지 이스탄불 시장을 역임했다.

에르도안 총리의 터키 정부는 인접 국가들과 문제를 만들지 않고 실용외교를 펼친다는 '제로 프러블럼(zero problem)' 외교방침을 추진했다. 터키는 국경을 접하고 있는 여러 국가들과 많은 문제들을 갖고 있다. 이에 따라, 터키 정부는 양국 간의 현안을 최대한 해결하고 해결할 수 없는 것은 문제가 부각되지 않게 함으로써, 터키와 주변 지역의 평화와 안전을 제고하려 했다.

터키는 역사적 배경에 기초하여 중동 세계에 대한 풍부한 견지와 경험을 지니고 있으며, 인적인 연계망도 보유하고 있다. 시리아 국내에도 터키계 인구가 적지 않다. 터키 정부는 시리아와의 관계 개선에 적극적으로 나섰다. 이러한 관계 개선의 상징으로서 2004년 1월에 바샤르 아사드 대통령은 시리아 대통령으로서는 처음으로 외무장관 등을 대동하고 터키를 공식 방문하여, 터키의 대통령, 총리, 외무장관, 군 참모총장, 그리고 사업가들과 회담하고 양국 관계의 강화와 국제정세에 대해 의견을 교환했다.

이에 따라, 양국 간의 긴장관계는 급속하게 완화되었다. 국경선 부근에 거주하는 양국 국민은 대낮에도 국경선에 인접한 상대국 측의 마을에 자유롭게 오고갈 수 있게 되었다. 국경지역에서 양국 군대 사이의 합동훈련도 행해졌다. 국경 부근에 매설된 지뢰의 철거작업도 시작되었다. 또한 양국 간의 자유무역협정도 발족한다. 결국 시리아 정부는 터키와의 이와 같은 관계를 '전략적 관계'라고 부르기 시작했다. 시리아가 다른 국가와의 관계에서 '전략적'이라는 표현을 사용한 것은 이란과 터키 두 나라뿐이다.

시리아 정부는 이와 같이 심화되는 터키와의 관계, 그리고 이란과의 관계, 이라크 국내정세의 안정화와 시리아·이란 간의 교역 확대 등의 상황을 배경으로 하여, 이 지역을 하나의 무역경제 권역으로 발전시킬 수 있는 가능성을 구상했다. 그것은 유럽연합(EU)의 역사를 이 지역에서 재현하고자 하는 웅대한 계획이었다. 동시에, 시리아에게는 이라크 전쟁이 일어난 2003년 이후 국제사회로부터 소외되었을 때에 쓴맛을 보았던 아랍 국가들의 냉담한 자세에 입각하여, 시리아가 의거하는 또 하나의 지역권을 만들어내고자 하는 의도에서 출발한 것이기도 하다. 시리아 정부는 이 계획을 '사해공동체 구상'[20]이라고 명명했다. 사해(四海)란 지중해, 흑해, 카스피 해, 그리고 페르시아 만을 가리킨다.

시리아와 터키 양국의 지도자는 빈번하게 상호 방문을 거듭하며 관계를 심화시켰다. 2009년 9월, 바샤르 아사드 대통령은 이스탄불을 방문하여 에르도안 총리와 회담을 하고, 양국은 고위급 전략협력회의를 발족시키는 데에 합의했다. 총리가 주최하고, 관계 각료가 한곳에 모여 함께 협의함으로써, 양국 간의 관계를 비약적으로 심화시키고자 한 것이다. 이것은 결국 연중행사가 되었다.

2009년 10월의 제1차 고위급 전략협력회의 각료회의[21]에서는 양국의 입국사증(비자) 면제협정이 체결되었다. 같은 해 12월에는 터키로부터 에르도안 총리 일행이 시리아를 방문하여 제1차 고위급 전략협력회의 총리회담을 개최하고 아랍 세계의 대의명분, 팔레스타인의 권리, 아

---

20 '사해공동체 구상(Vision of the Four Seas)'은 2009년에 시리아 경제정책의 일환으로 바샤르 아사드 대통령에 의해 제기되었으며, 터키, 이라크, 이란이 시리아와 함께 '새로운 실크로드'를 조성하는 것을 목표로 했다.
21 제1차 고위급 전략협력회의 각료회의는 2009년 10월 12일부터 13일까지 시리아의 알레포와 터키의 가지안텝(Gaziantep)에서 개최되었다.

랍·이스라엘 분쟁 등에 대한 상호 간의 입장을 교환하며 격려했다.[22]

시리아와 터키의 사이에 깊어지는 우호관계의 큰 성과 중의 하나는 에르도안 총리가 적극적으로 중개하여 실현시킨 시리아와 이스라엘 양국 정부 사이의 간접교섭이었다. 2008년 5월 21일, 시리아와 이스라엘 양국 정부는 이스탄불에서 제1차 간접교섭을 진행한다고 공표했다. 이 간접교섭은 4회에 걸쳐 이루어졌지만, 결실을 맺지는 못했다.

그럼에도 시리아와 이스라엘은 상호 간의 의견 차이를 메우고자 했고, 결국 에르도안 총리 자신이 직접 나서서 이스라엘의 에후드 올메르트(Ehud Olmert)[23] 총리와 담판을 했다. 그 이후에도 터키는 일당백의 활약을 하면서 아랍 세계의 여론을 유도했다.

그런데 2008년 12월 말, 팔레스타인 해방전선의 하마스를 쫓아내기 위해 이스라엘이 갑작스럽게 가자(Gaza) 지역에 대한 군사적 침공을 감행했다. 전쟁의 포화와 연기가 아직 맴도는 2009년 1월 말에 개최된 스위스의 다보스 포럼에서 이러한 군사행동을 정당화하는 이스라엘의 시몬 페레스(Shimon Peres)[24] 대통령과 가자 지역에 대한 침공을 비난하는

---

22 이후 제2차 고위급 전략협력회의 각료회의는 2010년 10월 2일부터 3일까지 시리아 라타키아(Latakia)에서 열렸고, 제2차 고위급 전략협력회의 총리회담은 터키 앙카라(Ankara)에서 2010년 12월 20일부터 21일까지 개최되었다.

23 에후드 올메르트(Ehud Olmert, 1945~), 이스라엘의 변호사 겸 정치인으로 히브리대학을 졸업했다. 1993년부터 2003년까지 예루살렘 시장을 지냈으며, 2006년부터 2009년까지 총리를 지냈다. 그의 부모는 러시아와 우크라이나에서의 학살을 피해 중국 하얼빈으로 도피하여 머문 적이 있다.

24 시몬 페레스(Shimon Peres, 1923~), 현 이스라엘 대통령이다. 한 차례 총리서리를 포함해서 세 차례에 걸쳐 총리를 지냈다. 중동평화 협상에 대한 공로로 노벨평화상을 받은 바가 있다.

에르도안 총리 사이에 의견 대립이 일어났다. 그리고 에르도안 총리가 자리를 박차고 퇴장하자, 그 모습을 보고 속이 시원해진 아랍 세계의 민중은 일제히 박수를 쳤다.

터키는 1996년에 이스라엘과 군사협력 협정을 체결했는데, 그 이후 점차 협력은 알맹이가 없는 상태로 전락했다. 2010년 5월 말, 터키에서 가자 지역에 대한 지원을 위해 그 지역을 향하고 있던 선박을 이스라엘 군이 습격하여 터키인 9명이 사망하자, 양국 관계는 가일층 냉담해졌고 결국 터키 정부는 이스라엘과의 군사협력을 중지한다는 의사를 표명했다. 이와 같은 터키 정부의 자세는 보수화되고 있는 아랍 민중에게 크게 환영받는 바였다.

미국이 의지하는 대상이 된 에르도안 정권

터키 정부의 외교적 자세를 높게 평가한 시리아 정부였지만, 2011년 3월에 민중봉기가 시작되면서 그때까지 쌓아왔던 양국의 전략적 관계는 덧없는 꿈이 되어 사라졌다.

시리아 국내에서 사망자 수가 점차 증가함에 따라, 터키 정부는 시리아 정부에 대해 신중히 행동할 것을 요청했다. 그렇지만 6월이 되자 터키 정부는 시리아 정부에 대해 아사드 정권이 40% 정도의 각료 직위를 무슬림형제단에게 제공하는 것을 받아들인다면, 터키는 반체제파의 움직임을 진정시키기 위해 영향력을 발휘할 용의가 있다는 취지의 내용을 전했다. 이에 대해 바샤르 아사드 대통령은 거부했다. 이 제안이 9월 말에 보도되자 터키 정부는 부인했는데, 이 사실은 공공연한 비밀이라고 다마스쿠스의 시리아 측 관계자는 밝히고 있다.

시리아 정부의 견지에서 볼 때, 터키 정부가 아사드 정권에게 불구대천의 원수인 무슬림형제단에 대해 2007년 이후 입장 재검토의 가능성을 줄곧 타진해온 바는 있었다. 그러나 시리아 정부가 압박을 받고 있는 현 상황 가운데 정면에서 이와 같은 요구를 한 것에 충격을 받아 터키에 대해 깊은 의심을 갖게 되었다.

그 이후 터키 정부는 시리아 정부에 대해 비판하는 자세를 강화하고, 시리아로부터의 피난민을 받아들이는 것뿐만 아니라 반체제파 단체의 활동에 대해 적극적으로 편의를 제공했다. 8월 에르도안 총리는 아흐메트 다붓오울루(Ahmet Davutoğlu)[25] 외무장관을 시리아에 보내 아사드 대통령과 회담을 하도록 했다. 이를 통해 에르도안 총리는 다시 아사드 대통령을 단념했다는 듯이 신랄하게 비난하고, 구미 국가들과 보조를 맞추어 시리아에 대한 경제제재에도 나섰다.

9월이 되자 에르도안 총리는 국민을 계속 탄압하고 있는 아사드 대통령 정권은 결국 운명이 다해가고 있을 뿐이며, 지금으로서는 가망이 없다고 공언했다. 터키의 경제부 장관[26]도 시리아 경제에서 터키 시장의 존재는 절대적이지만, 터키 경제에게 시리아와의 무역은 무시할 수 있을 정도의 것에 불과하다고 말하면서 시리아를 폄하했다.

시리아에 대한 적대적 자세를 강화하면서 무슬림형제단과 이슬람 보수주의 세력을 향해 몸의 중심을 이동하고 있는 에르도안 정권은 지금

---

25 아흐메트 다붓오울루(Ahmet Davutoğlu, 1959~), 터키 외교부 장관, 정치학과 국제관계를 가르친 대학 교수 출신이며, 터키 총리에 대한 외교안보 자문역을 담당했다. 그의 저서 *Stratejik Derinlik* (Strategic Depth)는 터키 외교정책의 방향에 지대한 영향을 미쳤다.

26 자페르 차을라얀(Zafer Çağlayan, 1957~), 터키 경제부 장관, 2011년 8월에 한국을 방문한 바 있다.

까지 터키 경제의 높은 성장률을 실현했다. 또한, 2011년 6월의 총선거에서도 압도적인 강력함을 발휘했고, 아랍 세계에서도 그의 외교정책은 갈채를 받고 있다.

이러한 에르도안 정권은 미국 정부에게도 대단히 유용하며 믿고 의지할 수 있는 대상이 되었다. 미국 정부는 무바라크 정권 시기부터 이집트의 무슬림형제단과 관계가 없었다. 미국 정부는 아랍 세계에서 인기를 얻고 있는 에르도안 총리가 이끄는 터키 정부를 통해 무슬림형제단과 이슬람 보수파를 움직이게 함으로써 이들과 관계를 맺고자 했다. 2011년 1년 동안 오바마 대통령과 에르도안 총리는 총 13차례에 걸친 회담을 거듭했다. 에르도안 총리가 이끄는 터키 정부는 미국의 중동외교 가운데에서 대단히 중요한 존재가 되었다.

그러나 에르도안 총리의 시리아에 대한 비난 가운데에는 오해로 인한 발언이 적지 않을 뿐더러, 아사드 대통령을 히틀러(Adolf Hitler)와 무솔리니(Benito Mussolini)에 비유하는 등 감정의 기복이 큰 편이다.

터키 정부는 100년 전에 일어난, 150만 명 이상의 사망자가 나온 것으로 알려진 아르메니아 대학살을 강하게 부인하고, 당시 아르메니아인 희생자의 수는 50만 명 정도이며 또한 전시의 희생자였다고 주장하여 학살 책임을 부정하고 있다. 그러면서 터키 정부는 시리아 정부가 무장한 반체제파 그룹의 파괴활동을 진압하고 있다는 주장에는 전혀 귀를 기울이지 않고, 시리아 정부의 움직임을 학살행위라고 극구 비난하면서 시리아 국민평의회와 '자유시리아군'에게 계속 편의를 제공하고 있다.

지금까지 높은 경제성장을 실현하고 정권에 대한 높은 지지를 얻어 온 에르도안 정권이 이끌고 있는 터키지만, 수출의존도가 높고 특히 유럽연합(EU) 역내에 대한 수출 비중이 압도적으로 높다. 따라서 2012년에 큰 문제에 봉착해 있는 유럽연합 경제의 영향, 아랍 국가들에 대한 수출 루트의 문제에 직면하고 있는 현실, 그리고 이란과의 관계에서도 미묘한 점이 있어서, 국제통화기금(IMF)은 2012년에 터키의 경제성장률이 2%로 둔화될 것으로 예측하고 있다. 에르도안 정권이 지금과 같은 정책을 유지할 수 있을지 의문시되는 어려운 국면에 직면해 있는 것이다. 아사드 정권이 단기간에 붕괴할 것이라는 판단에 입각하여 나섰던 터키 정부의 외교적 공세였지만, 그 행방은 불명확해졌다.

최대의 적국이었던 이스라엘

시리아는 아랍 세계의 일원이자, 또한 국경을 접하는 전선(前線) 국가로서 이스라엘과 적대 관계를 유지하며 과거 60여 년간 수차례에 걸쳐 서로 교전을 했다. 이스라엘은 시리아의 영토였던 골란 고원 지역을 1967년에 발발한 제3차 중동전쟁(6일 전쟁)을 통해 점령하고, 1981년에 국제적인 비난을 무시하며 그 점령지를 법률적으로 자국 영토의 일부로 병합해버렸다. 시리아 정부는 일관되게 골란 고원의 반환을 요구하고 있으며 양국 간의 군사적 긴장은 끊이지 않고 있다.

또한, 1948년의 이스라엘 건국, '6일 전쟁', 그리고 그 이후의 전쟁에 의해 거주하던 토지에서 쫓겨난 팔레스타인 사람들의 권리회복에 대해서도 시리아는 계속하여 적극적으로 주장하고 있다. 이스라엘은 건국 이후 줄곧 시리아의 최대 적국이었으며, 시리아의 평화와 안정을 계속 위협하는 주요 원천이다.

이스라엘이 점령하여 국토의 일부가 되어버린 골란 고원으로 이스라엘 사람들이 이주하고 있다. 국제사회가 팔레스타인 영역으로 간주하는 동예루살렘과 서안(West Bank) 지역에서도 이스라엘 사람들이 대량으로 이주하여 심각한 문제가 발생하고 있지만, 골란 고원의 이주 문제에 대해서는 별다른 화젯거리도 되지 못하고 있다. 그것은 이곳으로 이주하는 인구가 1만 9,000명으로 적고, 증가 추세도 완만하기 때문이다. 나아가 동예루살렘과 서안 지역으로 이주하는 이스라엘 사람들 중에는 종교적으로 과격주의 성향의 사람들이 많은 것에 반해서, 골란 고원의 이주자들에게는 그러한 경향이 별로 보이지 않는다.

골란 고원은 이스라엘이 사용하는 수자원의 30%를 공급하는 수원지(水源地)로서 사활적인 중요성을 지닌다. 이스라엘 정부는 현재 부정하고 있지만, 안전보장과 수자원의 확보가 가능할 경우 나중에 그때가 되면 이주자들과 보상에 의한 해결이 가능할 것으로 보고 있다.

어쨌든 이스라엘은 자국의 관할 아래 골란 고원을 계속 유지하고 있다. 지는 해가 저녁 하늘을 붉은색으로 물들이고 있는 가운데 다마스쿠스에서 멀리 바라다 보이는 검은색의 헬몬 산[27] 산지(山地)는 도쿄에서 조망하는 단자와산(丹澤山)[28] 산지보다도 가깝다. 그 정상에 콩알만 한 크기의 건물들이 몇 개 보인다. 그것은 이스라엘군이 1967년 제3차 중동전쟁에서 점령한 이후 건설된 레이더 시설과 전파 감시탑이다. 이를 통해 이스라엘군은 시리아 국내의 통신을 감시하고 도청하고 있다.

1973년 제4차 중동전쟁이 종결된 이후, 골란 고원을 둘러싸고 다시

---

27 헬몬 산(Mt. Hermon), 레바논과 시리아의 국경을 따라 남북으로 뻗어 있는 샤르키 산맥 최남단에 자리 잡고 있는 '거룩한 산'이라는 의미를 지닌 높이 2,815m의 산이다. 1967년 '6일 전쟁' 이후 남쪽 사면은 이스라엘 관할 아래 편입되었고, 1981년에 골란 고원과 마찬가지로 이스라엘에 합병되었다.
28 단자와산(丹澤山), 일본 가나가와현(神奈川縣)에 위치한 산으로 높이 1,567m이다.

군사적 충돌이 발생하는 것을 막기 위해 이듬해 1974년 이래 '유엔 병력철수감시단(UNDOF)'이 설치되어 지금도 약 1,000여 명의 병사가 주둔하며 감시활동을 하고 있다.

이스라엘과 시리아의 관계는 항상 긴장 상태에 있다. 여기에 레바논의 강력한 민병조직을 지닌 시아파 정당 '헤즈볼라'가 이 사이에 개재한다. 이스라엘은 2006년에 헤즈볼라의 괴멸을 노리고 레바논에 침공하여 34일간에 걸쳐 치열한 전쟁을 전개했지만 결국 실패로 끝났다. 그 당시 이스라엘군이 사용한 클러스터 폭탄이 불발탄이 되어 지금도 레바논 사람들을 괴롭히고 있다.

이스라엘은 북부 국경 지역에 접해 있는 시리아와 레바논의 정세에 대단히 신경질적으로 반응하며, 군사적인 압력도 가하고 있다.

2010년 4월, 쿠웨이트의 한 신문이 시리아 정부가 헤즈볼라에 스커드 미사일을 제공한 것으로 보인다는 기사를 실었다. 이 쿠웨이트 신문은 때때로 이와 같은 어울리지 않으며 대단히 기묘한 정보를 보도하곤 한다. 곧바로 이스라엘 정부가 반응을 하여 이에 대해 비난했다. 이때에는 이스라엘의 시몬 페레스 대통령이 비난 캠페인의 도화선에 불을 붙였다. 구미 국가들도 이에 동조했다.

이에 대해서 시리아와 헤즈볼라 모두 관련 의혹을 부정하면서 반대로 이스라엘을 비난했다. 결국 시리아가 헤즈볼라에 대해 스커드 미사일의 제공을 약속한 정도의 것에 불과하며, 미사일의 인도는 실제로 이루어지지 않았다는 것으로 확인되어 사태는 진정되었다. 실속 없이 쥐 한 마리를 잡기 위해서 큰 산이 울리도록 소리를 지른 셈이다. 이스라엘과 시리아, 그리고 헤즈볼라 사이의 긴장관계에는 이와 같이 허공을 향해 포탄을 날리는 것과 같이 간교한 술책이 많이 활용된다.

그리고 2011년 3월에 민중봉기가 일어났다. 이스라엘은 시리아 국내 정세에 대해 우려스러운 시각으로 계속 관찰했다. 시리아 정부는 민중봉기의 배후에 시온주의자의 모략이 있다고 반복하여 비난했다. 실제로 시리아 정부가 무장 세력으로부터 압수한 무기들 중에 이스라엘군으로부터 유입된 것이 발견되었다는 보도가 몇 차례 있었다. 그러나 이러한 무기들은 모두 소형 화기이며, 레바논의 암시장에 보관되어 있던 과거 이스라엘군의 무기였을 가능성이 있다.

과거의 예로부터 살펴보면, 이스라엘에서는 대통령, 총리, 관계 장관 등이 시리아의 위협을 쉽게 발언하는 것을 예상할 수 있는데, 이번 민중봉기가 일어났을 때에 이스라엘 관계자들은 모두 대단히 무겁게 입을 다문 채 신중한 모습을 보였다. 이스라엘 정부는 긴장된 모습으로 시리아 국내의 동향을 관찰하고 있다.

2011년 5월 15일은 63년 전, 이날 하루 전날에 이스라엘이 건국을 선언함으로써 팔레스타인 사람들이 조국에서 추방된 날[29]로 간주되고 있다. 바로 이날 이스라엘을 둘러싸고 각국의 팔레스타인 사람들이 여러 장소에서 항의행동에 나섰다. 이에 대해 이스라엘 측은 매우 민감하게 반응했다. 레바논 국경에서 수백 명의 팔레스타인 사람들이 펜스를 넘어 이스라엘 측 지역으로 들어오자 이스라엘군이 발포하여 10명이 사망하고, 100여 명이 부상을 당했다. 6월 5일에는 골란 고원에서 비무장 상태의 팔레스타인 사람들이 대거 시리아 측으로부터 펜스를 넘어서 이스라엘 측으로 들어왔는데, 이스라엘군의 가차 없는 발포로 23명이 사

---

29 팔레스타인 사람들은 이스라엘의 건국일을 지칭하여 대재앙이라는 뜻의 '나크바(al-Naqba)'라고 부른다.

망하고 350명이 부상을 입었다. 이스라엘 정부는 시리아 정부가 이러한 움직임의 배후에 있으며 도발을 감행했다고 비난했고, 미국 정부는 이스라엘의 주장을 있는 그대로 받아들여 시리아 정부를 비난했다. 이 가운데 비무장 상태로 살해된 팔레스타인 사람들에 대한 동정의 말은 어디에도 없었다. 국제사회 또한 입을 다물었다.

7월이 되자, 서방측 정보당국자에 의한 정보라면서 영국 신문이 8발의 스커드-D 미사일이 시리아군으로부터 헤즈볼라에게 인도되었다고 보도했다. 1년 전의 뉴스에 비해 이번 뉴스는 매우 구체적인데, 이것이 사실이라면 중동 지역의 군사적 균형에도 영향을 끼칠 가능성이 있기 때문에 이스라엘 측에서 비난에 나설 것으로 예상되었다. 그런데 이에 대해 이스라엘 정부는 특별히 캠페인을 벌이지 않고 대단히 억제된 모습으로 대응했다. 어쨌든 이스라엘 정부의 관계자는 신경을 예민하게 곤두세우고 긴장된 눈빛으로 시리아 국내 정세의 추이를 지켜보았다.

이스라엘과 공유되는 규칙

이스라엘에게 시리아의 아사드 정권은 무례하고 자존심이 강하며 다루기 어려운 상대이다. 그렇지만 과거 반세기가 넘는 군사적 대결의 역사를 거치면서 공동의 게임규칙에 의거하여 행동하는 것을 암묵적으로 서로 인정하고, 상호 간의 '씨름판'을 서로 존중해왔던 양국이다. 가령 긴장관계가 발생해도 그것이 예기하지 않은 군사적 충돌로 발전하게 만들 수도 있는 잘못된 오해를 방지할 수 있는 방도를 체득하고 있다.

만약 시리아에서 아사드 정권이 붕괴할 경우 그 다음으로 들어오는 정권이 이스라엘에게 평가를 받을 수 있을 것인가의 여부를 떠나, 이슬람 보수과격파 그룹과 이집트의 무슬림형제단과는 이질적인 시리아의 무슬림형제단, 그리고 시리아 국내에서 무장투쟁 활동을 하고 있으며 전국적 차원에서 통제가 되지 않는 그룹 등이 각각 패권을 차지하기 위해 경쟁하는 혼란스러운 상태가 일어나게 된다면, 이스라엘에게 예상할 수 없는 안보상의 위협이 만들어지게 된다.

또한 시리아군이 혼란스러운 상태에 처하여 화학무기[30]와 미사일에 대한 관리체제가 무너지는 사태가 일어난다면, 이러한 대량살상무기가 어떤 그룹의 수중에 건너갈 것인지 예측할 수 없다. 그것은 단순히 이스라엘의 안보에 영향을 미치는 것뿐만 아니라, 훨씬 대규모의 위협을 만들어내게 된다. 반대로 대량살상무기의 문제에 확신을 갖고 단호하게 결정할 수 있다면, 안보 우려에 대한 대응을 충분히 취할 수 있게 된다.

이스라엘에서는 에후드 바락(Ehud Barak)[31] 국방장관이 아사드 정권의 운명은 시간적으로 수개월 혹은 수주일에 불과하다는 즉흥적인 발언을 홀로 되풀이했다. 이스라엘군의 첩보기관 수장 등의 발언이 전해지기도 하는데, 그들의 발언은 대단히 억제된 어조이다. 아사드 정권의 붕괴에 즈음하여 위와 같은 무기들이 헤즈볼라에게 전해진다면 대단히 위험하며, 일부분은 이미 건네졌을 가능성도 있다는 위기감을 더하게 하는 말이 비밀리에 언급되고 있다.

---

30 2012년 7월 23일, 시리아 외교부 대변인은 기자회견을 통해 화학무기를 "국내 민간인들 상대로는 절대로 사용하지 않을 것이나 외부의 공격이 있을 시 이를 사용할 수 있을 것"이라고 말한 바 있다.

31 에후드 바락(Ehud Barak, 1942~), 현 이스라엘 국방장관 및 부총리이다. 2011년까지 노동당을 이끌었으며, 1999년부터 2001년까지 총리를 지냈다. 이스라엘 히브리대학과 미국 스탠퍼드대학에서 물리학, 수학, 경제학을 공부했다.

아사드 정권의 시리아는 이스라엘에게 최선이라고 하기에는 거리가 멀지만, 함께 싸움을 하는 데에서는 서로를 이해할 수 있는 부분이 다분히 있고 안보상에 결코 위기를 유발하는 위협을 주는 것만은 아니다. 아사드 정권이 붕괴될 경우에 곧바로 이스라엘에게 새롭고 심각한 위협이 만들어지게 된다.

이스라엘은 이미 이집트에서의 무슬림형제단을 포함한 이슬람주의 그룹의 대두에 경계하는 자세를 심화시켜왔는데, 아사드 정권의 붕괴는 이에 비할 수 없을 정도로 이스라엘의 안보에 위협이 된다.

강화된 미국의 제재

미국 정부는 시리아에 대해 항상 엄격한 태도를 계속 보여 왔다. 미국 정부는 1979년에 시리아를 테러 지원국가로 규정한 이후 끊임없이 제재를 계속해오고 있으며, 2004년부터는 시리아에 대한 제재를 더욱 강화하고 있다.

2001년 9월 11일에 알카에다에 의한 테러 사건을 경험한 미국은 2003년 3월에 이라크 전쟁을 시작했다. 이 전쟁을 강하게 비난하고 미국의 정책을 방해하고자 한 시리아 정부에 대해 2003년 12월에 미국 부시 대통령은 「시리아 책임법」[32]에 서명하고, 2004년 5월에 법률의 구체적 실시내용을 발표한다. 그 내용은 식료품 및 의약품을 제외한 미국 제품의 금수조치, 시리아 정부 소유 항공기의 미국 내 이착륙 금지, 그리고 시리아 상업은행과의 거래 정지 등이다.

---

32 정식 명칭은 「시리아 책임 및 레바논 주권 회복법(Syrian Accountability and Lebanese Sovereignty Restoration Act)」이다.

이 제재조치는 대단히 엄격했다. 시리아 사람들뿐만 아니라 외국인이라고 해도 시리아 국내로부터 외국으로, 또한 외국으로부터 시리아로 직접 송금을 할 수 없다. 이에 따라 투자활동은 대단히 위축되고, 또한 예를 들어 식료품 및 의약품이라고 해도 군사용으로 전용될 가능성이 있다고 판단되면 범용품도 금수조치의 대상이 되었다. 게다가, 외국제품이라고 해도 신상품 및 중고품을 따지지 않고 그중에 미국제품이 10% 이상 포함되어 있을 경우, 시리아에 대한 수출은 금지된다.

이와 같이 엄격한 미국의 제재조치와 더불어, 2005년 이후 국제사회가 시리아와의 관계를 현저하게 한정적으로 유지해왔기 때문에 시리아는 경제적으로 대단히 무거운 부담을 강요받았다. 그 때문에 시리아 정부는 경제의 자유화와 시장개방을 추진하여 경쟁력을 제고시키고 경제개발을 지향했지만, 효과를 거두는 것에는 시간이 걸렸다. 이와 함께 안 좋은 일로, 이 무렵 4년 동안 지속되어온 기후 불순이 계속되어 농업은 극도로 피폐해지고, 국내 실업률은 높은 수준으로 올라갔다.

시리아 정부는 이라크 전쟁이 종식된 이후에 국내 치안 상황이 악화됨에 따라 생명의 위협을 피해 시리아에 들어온 이라크 피난민들을 가장 많을 때에는 150만 명까지 받아들였다. 그렇지만 자국민의 취업 확보를 우선시하는 입장에서 이라크 피난민들에 대해 공식적으로 취업 허가를 내주지는 않았다.

미국 정부는 이 정도로 대량의 이라크 사람들을 받아들인 시리아를 적극적으로 평가하지 않았다. 또한, 시리아에 대한 경제제재 조치를 완화하지도 않고, 오히려 시리아 정부가 이라크인 피난민들에 대해 그들이 생활할 수 있도록 노동시장을 개방하라는 압력을 가할 뿐이었다.

미국 정부는 피난민들을 위해 유엔의 관련 기관으로부터 자금을 염

출했는데, 무엇보다 그러한 자금이 국제사회에 요구했던 액수에도 미치지 못하며 시리아가 필요로 하는 금액에는 훨씬 미치지 못했다.

그러나 바락 오바마 대통령이 취임하면서부터 합리적 이유가 있을 경우, 미국 정부는 자체 재량으로 가능한 범위 내에서 이를 완화하고자 하는 자세를 보이기 시작했다. 예를 들면, 항공기의 안전 확보에 필요하다는 이유로 보잉 항공기의 일부 부품에 대해 2009년부터 수출을 허가했다. 2010년에는 정보산업(IT) 관련 분야에서도 수출허가를 완화하는 방침을 결정했다. 적어도 이러한 부분에 대해 시리아 정부는 일정한 평가를 했다. 그렇지만 오바마 대통령은 의회의 분위기가 아직 제재조치의 해제에 이르기까지는 무르익지 않았다고 보고, 매년 시리아 정부에 대한 제재조치를 연장하고 있기 때문에 시리아 정부의 불만은 해소되지 않고 있다.

2005년 레바논에서 라피크 하리리 전임 총리가 암살되자, 당시 아사드 정권의 간부가 사건에 관여된 것으로 의심되었다. 미국 정부는 바로 다마스쿠스로부터 대사를 본국으로 소환했고 그 이후 대사는 줄곧 공석 상태였는데, 오바마 대통령은 시리아 정부와의 의사소통을 개선하기 위해 대사를 파견하는 방침을 굳혔다. 그러나 미국 의회 상원의 승인을 얻지 못하자 상원이 폐회 중이던 2010년 12월에 대통령 권한으로 신임 대사[33]를 임명하고 다마스쿠스로 파견했다.

여기까지 시리아와 미국 양국 정부는 함께 한 걸음 한 걸음 관계 개선

---

33 로버트 포드(Robert S. Ford, 1958~), 미국의 외교관이며 2010년 이후 현재까지 시리아 주재 미국대사로 활동 중이다. 시리아 정부에 의해 반정부 활동에 관여했다는 이유로 추방되었다.

의 방향으로 걸어 나아가고 있었다.

다마스쿠스로부터의 미국 대사관 직원 철수

그런데 2011년 3월의 민중봉기는 사태를 원점으로 되돌아가도록 만들었을 뿐만 아니라, 과거에 볼 수 없었던 심각한 상호대립으로 양국 관계를 내몰았다.

미국 정부는 반정부 측의 시위는 평화적으로 이루어졌음에도 시리아 정부가 군사력을 동원하여 가차 없이 탄압했으며 그 때문에 무고한 시민들이 다수 살해되었다는 반체제 측 그룹의 주장을 그대로 받아들여, 시리아 정부의 시위 진압행동을 날카로운 어조로 비난했다.

반정부 측의 발표로 사망한 시민들의 수가 약 500명에 이르게 되자, 4월 29일 미국 정부는 아사드 대통령의 친족 일가를 포함해 시리아 정권의 핵심 간부들을 제재 대상에 포함시켰다. 5월 중순에는 아사드 대통령도 제재 대상으로 삼았다. 8월 18일, 오바마 대통령은 아사드 대통령의 퇴진을 요구한다.

이러한 호소는 점차로 논조가 강화되어, 아사드 대통령이 지금 즉시 퇴진해야 한다는 데에까지 목소리 톤이 높아졌다. 동시에 반체제파를 지지하면서 아사드 대통령에 대한 압박을 강화했다.

이와 같은 본국의 정책을 반영하여 다마스쿠스 주재 미국 대사는 외교관으로서는 이례적인 행동에 나섰다. 그를 받아들인 시리아 정부를 비난하고, 탄압행위에 대한 논란을 불러일으키며, 반체제파에 대한 편들기를 공개적으로 언급한 것이다. 7월 상순에는 반체제파의 운동이 활활 타오르는 하마 시에 들어가서 시위대를 격려했고, 인터넷에 개인 블로그도 개설하여 시리아 정부에 대한 비판적 메시지를 게재했다.

이러한 미국 대사의 행동에 격노한 시리아 정부를 지지하는 다마스쿠스 시민들이 미국 대사관을 습격하는 사태가 발생하자, 미국 국무부는 외교관 시설의 안전유지는 접수국의 책임이라며 시리아 정부를 비난했다. 시리아 외무장관은 이러한 비난을 받아들였다.

미국 정부에 의한 일련의 시리아 정부 비난은, 대사관 습격은 별도로 하고, 어쨌든 미국의 권익이 침해되고 있기 때문에 격분하는 것이 아니다. 12월 3일, 조지프 바이든(Joseph Biden)[34] 미국 부통령은 방문지인 터키에서 연설을 하면서, 강한 어조로 이렇게 말했다. "미국 정부의 입장은 확실하다. 시리아 정권은 국민에 대한 억압을 이제 그만두어야 한다. 그리고 아사드 대통령은 퇴진하라."

이에 더하여 시리아 정부의 탄압 자체가 시리아 국내에서 종파 간 항쟁을 심화시키고 있는 원인이라고 지적했다. 미국 정부의 시리아 정부 비난은 이와 같은 점에 집중하고 있다. 제프리 펠트만(Jeffrey Feltman)[35] 중동담당 미국 국무부 차관보도 다음과 같이 말한다.

> 바샤르 아사드 자체가 국가를 알라위파와 수니파 사이의 증오로 가득 찬 종파 간의 항쟁으로 유도하고 있다. 미국은 군사개입을 희망하지 않는다. 만약 시리아에서 내전을 회피하고자 한다면, 당신들은 바로 바샤르 아

34　조지프 바이든(Joseph R. Biden, 1942~), 미국의 부통령이다. 미국 의회 상원 외교위원회 위원장을 역임한 바 있다.

35　제프리 펠트만(Jeffrey D. Feltman, 1959~), 중동담당 미국 국무부 차관보이다. 2004년부터 2008년까지 레바논 주재 미국 대사를 역임한 바 있으며, 2012년 6월 11일에 유엔 정무 담당 사무차장으로 임명되었다.

사드를 내쫓아야 할 것이다.

　미국 정부 관계자들의 말은 매우 도발적인 대결자세를 보이며 거침없이 나온다. 미국 정부의 이와 같은 자세는 시민을 적대시하고 시민의 인권을 무시한 시리아 정부의 피비린내 나는 탄압은 국제인도법에 위배되는 행위이고, 그와 같은 행위를 멈추게 하는 것은 국제사회의 책임이며 그런 맥락에서 내정불간섭의 원칙을 배제할 수 있다는 이해에 입각해 있다.

　이와 같은 사고방식은 현재 중국[36] 등 일부 국가를 제외하고 국제사회에서 폭넓게 공유되고 있다. 다만, 여기에 이르러 과연 어디까지 실태를 파악할 수 있는가, 그리고 미래에 대해 어디까지 책임을 질 것인가에 대한 의문이 제기된다. 오직 억측에 토대를 두고 대응한다면, 있지도 않는 대량살상무기를 보유하고 있다는 의혹을 일방적으로 확신하고 2003년 이라크에 대해 침공을 감행한 과거 부시 정권의 자세와 다를 것이 없다.

　아사드 대통령의 즉시 퇴진을 계속 요구하고 있는 미국 정부는 대열의 '막후에서 지휘'하는 것으로 일컬어지고 있는 바와 같이, 자국의 군사개입 가능성을 부정하면서 격렬한 비난을 반복하고 있다. 그렇지만 아사드 대통령의 퇴진 이후에 대해 어떤 구상을 하고 있는가에 대해서

---

36 반기문 유엔 사무총장은 2012년 7월 18일에 중국 베이징을 방문하여 후진타오(胡錦濤) 국가주석과 시리아 사태에 대해 환담을 했다. 그러나 중국 지도부는 "중국은 국제적인 책임과 의무를 다할 것"이라며 원론적인 입장을 표명하고 직접적인 언급을 회피했다. 중국의 주요 언론도 "시리아 사태와 관련해 외부 간섭에 의해 정권을 전복시키는 일이 발생해서는 안 된다"라고 보도했다.

는 실제로 언급하지 않고 있다.

　미국의 입장에서는 이스라엘과 관계를 정상화하고자 하는 정권이 수립될 수 있다면 이보다 더욱 좋은 것이 없겠지만, 시리아의 반체제 측 그 어디를 살펴봐도 이와 관련해서는 전향적인 발언을 하고 있지 않다.

　민중봉기 속에서 이스라엘에 대한 아사드 정권의 저자세를 비난하며 부르짖는 목소리가 들리기는 해도, 이스라엘과 관계를 정상화할 것을 요구하는 주장은 일절 제기되지 않는다. 시리아 국내의 여론은 이스라엘에 대해 지금까지도 계속 부정적이다.

　한편, 반체제파의 시리아 국민평의회 관계자들은 정권을 차지한 이후에 이란 및 헤즈볼라에 대한 관계를 재검토할 것이라고 한다. 이는 구미 국가들이 이제까지 힘을 쏟아 부어 시리아 정부를 움직이고자 했던 것이기 때문에 매우 큰 환영을 받을 수 있다. 반체제 측은 이란과 헤즈볼라와의 관계는 아사드 정권이 적극적으로 추진한 것이며, 국민적 지지와는 관계가 없다는 점을 잘 알고 있다. 또한, 이란과 헤즈볼라와의 관계에 대한 재검토는 국제사회의 지지를 자신들에게 유리한 방향으로 움직이게 할 수 있는 매우 유용한 지렛대라는 것을 이해하고 있다.

　그러나 시리아 국내에서는 가령 아사드 정권에 반대하는 수니파 국민이라고 해도 무슬림형제단과 이슬람주의 보수파 세력이 아사드 정권을 대신하는 것에 대해서는 대단히 강한 거부감이 존재한다.

　이것만 놓고 볼 때, 반대파 가운데에 이와 같은 세력들의 존재가 투명하게 비쳐 보이는 한, 미국 정부가 반체제파를 지지하며 아사드 대통령에 대해 퇴진을 요구해도 국민 여론의 큰 부분을 차지하는 중간층으로 불리는 사람들을 납득시키는 것은 어려운 현실이다.

　해가 바뀌어 2012년 2월에 미국 정부는 대사관의 안전 확보가 어렵게 되었다는 것을 이유로 대사관을 폐쇄시켰고, 대사 이하의 관리들은 다마스쿠스로부터 철수했다. 여기에는 다마스쿠스에서 직접 시리아 정부와 협의하고 교섭을 한다고 해도 별로 의미가 없다는 판단이 내포되어 있다. 2010년 12월에 대사를 파견하면서 현지에서 대사가 시리아 정부와 직접 접촉하고, 미국 정부의 생각을 직접 시리아 정부의 최고 간부들에게 전하는 것이 대단히 중요하다는 점을 강조했던 자세를 결국 철회한 것이다.

프랑스의 편향적인 외교

중동의 파리(Paris)로 불리는 베이루트(Beirut)를 수도로 하는 레바논은 독립 이후에도 과거 종주국인 프랑스와 긴밀한 관계를 유지하고 있으며, 프랑스어권 국제기구에도 가입했다. 프랑스는 이 중동의 작은 나라에 대해 특별한 친근감을 갖고 지원을 아끼지 않았다. 자크 시라크(Jacquee Chirac)[37] 프랑스 대통령과 라피크 하리리 레바논 총리(모두 당시) 사이의 우정은 유명했다. 자크 시라크 대통령은 레바논에 대한 지원을 위한 두 차례의 국제회의를 파리에서 주최한 적이 있으며, 프랑스는 레바논의 재건과 안정에 매우 큰 관심을 갖고 있다.

이와 같은 프랑스의 입장에서 볼 때, 시리아가 레바논에 과도하게 개입하는 것만은 저지해야 한다. 시리아의 행동을 견제하기 위해서 프랑스는 시리아와 양호한 관계를 구축하고 시리아에게 자중할 것을 요구하는 외교와, 반대로 시리아와 대결을 하며 시리아의 행동에 제한을 가하

---

37 자크 시라크(Jacques René Chirac, 1932~), 프랑스의 대통령으로 1995년부터 2007년까지 재임했다.

는 외교를 전개할 수 있다.

프랑스 정부는 국제사회로부터 소외되고 있던 시리아 정부를 2008년 7월에 자국으로 초대하여 시리아가 다시 국제사회로 되돌아올 수 있는 길을 열어주고자 했다. 그렇지만 이와 같았던 프랑스 정부는 현재 시리아의 아사드 정권을 더할 나위 없는 강력한 어조로 비난하고 있으며, 유럽연합의 시리아 제재결의를 선두에 나서서 추진하고 있다.

알랭 쥐페(Alain Juppé)[38] 프랑스 외무장관(당시)의 표현은 더욱 준엄하다. 아사드 대통령의 발언을 즉흥적이라고 하면서, 시리아 정권의 운명은 겨우 수개월이 지나면 다하게 될 뿐이라고 말했다.

12월에 아랍연맹의 감시단이 시리아에 들어가 활동하기 시작하자, 성질 급한 미디어가 감시단 단장에게 전화를 하여 시찰에 대한 감상을 요구했고, 감시단 단장은 "이제까지 특별한 것은 없다. 사태는 평온하다"라고 대답했다고 보도했다.

그러자 프랑스 외교부의 대변인은 "감시단은 홈스로 갔으며 그들의 체류는 너무 짧았다. 감시단의 체류가 이 정도의 것이었기 때문에 시리아 정부군이 변함없이 홈스에서 피비린내 나는 탄압을 가하여 10명이 넘는 사람들이 사망했다"라며 감시단의 감시 모습에 불만을 표명하고, 시리아 사태는 평온해질 수가 없을 것이라고 단정했다. 이처럼 프랑스의 편향적인 자세는 현저하다.

프랑스 정부는 반체제파의 시리아 국민평의회 구성원들과 긴밀하게 연락을 서로 취하며 이들을 적극적으로 지원하고 있고, 시리아 문제에

---

38 알랭 쥐페(Alain Marie Juppé, 1945~), 1995년부터 1997년까지 프랑스의 총리를 지냈고, 2011년 2월부터 2012년 5월까지 외무장관을 맡았다.

대해 유럽연합 내부를 하나로 단합시키고 있다. 시리아 국민평의회의 브뤼앙 갈리온 초대 의장은 프랑스 소르본대학에서 정치학을 강의했던 교수이다. 갈리온 의장은 프랑스 정부의 주선으로 유럽연합 국가들을 순회하며 지원을 요청했지만, 역량 부족을 드러냈을 뿐만 아니라 시리아 국민평의회의 내부 항쟁도 반복되어 반체제파는 통일되지 못하고 있다. 또한, 갈리온 의장에 대한 각국의 평가 역시 그다지 높지 않다.

어쨌든, 프랑스 정부는 아사드 정권의 저항력을 과소평가하며 앞으로 돌진하고 있다.

러시아와 중국

러시아와 중국은 2011년 10월과 2012년 2월 두 차례에 걸쳐 유엔 안보리에서 시리아 정부를 비난하고 제재를 부과하는 결의안에 대해 거부권을 발동하여 이를 무산시켰다. 시리아 정부 측을 일방적으로 비난하고 제재를 부과하고자 하는 결의안 내용이 시리아가 직면하고 있는 문제의 해결에 결코 유용하지 않다는 것이 그 이유였다.

국제사회에서 구미 국가들은 시리아에서 평화적 시위가 이루어지고 있음에도 아사드 정권이 군사력을 동원하여 이를 탄압하여 많은 시민들이 살해되고 있다는 비난을 반복해왔다. 이에 반해, 러시아는 일찍부터 반체제 측도 상당히 격렬한 무장 활동을 벌이고 있으며 시리아 정권을 비난하는 것만으로는 문제를 해결할 수 없다고 주장해왔다.

러시아는 소비에트연방이 붕괴된 이후 유일한 초강대국이 된 미국의 외교정책 추진 방향에 대해 비판적이다. 러시아의 국력은 회복되고 있으며, 특히 21세기에 들어서자 그러한 비판적인 경향은 더욱 강화되었다. 그중에서도 중동 문제에 대해 이미 소련 시대부터 갖고 있던 기존의 영향력이 미국에 의해 계속 배제되고 있기 때문에, 이에 대한 러시아의 불만은 매우 크다. 시리아 문제는 러시아에게 자신의 존재감을 충분히 발휘하고, 이 지역에 대한 자국의 영향력을 회복하는 데에 절호의 기회라고 인식하고 행동하고 있다.

러시아에는 시리아에 대한 일종의 자부심이 있다. 러시아는 수백 명의 군사 요원들을 시리아 정부의 국방부 및 군 내부 등에 다양한 형태로 파견하고 있기 때문에, 시리아 국내의 움직임을 매우 상세하게 인식할 수 있는 입장에 서 있다. 또한, 시리아 사람과 결혼한 러시아인들도 매우 많으며, 전국적으로 거주하고 있기에 그들로부터도 귀중한 정보를 확보하고 있다. 이에 더하여 민중봉기가 시작된 이후, 시리아 정부가 구미 국가들로부터 비난을 받으면 받을수록 러시아로부터 이해와 지지를 얻기 위해 러시아 정부와 더욱 긴밀한 관계를 유지하고자 노력하고 있다. 이에 따라 러시아 정부는 시리아 국내의 움직임을 매우 상세하게 파악할 수 있는 상황에 있다.

러시아 스스로가 시리아의 내부 사정을 잘 인식하고 있음에도, 국제사회가 러시아의 의견을 경청하려고 하지도 않고 일방적으로 시리아 정부를 비난하려는 현재의 상황을 러시아는 받아들일 수 없다. 유엔 안보리에서 미국이 결의안 채택을 위한 외교적 공작을 추진하고, 시리아 정부를 궁지에 내몰려고 하는 것은 잘못되었다고 보는 것이 러시아의 입장이다.

2012년 2월, 유엔 안보리에서 제재 결의안이 채택되기 바로 직전, 시리아 국내에서 시리아 정부 측과 반체제 측이 서로 충돌하여 다수의 사람들이 목숨을 잃었다. 이때 국제사회의 미디어는 이를 아사드 정권 측의 만행이라며 비난했다. 시리아 정부는 이와 관련하여 반체제 측이 시민을 선동하고 강요하여 이들이 폭도로 돌변해버렸기 때문에 진압할 수밖에 없었다고 말했다. 또한, 반체제 측이 유엔 안보리에서 결의안이 채택되기 직전이라는 타이밍을 노려 대단히 의도적으로 자행한 모략이었다고 비난했는데, 러시아는 이와 같은 시리아 정부의 설명에 대해 이해하는 자세를 보였다.

시리아 정부가 유엔의 현재 모습에 대해 대단히 불만을 품고 있지만, 유엔의 움직임에 대해 신중하게 반응하는 것이 일반적이며 유엔 안보리에서 결안이 채택되기 직전에, 특히 국제적 비난을 초래할 수 있는 행동에 시리아 정부가 나설 것이라고는 생각하기 어렵다.

러시아 정부는 중동에서 자국의 존재감을 높이면서 지정학적인 균형을 고려하여 행동하고자 하지만, 이슬람주의 보수파 세력의 대두에는 회의적이다. 4월 14일과 4월 21일, 유엔 안보리에서는 러시아가 주도하여 작성한 결의안에 대해 미국, 영국, 프랑스가 동조하여 전원일치로 채택하고, 유엔 감시단을 파견하기로 결정했다.

시리아가 러시아의 무기를 제공받는 것을 자부하고 있다든지, 러시아 해군에게 타르투스 군항이 필요하기 때문에 시리아를 지원하고 있다든지 하는 논의는 사실상 사소한 것이다. 러시아 항공모함 쿠즈네초프 제독호(Admiral Kuznestov)가 2012년 1월, 타르투스 항구에 기항했는데, 홍보상의 효과를 노린 것 이상의 내용은 없었다.[39]

러시아와 대비해볼 때, 중국의 자세는 다분히 중국의 국내사정에 영

---

39 타르투스 항구는 구소련 시절 해외에 설치되었던 군사 항구였으며, 현재 러시아가 해외에서 운용하고 있는 유일한 해군기지로서 러시아 함대의 물자보급과 기술지원 역할을 수행하고 있다.

향을 받고 있고 그 움직임은 정적이며, 시리아 문제의 해결을 위한 외교적 노력을 적극적으로 전개하려는 자세는 보이지 않는다.

알자지라의 불가사의

오늘날 시리아의 시민들은 자유롭게 외국의 위성방송을 시청하고 있다. 국영방송의 시청률은 낮았지만, 민중봉기가 시작된 이래 시민들은 국영방송국과 외국 방송국 간의 너무나도 대조적인 보도내용을 서로 비교하면서 실상을 파악하기 위해 매일같이 뉴스를 열심히 추적하고 있다. 이로 인해 시리아 국영방송의 시청률은 높아졌다.

아랍 세계의 위성방송국으로서 높은 평가를 받고 있는 뉴스전문 방송국 알자지라는 1996년에 카타르 국왕이 자금을 제공하여 발족되었다. 그 이후에도 카타르 국왕으로부터 자금협력을 얻고, 기업의 출자에 광고수입을 더해 운영되고 있다. 알자지라의 현 회장[40]은 카타르 국왕 가문의 일족이다. 이러한 알지지라를 미국 정부는 높게 평가하고 있다. 오바마 정권의 힐러리 클린턴(Hillary Clinton)[41] 국무장관은 2011년 3월, 상원 외교위원회의 증언 가운데 알자지라의 뉴스는 미국의 미디어보다 더욱 많은 정보를 제공하고 있다면서 높게 평가했다.

민중봉기가 시작된 지 1개월 정도가 지나자, 알자지라의 기자는 수많

---

40 하마드 빈 타메르 사니(Hamad bin Thamer al-Thani), 카타르의 국왕 하마드 빈 칼리파 사니(Hamad bin Khalifa al-Thani, 1952~)의 먼 친척으로, 현재 알자지라 방송의 사장이다.

41 힐러리 클린턴(Hillary R. Clinton, 1947~), 미국의 국무장관이다. 1993년부터 2001년까지 미국 빌 클린턴 대통령의 영부인이었고, 2001년부터 2009년까지 상원의원으로 재직했다.

은 보도기관의 외국인 특파원들과 함께 시리아 국내로부터 철수하라는 요구를 받았다. 알자지라는 시리아 국내로부터 자사 특파원에 의한 직접 보도가 불가능해지자, 매우 이른 시기에 하나의 계책을 고안해냈다. 시리아 국내로부터 '현장 증인'을 모아 프로그램에 육성 보고를 통해 등장시키는 방법이다. 이와 같은 '현장 증인'에 의해 정부 치안군이 진압 활동을 하고 있는 것으로 알려진 현장에서 경쟁하듯이 보고가 이루어지게 된다.

이 가운데 앞뒤가 맞지 않는 불가사의한 보고들도 있다. 한 '현장 증인'은 자신이 ◇다라아 시에서 치안군이 폭력적으로 시위대를 습격하고 있는 현장에 실제로 있으며, ◇치안군 측의 발포가 격렬해서 지상으로부터 몸을 숨겨 혼란을 피하고 있고, ◇자신은 현재 패닉 상태에 처해 있으며, ◇어떻게 이 상황에서 무사하게 도망칠 수 있을지 알 수 없고, ◇다라아 시에서는 전기가 끊겨 정전이 계속되고 있다며 도도하게 계속 지껄인다.

그런데 이 증인이 소지하고 있는 휴대전화의 전원은 어찌된 일인지 충분히 충전되어 있는 모양이다. 자동소총 소리도 대단히 선명하며 음성이 들어가 있다. 틀림없이 이 증인의 바로 옆에서 치안군이 발포했을 법한 소리다. 이렇게 보면 상황은 거꾸로 안전하지 않은 것이다.

결국 시리아 정부는 이와 같은 '현장 증인' 몇 사람을 체포하여 자백을 하도록 했다. 실제로는 휴대전화의 발신지를 수신자 측에서 확인할 수 없다는 것을 악용하여 모두 현장과는 연고나 관계도 없는 멀리 떨어진 곳에서 '실황 보고'를 했다. 같은 목소리의 '현장 증인'이 여러 방송국에서 각각 다른 이름을 사용하며 지껄여댄 일도 있다.

시리아에는 휴대전화가 널리 보급되어 있는데, 민중봉기가 발발하기 이전에 위성통신을 이용한 휴대전화는 없었다. 봉기가 발생한 이후 위성통신을 이용한 각종 휴대전화가 대량으로 반입되었다. 또한, 영상의 실황 중계도 할 수 있는 고성능이며 고가의 비갠(BGAN)[42] 단말기도 반체제 측 그룹에 의해 당연하게 소지되어 이용되고 있다. 시리아 당국의 적발을 통해 이러한 고성능 통신기기가 빈번하게 몰수되고 있다.

시리아 정부는 알자지라 등의 방송국들이 외국 당국과 일체가 되어 시리아를 표적으로 삼고 있다고 비난한다. 그 주장은 다음과 같다. 알자지라 등의 방송국들은 시리아 국내의 모처에서 시위 행렬이 줄지어 천천히 행진하고 있는데 치안군이 개입하여 사상자가 났다는 뉴스를 방송했지만 그 시점에 해당 현장은 평온하고 그 어떤 시위도 없었다. 그러나 1시간이 지나서 시위대가 나타나 파괴활동을 전개했기 때문에 뉴스 보도는 반정부 그룹에 대한 지시의 전달이었다고 비난한다. 다마스쿠스의 지식인들 가운데에서도 마찬가지 내용을 단정적으로 증언하고 있는 사람들이 적지 않다. 또한, 다른 내용의 보도에 동일한 영상이 계속 흐르기도 한다.

카타르의 도하(Doha)에 위치한 알자지라 방송국 본부의 '시리아 뉴스실'은 유튜브와 페이스북 등을 항상 모니터링하고 있으며, 이 과정에서 확보된 관련 영상과 뉴스는 그 신빙성을 확인하는 수고와 노력을 들이지 않고 그 상태 그대로 방송에서 다루어진다. 또한, '현장 증인'이 걸어오는 전화를 직접 중개하여 방영하는 보도 체제를 취하고 있는 것으로

---

42 비갠(BGAN)은 Broadband Global Area Network의 약칭으로 소형의 휴대용 단말기를 통해 음성통화 및 광대역 데이터 서비스를 동시다발적으로 제공하는 세계 최초의 모바일 통신서비스이다.

알려져 있다. 이로 인해 모니터상에 나타난 휴대전화 번호가 시리아 국외 번호인 경우가 발생하기도 하며, 그 어떤 주저함도 없이 신빙성이 확인되지 않은 '현장 증인'의 뉴스를 필터로 거르지 않은 채 방송하고 있다는 말도 나온다.

그러나 알자지라 측에서는 시리아 정부가 보도기자의 입국을 거부하고 있기 때문에, '현장 증인'을 이용하는 보도 방법이 필요하다는 반론을 제기한다.

기자들의 계속되는 사직

2011년 9월, 갈기갈기 찢겨진 젊은 여성의 사체가 유족의 품으로 반환되는 사건이 발생했다. 이 영상이 유튜브에 오르게 되어 뉴스가 유포되자 외국 위성방송국은 아사드 정권의 잔혹 무도한 만행이라며, 이때를 놓칠세라 캠페인을 벌이고 선동했다. 자타가 공인하는 관계자 혹은 사정에 정통한 사람이라고 자칭하는 인물들의 다양한 발언이 이어졌다. 이에 대해 시리아 정부는 침묵을 지켰다.

그리고 3일 후, 살해된 사체의 신원이 자신이라며 한 여성이 당국에 신분을 밝혔다. 이 뉴스를 시리아 국영방송이 전하자, 외국 위성방송국 측에서는 정권 측이 가짜를 꾸며 내세운 것으로 의심된다고 지적했다. 그러나 모친이 그 여성이 자신의 딸이라는 것을 확인하자, 보도 관계자들은 갈기갈기 찢겨진 여성 사체의 신원을 해명하려는 기색도 없이, 사건은 일거에 그들의 관심 속에서 사라져버렸다. 알자지라에서는 모친이 신분을 밝힌 여성을 자신의 딸이라고 확인한 사실을 뉴스의 말미에서 일부 간단하게 언급하고 끝을 냈다. 그때까지 방송에서 발생한 오보를 검증하는 일은 없었다. 실제로 정정보도가 나오지 않고 있으며, 모르는

체 하며 그 이후에도 일관되게 시리아 정부를 비난하는 자세를 계속적으로 취하고 있는 유력 방송국도 있다.

또한, 비갠(BGAN) 단말기를 사용하여 정부군에게 포위된 홈스 시내의 바바 아무르(Baba-Amour) 지역으로부터 현지의 정세를 전하던 남자는, 알자지라의 뉴스 프로그램에서 아나운서가 자신에게 신호를 보낼 때까지 잠시 카메라 앞에서 대기하고 있으면서 담배를 피우며 휴식을 취했는데, 소리가 나지 않는 실내는 고요함 그 자체였다. 그런데 아나운서가 "현지와 영상이 연결되어 지금부터 보고하도록 하겠습니다"라고 말하자마자, 영상 속의 젊은 남성은 피우던 담배를 버리고 긴장된 표정으로 나타나 현지의 긴박한 정세를 빠른 말로 보고한다. 그리고 그때까지 소음이 없었던 실내에서는 빈번하게 포격음이 울려 퍼지고, 폭발음이 메아리친다.

한편, 다른 화면에서는 안면을 포대로 뒤집어쓴 아이들과 어머니가 침대에 웅크리고 앉아 인터뷰를 하고 있다. 인터뷰 영상이 촬영되기 전에 기자가 아이들에게 대답하는 자세를 지도하고 있다. 실내의 모습은 광각(廣角) 렌즈로 촬영되고 있는데, 한쪽 구석에 위치한 등유 난로에는 불이 붙어 있다. 그런데 일단 인터뷰가 시작되자 화면 속에서 어머니는 "정부군이 작전을 시작한 이래 등유는 물론 아무것도 없으며, 추위서 고생하고 있다"라고 호소했다. 아이들은 더듬거리며 "바샤르(대통령)에게 신의 철퇴가 내려지기를!"이라고 지껄이며 말했다. 카메라는 앵글을 맞추고 있기 때문에 앞선 장면에서 나타났던 난로는 화면에 나타나지 않았다.

이것은 알자지라 사내로부터 누설된 영상들 가운데의 일부이다. 알자지라 사내에서는 현재의 편향된 시리아 보도 양태를 비판하는 목소리가 높으며, 기자들이 연이어 사직하고 있다. 일찍이 2011년 4월, 베이루트 지국장이 사직을 했는데, 그는 "알자지라는 선동과 동원을 하는 지휘소가 되었다"라고 비판했다. 이 기자는 시리아 정권에 대해 엄격한 보도를 하여 1년 반 동안 시리아에 대한 입국이 거부된 경험을 지니고 있는 고집스러운 사람이었다. 2011년 3월이 되자, 지금은 시리아 보도의 거점이 되고 있는 베이루트 지국의 후임 지국장이 된 인물도 사직하면서, "현재 미디어는 자본의 하수인이 되고 있다"라고 비판했다. 아울러 베이루트 지국에서는 3명이 추가로 사직했다.

마찬가지의 사태는 테헤란 지국에서도 발생하여 2011년에 지국장이 사직하고, 후임 지국장도 2012년 4월에 사직했다. 동 인물은 알자지라가 아랍 세계에서 과거 1년 동안 1,300만 명 이상의 시청자를 잃었다고 말했다. 또한, 같은 달에 모스크바 지국의 기자도 알지지라 방송국의 까마귀를 백로라고 하는 것과 같은 시리아 정세의 보도 모습을 참을 수 없다고 하며 사직해버렸다. 이에 더하여 파리와 리야드(Riyadh)의 지국장들도 사표를 냈다.

아랍의 방송국만이 아니다. 프랑스 정부의 주도로 발족한 뉴스전문 위성방송국 '프랑스 24'는 2011년 6월에 프랑스 주재 시리아 대사가 본국 정부의 정책에 반대하여 사임했다는 뉴스를 대대적으로 특별보도하면서, 시리아 대사의 사임 성명이라며 음성을 유포시켰다. 그런데 실제 시리아 대사는 이 보도를 부정했다. 시리아 대사의 목소리와 사임 성명을 읽는 인물의 목소리는 프랑스어의 특징에서 차이점이 있으며, 프랑스인에게 그 차이점은 명백하게 알 수 있는 것이었다.

그런데 '프랑스 24'가 마지못한 듯이 오보를 인정한 것은 이틀이나 지난 이후의 일이었다. 프랑스 주재 시리아 대사관은 프랑스 당국에 대해 곧바로 위계죄(僞計罪) 죄목으로 소송을 냈지만, 수사는 더 이상 진전되지 않았다. 실로 거짓이 진실인 것처럼 말해지고 음모로 휩싸여 있으며, 모순이 활개 치며 다니고 있고 흐르는 피는 지금도 거리를 물들이고 있다.

날조된 유엔(UN) 보고서

유엔의 인권문제 담당 고등판무관은 위기감을 더하는 경종을 계속 공표하고 있다. 유엔 기관의 발언과 발표에는 일종의 권위가 부여되어 있다. 그렇지만 거기에는 일종의 함정도 있다.

유엔 인권문제 담당 고등판무관 사무소는 유엔 인권이사회의 결정에 의해 진상규명 조사단이 작성한 최초의 보고서를 2011년 8월 18일에 공표했다. 그것은 편집이 완료되지 않은 '잠정 보고서' 형식을 취했다. 그러나 인권이사회는 이 보고서의 제출을 받고 그 상태로 시리아를 비난했으며, 공표된 동 보고서의 내용은 국제적으로 폭넓게 보도되었다.

유엔의 문서는 편집방법과 작성방법에 따라 일정한 형식이 있으며, 방법론적으로 치밀하게 구성되어 있다. 그것은 어쨌든 상관이 없다. 그러나 이 보고서의 내용을 살펴보면 크게 놀라게 된다. 「시리아 국내의 항의활동: 정치적·인권적 배경」이라는 제목 아래에서 시리아의 헌법에 대해 언급하고 있는데, 보고서 작성자는 시리아 헌법을 제대로 보지 않고 쓴 것이 확실하다. 동 보고서에는 다음과 같이 기재되어 있다. "헌법은 일부 바아스당 당원인 군인과 치안 당국의 간부, 그리고 이들 가족의 우월성을 표현하고 있다." 당시의 헌법에는 바아스당이 국가와 사회를 지도하는 데에서 바아스당의 우월성을 규정했다. 일부가 이에 해당되지 않는다면 군인도 치안 당국 간부도 해당되지 않는 것이다.

또한, "경제의 구조적 결함은 결코 제대로 다루어지지 못했다"라고도 썼다. 이와 같이 작성된 내용에 입각해서 보면, 2003년부터 2010년까지 아사드 대통령의 이해와 지지를 얻어 총리와 경제부처 각료들이 국내의 수많은 저항을 극복하면서 추진하여 일정한 성과를 올린 시장개방 경제정책은 과연 무엇이었을까 하는 의구심이 들게 된다.

나아가 "특히 쿠르드족 사람들은 2011년 3월까지 기본적인 시민으로서의 권리와 경제적 및 사회적 권리를 향유할 수 없었다"라고 적고 있다. 동 보고서는 쿠르드족 중의 15% 정도에 해당하는 사람들의 사례를 쿠르드족 전체에 해당하는 보편적인 문제로 탈바꿈시켰다. 그런데 대다수의 쿠르드족 사람들은 시리아 사람으로서의 권리를 계속 누리고 있다. 권리를 향유할 수 없는 것은 국적이 없는 쿠르드족 사람들이며, 시리아 정부는 4월 7일에 대통령령으로 그들에 대해서도 국적을 부여하기로 결정했다. 3월이 아니라 바로 4월이다.

이 보고서에는 기본적으로 틀린 것으로 의문시되는 표기가 너무 많다. 가장 큰 문제는 '사실관계' 항목일 것이다. 거기에는 이렇게 적혀져 있다. "이 보고서가 작성되는 시점에서 조사단은 3월 중순 이후 살해된 시민 1,900여 명의 성명과 신원확인 사항에 대한 자료를 입수했다."

이 부분은 외국 미디어의 주목을 끌었는데, 유엔이 시리아에서 사망자 수가 이미 1,900명을 넘었다고 발표함에 따라 유엔의 권위를 빌려 외국 미디어들은 이 내용을 일제히 보도했다. 그러나 해당 문장에는 작은 숫자가 첨부되어 있다. 그 숫자가 가리키는 것에 따라 보고서 끝부분에 있는 작은 문자로 적힌 각주의 내용을 살펴보면, 이 정보는 시리아 국내의 비정부단체(NGO)가 작성한 것으로서 조사단은 독자적으로 사실여부를 확인할 수 없다고 기록하고 있다. 여러 가지 일들로 분주한 신문 기자들은 이 같은 각주까지 눈으로 볼 틈이 없다. 그래도 1개월 후에 완성판으로 공표된 보고서에는 그 각주가 '사실관계'에 대한 항목이 있는 페이지의 아랫부분에 바로 알 수 있도록 인쇄되었다. 그러나 1개월 늦게 나온 완성판에 대해서는 그 누구도 다시 관심을 보이지 않는 법이다. 보고서 작성자의 자세에 어떤 저의가 내재되어 있는 것이다.

인권문제 담당 고등판무관 나비 필라이(Navi Pillay)[43] 부인과 그녀가 머무는 사무소는 그 이후에도 적극적으로 발언을 계속했다. 11월 9일에 고등판무관은 3월 이후 시리아에서 이미 3,500명 이상의 사람들이 살해되었다고 단정했다. 그러나 유엔에는 시리아 국내의 상황을 현장에서 확인할 수 있는 조직이 없으며, 이와 같이 단정할 수 있는 상황에 있지 않다. 11월 23일에는 독립적인 국제위원회가 작성한 보고서가 공표되었다. 이는 시리아 국내에서 조사가 불가능했기 때문에, 223명의 시민과 탈영병들을 인터뷰하여 작성한 것이었다.

그런데 보고서 중에 '신뢰할 수 있는 정보 소식통에 의하면', '신빙성 있는 정보에 의하면' 등의 표현이 사용되고 있는데, 그 정보 소식통이 무엇이며, 왜 신뢰할 수 있는가, 그리고 어떻게 하여 그 정보에만 신빙성이 있는가에 대한 검토는 일절 없었다.

또한, 예를 들면 앞에서 언급한 바 있는 함자 카티브(Hamza al-Khatib) 소년의 사건을 다루면서 청소년에 대한 당국의 고문살인에 대해 기술하고 있다. 그러나 이 보고서는 정부에 의한 소년의 죽음에 관한 조사 보고서를 알지 못하고 있는지, 이에 대해 전혀 언급하지 않고 있다. 도리

---

43 나비 필라이(Navi Pillay), 1941~), 인도계 남아프리카 출신으로, 유엔 인권 고등판무관이다. 1988년에 미국 하버드대학 로스쿨에서 박사학위를 받았다.

어 소년의 시신으로 인해 시끄러웠던 당시에 활동가라고 자칭하는 인물이 말한 공군정보국에 의한 납치설을 인용하여, 세 발의 총탄이 사망원인이라는 법의학 전문가의 의견을 무시한 채 이를 고문에 의한 사망으로 적고 있다.

12월 12일에도 고등판무관은 신뢰할 수 있는 보고에 따르면 시리아 내의 사망자 수는 약 5,000명을 넘었다고 말하는 것과 함께, 확인할 수 없지만 관련 정보에 의하면 홈스 시를 본격적으로 공격하기 위해 군대가 태세를 정비하고 있으며 대단히 위험한 상황에 있다고 큰 목소리로 절규했다. 그러나 그와 같은 공격 사건은 일어나지 않았다. 이는 고등판무관이 신뢰하고 있는 정보가 신빙성을 결여하고 있음을 보여주는 한 가지 사례이다.

2012년 2월에 발표된 독립적인 국제위원회의 보고서에서도 변함없이 '신뢰할 수 있는 소식통', '신빙성이 있는 정보' 등의 표현이 사용되고 있으며, 또한 가령 민중봉기에 대한 탄압방침을 구체화하는 기관은 바아스당 내의 국가안전국이라고 지적하고 있는데, 보고서를 발표할 당시에 이 조직이 바아스당 '민족지도부' 내에 있는 것으로 기록하고 있다. 그런데 사실은 바아스당 '지역지도부' 내에 있는 조직이다. 이것은 보고서 작성자의 무지나 오해, 혹은 아랍어를 영어로 번역할 때 발생한 표기상의 문제일 가능성이 있는데, 적어도 바아스당을 논할 때의 일반적인 영어 표기법도 잘 모르고 있다는 점을 보여준다. 그 정도의 이해 수준으로 작성된 보고서를 기반으로 하여 유엔에서는 시리아에 대한 제재가 열심히 논의되고 있는 것이다.

제 4 장 ● ● ●

하페즈 아사드 대통령의 집권 30년

제1차 중동전쟁

　제2차 세계대전 중에 나치 독일에 의해 자행된 현대사 최대의 잔혹한 민족정화 사건인 유대인 학살에 등이 떠밀린 구미 국가들의 판단에 의해, 1947년 11월 29일 유엔 총회는 팔레스타인의 토지를 아랍과 이스라엘의 영역으로 양분하는 결의안을 채택했다. 아랍 국가들은 이 결의에 반대했다. 이 결의에 따른 토지배분이 이스라엘 측에 대단히 유리했기 때문이다.

　이듬해인 1948년 5월에 영국에 의한 동 지역의 위임통치가 종료되자 이스라엘의 다비드 벤 구리온(David Ben Gurion)[1] 총리는 독립을 선언했

1　다비드 벤 구리온(David Ben Gurion, 1886~1973), 이스라엘 건국의 아버지로 이스라엘 제1대 총리를 1948년부터 1954년까지 역임했고, 이어서 1955년부터 1963년까지 총리를 연임했다. 이스라엘 국방장관과 교육장관을 역임하기도 했다. 1948년 5월 14일, 이스라엘의 건국을 선언했다.

고, 이로써 이스라엘은 국가로서 수립되었다. 그 이전부터 유대인 그룹과 주변의 아랍인들 사이에는 살상을 동반한 격렬한 테러사건이 빈발했는데, 주변의 아랍 국가들은 신생국가 이스라엘에 대해 일제히 군사 행동에 나섰다. 바로 제1차 중동전쟁이 일어난 것이다.

이스라엘 건국으로 인해 당시 시리아 사람들은 자국 영토의 일부가 떨어져 나가게 되었고, 이로 인해 시리아 병력 1,800명이 전선으로 파견되었다. 그렇지만 지금의 관점에서 볼 때, 군대라고 부르기에는 매우 나약한 시리아 병사들의 무리는 다른 아랍 국가들의 군대와 연대하는 것도 잘 알지 못했다. 이스라엘 병사들도 군사경험이 없고 미숙했지만, 신생국가의 존망이 관련된 위기 가운데에 서 있는 그들의 각오 앞에서 아랍 군대는 패배를 당했다.

이스라엘은 유엔총회 결의에서 인정된 대부분의 영토를 확보했고, 그 위에 유엔 결의에서 팔레스타인 영토로 간주된 지역의 60% 정도를 추가로 획득하여 자국의 영토로 삼았다. 결국 전쟁에서 이집트, 요르단, 시리아, 레바논, 이라크군은 패배했다.

그 당시 75만 명의 팔레스타인 사람들이 조상 대대로 머물러왔던 땅으로부터 추방되었고, 난민이 되어 아랍 각국으로 도망갔다. 그 가운데 10만 명이 시리아로 향했고 일단 안주할 수 있는 휴식의 땅을 얻었다. 그 이후, 팔레스타인 문제는 아랍 세계 사람들의 마음속에 지워버릴 수 없는 무거운 침전물이 되어 깊게 각인되어 내려오고 있다.

유엔에서는 1949년의 유엔총회 결의에 의거해, '유엔 팔레스타인 난민구호 사업기구(UNRWA)'[2]를 발족시키고, 팔레스타인 난민에 대한 지원 및 구호사업을 진행해오고 있다. 3세대가 지나고 있는 현재 팔레스타인 난민의 수는 아랍 세계에서 약 400만 명이 넘는다. 시리아에는 그

가운데 약 50만 명이 있다.

시리아에서 그들이 거주하는 난민 캠프는 비록 캠프라고 불리지만 보통 마을의 한 귀퉁이에 위치하고 있다. 팔레스타인 난민들은 이곳에 거주해도 되고 외부에 거주해도 된다. 그들은 시리아의 부동산을 소유할 수 있다. 다만 법제도상 그들은 언젠가 팔레스타인 땅으로 돌아가야 하는 사람들이기 때문에, 그들이 소유할 수 있는 토지와 가옥은 원칙적으로 토지 1개, 집 1채로 한정되어 있다. 시리아 정부의 공무원이 되는 팔레스타인 사람들도 많다. 그들 가운데에는 차관급까지 승진한 사람들도 있다.

바아스당 정권의 독무대

1956년, 나세르 대통령이 이끄는 이집트 정부가 수에즈 운하를 국유화하자, 운하 이권의 회복을 획책하던 영국과 프랑스는 이스라엘을 끌어들여 밀약을 맺고 세 나라는 이집트에 전쟁을 개시했다. 바로 제2차 중동전쟁의 발발이다. 이 전쟁에 미국 정부는 가담하지 않았고, 개전 이후에 도리어 전쟁의 종결을 실현하도록 관계국들에게 압력을 가했다. 이 무렵 미국 내에는 아직 '유대인 세력에 의한 로비'가 영향력을 갖고 있지 못했고, 이 지역에 대한 정권 내부의 관심이 높지 않았기 때문에

---

2 유엔 팔레스타인 난민구호 사업기구(The United Nations Relief and Works Agency for Palestine Refugees in the Near East: UNRWA), 1949년 12월 8일 유엔 총회 결의안 302(IV)호에 의거하여 설립되었다. 가자 지구, 요르단 강 서안, 레바논, 요르단, 시리아 등에 분포되어 있는 400만 명 이상의 팔레스타인 난민에 대한 교육, 보건, 복지, 구제 등의 원조를 행하는 유엔의 사업기구이다. 본부는 가자 지구와 요르단의 암만(Amman)에 각각 위치하고 있다.

가능했던 일이었다.

시리아 국내에서는 전쟁이 발발하면 이집트 전선에 군대를 파견하고자 하는 분위기가 고조되었지만, 국제사회의 여론이 이집트 측에 서 있고 수에즈 운하를 둘러싼 전쟁이라며 이집트는 시리아군의 참가를 특별히 요청하지 않았다.

그럼에도 시리아는 자국 영토 내부를 관통하는 석유 파이프라인을 폭파시켰고, 시리아 공군은 자국 영공에 대한 영국 공군의 움직임을 저지하기 위한 경계 행동을 취했다. 이 시기 젊은 공군 파일럿이었던 하페즈 아사드는 초계 활동에 나섰다.

이 전쟁에서 이집트는 수세적인 입장에 처했지만, 영국·프랑스·이스라엘 3개국 측이 외교적으로 잃은 것도 많았기 때문에 전후 아랍 세계에서 나세르 대통령의 위신이 높아졌다. 시리아 국내에서도 미국과 소련의 주도하에 '동서(東西) 진영' 간의 냉전이 진행됨에 따라 북대서양조약기구(NATO)에 속해 있는 터키로부터 압력을 받았다. 또한 시리아와 일종의 알력관계를 계속하고 있는 이라크와의 관계로부터 볼 때도 이집트와 관계를 강화하는 것은 바람직하다는 판단을 내렸으며, 시리아 경제계에서도 이집트와의 관계 강화에 기대감을 갖고 있었다. 이리하여, 1958년에 시리아는 이집트와 국가연합을 결성하게 되었으며 이는 1961년까지 계속된다.

1963년에 정권을 탈취하게 되자, 바아스당 정권은 급진적인 사회주의 정책을 추진했다. 특히 외교 방면에서 아랍 세계의 왕정 국가들을 긴장하게 만들었고 이스라엘에 대해 특히 증오심을 불태웠지만, 그 안에는 허점이 많았으며 마치 세상 물정 모르고 혼자 애쓰는 모습이었다.

이미 5만 명이 넘는 병력을 갖춘 군사력으로 성장했지만 시리아군 내부의 통신은 이스라엘 측으로 새어나가고 있었기 때문에, 1966년의 바아스당 내부의 권력투쟁으로 군 내부에 한바탕 숙청의 소용돌이가 일어났다는 것을 이스라엘 측은 매우 상세하게 알고 있었다. 소련으로부터 제공받아 육·해·공군 3군에 배치된 무기는 실전에서 사용하기가 나빴다. 그럼에도 시리아군은 이스라엘에 대해 대결 자세를 계속 취했다. 이스라엘군은 이러한 시리아군을 때때로 도발하여 시리아군에게 손해를 입혔다.

그런데 이집트의 나세르 대통령에게 몇 개의 문제들이 닥쳐오고 있었다. 이집트군은 예멘에 파병하여 사우디아라비아가 지원하고 있는 게릴라들과 대항하여 전투하며 소모전을 치르고 있었기 때문에, 이로부터 빠져나올 수 없었다. 또한, 1964년에 팔레스타인 해방기구(PLO)가 창설되어 젊은 세대의 팔레스타인 사람들 가운데 이스라엘에 대한 군사행동의 기운이 계속 높아지고 있었다.

나세르 대통령은 시리아의 젊은 지도자들이 얕은 생각에 기초하여 팔레스타인의 게릴라 등을 이용하여 이스라엘과의 긴장을 높이고, 그 결과 이스라엘에게 개전의 구실을 주지 않을까 하고 두려워했다.

그러나 결국 나세르 대통령은 아랍 세계에 부는 바람에 선동을 당해 휩쓸리게 된다. 나세르 대통령은 전쟁을 반드시 시작할 생각을 하고 있지는 않았는데, 이와 같이 고양된 기운에 사로잡혔다. 아랍 세계의 맹주로서의 위엄에 그늘이 드리워지기 시작한 부분도 있어서, 그는 충분한 전쟁 준비가 되어 있지 않는 데도 주먹을 위로 치켜들며 호전적인 연설을 거듭했다.

1967년 5월, 나세르 대통령은 유엔의 우 탄트(U Thant)[3] 사무총장에 대해 이집트와 이스라엘 사이에 주둔하는 '유엔 긴급군(UNEF)'[4]의 철수를 요구하고, 그때까지 이스라엘 선박에 대해 자유항행을 허가했던 티란 해협[5]을 폐쇄해버렸다. 이에 따라 긴장감이 높아졌다.

그런데 이것은 이스라엘이 바라던 바였다. 이스라엘은 아랍 측의 공세를 받아 위험에 직면해 있다고 미국 정부에게 호소했다. 린든 존슨(Lyndon Johnson)[6] 대통령이 이끄는 미국 정부는 주요 관심과 정력을 베트남 전쟁에 기울이고 있었기 때문에, 이스라엘의 움직임을 견제하지 못했다.

1967년 6월 5일 아침, 이스라엘 공군은 이집트, 시리아, 요르단의 공군 기지를 급습하여 제공권을 완전히 장악하고, 그 이후의 지상전을 압도적으로 유리하게 진행시켰다. 바로 제3차 중동전쟁의 발발이다. 미국 정부는 제6함대를 지중해 동부 지역으로 이동시켰다. 한편, 소련의 움직임은 무뎠다.

---

3   우 탄트(U Thant, 1909~1974), 미얀마 외교관 출신으로 1961년부터 1971년까지 유엔 사무총장을 역임했다.

4   유엔 긴급군(United Nations Emergency Force: UNEF), 1956년 11월 당시 발발한 수에즈 운하 위기를 종식시키기 위해 유엔총회 998호, 1000호, 1001호 결의안을 통해 성립되었다. 유엔 긴급군은 정전의 감시 및 이집트 영토로부터의 영국·프랑스·이스라엘군의 철수를 확인하는 것을 임무로 했으며 최대 6,000명의 인원 규모를 보유했다. 그 후 이집트와 이스라엘의 관계가 악화됨에 따라 1967년 5월 16일, 이집트의 요청에 의해 임무를 중지하고 철수했다.

5   티란 해협(The Straits of Tiran), 아카바 만과 홍해의 경계에 있는 해협이며, 시나이 반도와 아라비아 반도 서북부의 중간에 있다. 해협의 중간에 티란 섬이 있으며 폭은 8km이다.

6   린든 존슨(Lyndon B. Johnson, 1908~1973), 1963년부터 1969년까지 미국의 대통령을 지냈다. 미국 하원 의원, 상원 의원, 부통령을 모두 역임한 바 있다.

전쟁은 6월 10일에 종결되었다. 이스라엘은 국토 면적을 세 배로 증가시켰고, 시리아는 골란 고원을 상실했다. 또한, 시리아는 미국 정부와 외교관계를 단절했다. 이스라엘군은 정전 합의가 발효된 이후에도 이에 아랑곳하지 않고 군대를 투입하여 시리아군이 포기한 헬몬 산지의 요충지를 점령했다. 그 이후 그곳에 통신 및 감청시설을 설치한다.

이집트는 시나이 반도 전체를 상실했다. 한편, 초췌해진 나세르 대통령은 건강이 악화되었다. 그는 결국 1970년 9월에 사망했다.

하페즈 아사드의 무혈 쿠데타

바아스당 정권은 시리아 국내의 민중 가운데 강력하고 확고한 지지기반을 갖고 있지 못했고, 오로지 당 내부의 정치로 일관했다. 바아스당 당원은 1970년 시점에서도 6만여 명에 불과했다. 국민과의 접점을 별로 갖고 있지 못했던 바아스당에 대한 국민의 감정은 결코 전향적인 것이 아니었다. 전쟁이 종결되자, 바아스당에 대한 국민의 감정은 악화되었다. 당 내부에서는 전쟁에 대한 책임을 둘러싸고 다시 국민 부재의 권력투쟁이 확대되었다.

이번의 패전에 대해 하페즈 아사드 국방장관의 책임이 추궁되는 것은 당연한 일이었다. 그런데 아사드는 영토 확장으로 돌진하고 있는 이스라엘을 어떻게든 막아야만 하며, 이것이 시리아에게 무엇보다도 우선시되어야 할 중요한 과제라고 생각했다.

그러나 실권을 잡은 살라 자디드(Salah Jadid)에게는 국내적으로 사회주의 정책을 전개하고, 대외적으로 아랍 세계의 보수반동 국가들을 타도하는 것이 중요한 정책이었다. 서로를 비난하는 싸움은 진정되지 않았다. 하페즈 아사드는 군 내부에서 자신의 세력기반을 강화하고 군을 장악하여, 정적을 배제시키고 정권을 주도하는 것이 필요하다는 각오를 다졌다. 그는 군 내부의 인사권을 장악하고, 사관학교 시절에 우정을 돈독하게 쌓았던 무스타파 틀라스(Mustafa Tlass)를 참모장으로 삼았다.

1970년 11월, 바아스당을 장악한 자디드가 긴급 당대회를 개최하여 아사드 그룹과 대결을 하려 하자, 그 다음날 아사드는 재빨리 군을 동원하여 정적들을 일망타진했다. 그것은 무혈 쿠데타였다. 자디드 등은 악명 높은 메제(Mezze) 군사 교도소로 이송되었다. 그는 1993년에 죽을 때까지 이 형무소에 수감되었다.

이 쿠데타 과정에서도 시민들은 완전히 모기장 밖에 있었다. 공식 발표가 있고 나서야 하페즈 아사드 정권이 성립되었음을 처음으로 알게 되었다. 새로운 정권이 발족하자, 그때까지 추진되어왔던 사회주의 정책과 시민에 대한 치안조직의 억압이 약간 완화되어, 자유의 산들바람이 불어오는 것을 시민들은 피부로 느꼈다. 또한, 생활필수품의 가격도 인하되었다.

20세기 중반까지 다마스쿠스와 알레포에서 번영했던 섬유봉제 산업은 국영화되었는데, 국영기업이 생산하는 직물은 두꺼운 군복용 옷감뿐이었으며, 착용감이 좋은 옷감을 일반인들이 입수하려면 암시장을 통해서 조달할 수밖에 없었다. 암시장의 직물은 산을 넘어 비밀리에 레바논으로부터 짊어지고 가져온 것이었다.

주문에 따라서는 옷감을 파는 상인이 어두운 야음을 틈타 걸어서 산을 넘어 베이루트까지 가서 2박 3일에 걸쳐 조달하기도 한다. 무엇보다 규제를 받고 있는 시리아와 달리, 레바논은 자유롭게 경제가 발달하고 있는 하나의 별천지였다.

하페즈 아사드는 기본적으로 경제에 대한 지식이 부족한 군인이었지만, 국가를 통치하는 데에서 경제의 중요성은 충분히 이해하고 있었다. 1972년에 경제무역부 장관에 임명된 무함마드 이마디(Muhammad Imadi)는 뉴욕대학에서 경제학 박사학위를 취득한 경제 전문가였다. 그는 1968년에 계획부 차관에 취임한 이후 1년간 국방부의 고급간부 양성 아카데미에서 교편을 잡았다. 그때 국방장관 하페즈 아사드는 거의 매일 같이 참석하여 무함마드 이마디의 강의에 귀를 기울이며 계속 경청했다. 그 이후 이마디는 계획부 장관에 취임하고, 나아가 경제무역부 장관으로 옮겨 어려운 경제운영을 도맡았다.

이집트와의 협력관계

아사드 대통령은 1971년 2월 시리아 대통령으로서는 처음으로 소련을 방문했다. 아사드 대통령에게는 미국 정부에 대한 불신감이 있었다. 요르단 정부가 자국 내부의 팔레스타인 세력과 충돌했을 때, 시리아는 팔레스타인 측으로부터의 요청에 응하여 군을 요르단 영토 내부로 파견했다. 이렇게 되자 요르단의 후세인 국왕은 미국 정부에 대해 지원을 요청했다.

요르단은 이스라엘에 대해 이미 세 차례에 걸쳐 중동전쟁에서 서로 싸운 적대 관계에 있었지만, 후세인 국왕의 왕정 체제가 취약했기 때문에 국왕은 이스라엘과 비밀리에 의사를 타진했고 사실상 요르단은 왕정 체제를 유지하기 위해 이스라엘과 손을 잡았다. 이와 같은 요르단 정권에 대해 미국 정부는 호의적으로 지켜보았다.

시리아군의 파견에 대해 요르단이 지원을 요청했을 때 미국 정부는 리처드 닉슨(Richard Nixon)[7] 대통령이 이끌었으며, 대통령 보좌관은 유대인으로서 나치 독일의 박해를 피해 미국으로 이민 온 헨리 키신저

(Henry Kissinger)[8]였다. 닉슨 대통령과 그의 보좌관은 국제관계를 항상 소련과의 냉전구조 틀 속에서 파악했고, 소련에 대항하여 미국의 입장을 확고히 하는 것을 외교의 기본방침으로 삼았다.

여기에서 아랍 세계의 각국 및 각 정권 사이의 미묘한 속내와 흥정 그리고 팔레스타인 문제에 관한 배려는 부차적인 의미를 갖는 것밖에 되지 못했다. 예전부터 소련과 우호적인 관계를 유지하며 군사 지원을 받아온 시리아는 친(親)소련 정권으로 물들게 되었고, 시리아군의 요르단 영토에 대한 파견은 소련의 영향력 확장에 다름 아닌 것으로 간주되었다. 미국 정부의 사전 양해 아래, 이스라엘군은 요르단 국경을 향해 군 병력을 전개했다. 시리아군은 결국 군대를 철수시켰다.

정권을 탈취한 하페즈 아사드에게는 1967년의 전쟁으로 상실한 골란 고원을 탈환하고, 항상 패배를 거듭하여 위축되어버린 아랍인의 자존심을 회복하는 것이 중요한 관심사였다. 이를 위해서는 군비를 강화하지 않을 수 없다. 그런데 세계를 아무리 둘러보아도 지원을 바랄 만한

---

7 리처드 닉슨(Richard Nixon, 1913~1994), 1969년부터 1974년까지 미국 대통령을 역임했다. 미국 하원 의원과 상원 의원을 지냈고, 1953년부터 1961년까지 미국 부통령의 직책을 수행했다. 1972년 초에 중국 베이징을 방문하여 소위 '닉슨 쇼크'를 일으키며 중·미 관계 및 동북아시아 국제관계의 향배에 큰 변화를 일으켰다.

8 헨리 키신저(Henry Kissinger, 1923~), 독일 태생의 유대계 미국인으로, 1973년부터 1977년까지 미국 국무장관을 역임했다. 중동지역의 평화를 위한 제1차 캠프 데이비드 협정과 중·미 수교를 이끌어냈으며, 노벨 평화상을 수상하기도 했다. 2012년 3월 1일에 이스라엘 정부가 수여하는 최고 권위의 상인 '대통령 메달'을 수여받았다. *Diplomacy* (1994)와 *On China* (2011) 등 다수의 저서를 집필했다.

곳은 소련밖에 없었다.

그렇지만 소련은 아사드 대통령이 방문하면 무기를 곧바로 제공해줄 정도로 만만한 국가가 아니다. 소련이 중동에서 전략적 과제로 삼고 있는 사안은 ◇중동에 소련의 세력권을 구축하고 확고한 교두보를 마련하는 것, ◇소련이 자유롭게 사용할 수 있는 항공 기지와 항만을 확보하는 것, ◇평화 교섭에서 주요 관계국이 되는 것, 그리고 ◇미국의 영향력을 포위하고 감소시키는 것이었다.

소련은 이러한 전략적 과제의 맥락 속에서 협력 상대를 선택했다. 나아가, 소련의 자세 가운데에 자주 보이는 경향은 아랍인에 대한 우월한 의식에 기반을 둔 태도이며, 국내 정치에 대한 개입이었다.

하페즈 아사드 대통령에게 중요한 것은 군비 증강에 필요한 부분을 소련의 지원을 통해 얻는 것이었지, 소련의 위성국이 되는 것이 아니었다. 이와 같이 한정적인 측면에서 시리아 측으로 소련을 끌어들이는 것이 아사드 대통령에게 하나의 커다란 과제였다. 아사드 대통령은 다음과 같이 생각했다.

시리아와 이집트는 아랍 세계의 역사를 주도하고 있다. 군사력으로는 이집트가 시리아를 능가하지만 이스라엘에 대한 전력(戰力)으로서는 충분하지 않다. 양국이 함께 협력하고 이스라엘에 대해 정면에서 양면 작전을 강화하는 것을 통해 아랍 세계는 이스라엘에 대해 호각지세(互角之勢)로 싸울 수 있다. 시리아는 물러나지 않는다는 각오로 이집트와 관계를 재건하고, 또한 이를 강력하고 확고히 하여 향후 이스라엘과의 대결을 준비할 것이다. 이를 위해 무엇보다도 소련으로부터 군사지원을 얻어 군비를 증강시키지 않으면 안 된다.

이와 같은 시리아의 생각에 소련의 지도자들은 이해를 보였다. 아사드 대통령은 정권을 탈취한 직후인 1970년 11월에 이집트를 방문하여 안와르 사다트(Anwar Sadat)[9] 이집트 대통령과 회담했다. 1971년 이후, 이집트와 시리아 간에 정부 요인들의 왕래를 포함하여 양국 간의 협력 관계는 대단히 긴밀해졌다. 한편, 소련으로부터의 무기 제공은 늦어지기 일쑤였다. 1972년 7월에 사다트 대통령은 갑작스럽게 소련이 미국과의 긴장완화를 위한 정책의 일환으로서 아랍 세계의 이익을 희생시키고 이집트에 대한 무기제공을 소홀히 하고 있다고 비난하면서, 이집트로부터 소련 군사전문가들을 추방한다고 발표했다.

이 소식에 소련은 놀랐고 시리아도 경악했다. 이집트의 반응을 두려워한 소련은 이집트와 시리아에 대해 무기제공과 지원을 대폭적으로 강화했다. 사다트 대통령의 충격요법은 그런 의미에서는 성공적이었다. 그러나 아사드 대통령은 사다트 대통령이 물밑 아래에서 미국 정부와 접촉하고 있다는 것을 파악하지 못했다.

사다트 이집트 대통령의 고뇌

1973년 7월 하순, 시리아의 라타키아(Latakia) 항구로부터 6명의 남자들이 편안한 복장을 착용한 채, 소련의 정기 여객선에 탑승하여 이집트의 알렉산드리아(Alexandria)로 향했다. 그들은 시리아의 틀라스 국방장관을 우두머리로 하여 참모총장, 방공사령관, 작전부장, 군 첩보기관장,

---

9 안와르 사다트(Anwar El Sadat, 1918~1981), 1969년부터 1970년까지 이집트의 부통령을 역임했고, 1970년부터 1981년까지 이집트의 대통령을 지냈다. 1981년 10월 6일에 카이로(Cairo)에서 암살되었다.

그리고 해군사령관이었다. 여담이지만, 이들 중의 한 명인 작전부장은 압둘 라자크 다르다리 소장이다. 그의 아들이 압둘라 다르다리(Abdullah Dardari)[10]인데, 2005년부터 2011년까지 경제담당 부총리를 맡으며 시리아의 시장개방 경제정책을 추진했다. 그의 부친은 바아스당 당원이었지만 아들은 당원이 아니다.

대표단의 6명은 이집트군 간부들과 함께 이스라엘에 대한 전쟁 준비 상황을 검토했고, 개전 시기를 수에즈 운하의 수위와 달의 위치에 입각하여 9월 상순 혹은 10월 상순으로 결정했다. 그 이후 양국에서는 개전 일자를 10월 6일 토요일로 결정하고, 10월 3일 양국의 군 최고간부가 협의하여 개전 시각을 결정했다. 시리아군은 지평선 위에서 솟아오르는 태양을 등지고 서전을 싸우기 위해 일출 시각에 개전할 것을 주장했고, 이집트군은 수에즈 운하에 대한 도하를 쉽게 하기 위해 어두운 저녁 시각에 싸우는 것을 요구했다. 결국 쌍방은 서로 절충하여 양 측면에서의 공격 개시 시점을 오후 2시로 결정했다.

실은 이 전쟁에 대해 사다트 대통령과 아사드 대통령의 고뇌 사이에는 근본적인 차이가 있었다. 사다트 대통령은 그 엇갈림을 알고 있었는데, 아사드 대통령은 전혀 눈치를 채지 못했다. 사다트 대통령은 회동을 할 당시 54세였다. 아사드 대통령은 개전하는 날이 그의 생일이었고, 43세가 되는 젊은 나이였다.

아사드 대통령은 1967년에 아랍 세계가 잃어버린 영토를 이스라엘

---

10 압둘라 다르다리(Abdullah Dardari), 시리아의 언론인 출신으로, 2003년 9월부터 2011년 3월까지 시리아 부총리로 재직했다. 영어와 프랑스어를 유창하게 구사한다.

로부터 되찾기 위해서는, 다음 전쟁을 통해 아랍 측이 상당한 부분을 회복하고 그런 압력 아래 행해지는 평화 교섭이 되어야만 실현될 날이 있을 것이라고 보았다. 한편, 사다트 대통령은 그렇게 단순하게 생각하지 않았다. 1970년 10월에 나세르 대통령으로부터 그 자리를 계승하자, 조속히 미국 정부에게 평화 교섭의 진행에 대한 관심을 전했다. 전임자 나세르 대통령은 실력으로 이스라엘을 굴복시킬 수 없다는 것을 깨달았던 듯하며, 나세르 대통령 시절에 부대통령으로 국정에 참여했던 사다트 대통령도 그렇기 때문에 바로 교섭에 의한 평화실현의 길을 모색했다.

1971년 3월, 사다트 대통령은 닉슨 대통령에게 평화 교섭을 호소했지만 곧 무시되었다. 1971년 말, 키신저가 국무장관에 취임하자 사다트 대통령은 같은 메시지를 중개자를 통해 키신저 국무장관에게 전달했다. 키신저는 이집트에 대한 소련의 영향력이 강력한 기간 동안에는 평화 교섭에 나서지 않을 것이라고 전해왔다. 여기에 이르러 1972년 7월, 사다트 대통령은 소련 군사전문가를 추방하기로 결정했지만, 미국과 이스라엘 모두 사다트 대통령이 기대했던 것과 같은 반응을 보이지 않았다.

최종적으로 사다트 대통령은 평화 교섭을 재개하기 위한 중요한 계기로서 '제한적인 전쟁'을 일으켜서 이를 통해 적어도 이스라엘군을 후퇴시켜 수세적인 입장에 처하게 만들고, 이와 같은 군사전개를 활용해 미국 정부의 관심을 이끌어내는 것이 필요한 것으로 보고 실행을 결단했다. 이것은 정치적 전쟁에 다름 아니다. 그것은 아사드 대통령이 지향하는 영토회복을 위한 전쟁이 아니라, 영토회복을 위한 평화 교섭을 재개하기 위한 제한적인 목적의 전쟁이었다.

사전 계획에 따라 양국 군은 포격을 개시했다. 이리하여 제4차 중동전쟁[11]이 시작되었다. 이집트군은 10만 명의 병사와 1,000대의 전차를 수에즈 운하에 배치하고, 건너편의 이스라엘군이 쌓아올린 모래산으로 이루어진 방어용 제방을 이집트 정부가 '소방용'이라는 명목으로 수입한 강력한 방수차로 파괴하고 일제히 공격하여 도하 작전을 감행했다. 시리아군은 3만 5,000명의 병사와 800대의 전차를 투입하여 이스라엘이 점령하고 있는 골란 고원의 이스라엘군을 공격했다.

이스라엘에서는 이집트와 시리아가 전선에서 군대의 공격태세를 강화하고 있다는 것을 감지하고 있었지만, 이 시점에 두 측면에서 일제히 공격해 들어올 것이라고는 예상하지 못했다. 1967년의 전쟁으로 너무나도 완벽한 승리를 거두었기 때문에 그 달콤한 맛에 계속 취하여, 항상 당하기만 하는 아랍 세력이 과연 무엇을 할 수 있을 것인가 하고 생각을 하면서 섣부른 판단을 했던 것이다. 미국 정부도 이집트와 시리아가 영토를 되찾을 수 있는 군사력을 갖고 있지 않은 것으로 평가했다.

이스라엘군은 이튿날 아침까지 시나이 전선에서 300대의 전차를 잃었다. 골란 고원 전선에서는 1,000m의 경사면을 시리아군의 전차부대가 진격해 들어왔다. 성공적으로 수에즈 운하를 도하한 이집트군은 8일에 이스라엘군의 반격을 물리치자, 시나이 반도의 깊숙한 곳으로 괴멸되어 도주하는 이스라엘군을 추격하는 것을 멈추고 운하를 등진 채 진지를 구축하기 시작했다. 일찍이 7일에 사다트 대통령은 하페즈 이스마일(Hafez Ismail) 외교안보 수석에게 지시를 내려 중개자를 통해 키신저 국무장관에게 비밀 메시지를 보냈다. 그 메시지 가운데는 이집트가 시

---

11 제4차 중동전쟁, 1973년 10월 6일부터 25일까지 계속된 전쟁으로서 이집트의 이스라엘에 대한 선제공격으로 시작되었다. 일명 '욤 키푸르(*Yom Kippur*, 속죄일) 전쟁'이라고도 불린다.

나이 반도의 깊숙한 오지까지 진군할 의지가 없다는 것이 적혀 있었다. 키신저는 사다트 대통령을 다시 보았다. 즉시 그 정보는 이스라엘 측에 전해졌다. 그 이후 전쟁이 끝날 때까지 이집트와 미국 사이에는 거의 매일 메시지가 교환된다.

미국 정부는 이스라엘에 대해 필요한 무기와 장비를 대량으로 그리고 신속하게 제공하기 시작했고, 이스라엘군이 반격을 할 수 있는 시간을 주기 위해 유엔에서 정전을 유도하려는 움직임을 견제했다.

이스라엘은 시나이 반도의 전쟁 상황과 미국 정부로부터 얻은 정보를 통해 이집트군이 진격을 계속할 의지가 없다는 것을 알게 되자, 위기에 직면한 시리아 전선에 전력의 절반을 투입했다. 이스라엘군은 압도적인 공군력으로 골란 고원의 제공권을 탈환하고, 지상의 시리아 전차 부대를 맹렬하게 폭격했다. 시리아군은 사력을 다해 전진하려 했지만, 이스라엘군은 시리아군의 능력을 훨씬 능가하는 기세로 반격을 해왔다.

다마스쿠스의 시민들은 TV와 라디오 앞으로 몰려나와 전쟁 상황에 대한 방송에 귀를 기울였지만, 곧 시리아군이 많은 손실을 입고 있다는 것을 알게 된다. 그러나 이스라엘군의 손실도 적지 않았다. 9일에는 홈스 시의 석유정제 공장과 라타키아 항구 등의 전략적 요충지가 폭격을 받았다.

10일 정오 무렵, 이마디 경제무역부 장관의 미국인 부인 엘렌 이마디(Elaine Imady)[12]가 자택 건물의 옥상에서 바깥을 내다보자, 다마스쿠스 시에 이스라엘 공군 팬텀 전폭기 2대가 날아와 국방부를 겨냥하여 강하

---

12 *The Road to Damascus* (MSI Press, 2009)라는 회고록 출간을 통해 그녀의 시리아에서의 삶을 소개한 바 있다.

하면서 폭탄을 떨어뜨리고는 굉음을 내면서 그녀의 머리 위로 급상승해 떠나가 버렸다.

폭탄은 국방부를 벗어나 민가를 폭격하여 시민들 가운데 수많은 희생자를 냈다. 그녀의 친한 친구도 자택에서 직격탄을 맞고 숨을 거두었다. 그 이후 소련이 시리아에 제공한 대공 미사일망이 가동되기 시작해 이스라엘 공군기의 시내 폭격은 사라졌다.

이 사이, 아사드 대통령은 사다트 대통령을 향해 양면 작전을 수행하고 진격을 지속할 것을 계속 요청했다. 이에 대해 사다트 대통령은 당혹스러운 자세를 보일 뿐이었다. 양면 작전을 전제로 한 전쟁이었지만, 실제로는 시리아 전선에서만 전쟁이 이루어졌다. 10월 14일이 되자 사다트 대통령은 이집트군에게 시나이 반도 내부에 대한 진격을 명했는데, 이와 같은 1주일 동안의 허비는 치명적이었다.

16일, 사다트 대통령은 인민회의에서 연설을 통해 전쟁의 종결을 호소하면서 정전과 그것에 이은 유엔이 주재하는 평화 교섭의 개시를 미국의 닉슨 대통령에게 요구했다. 이는 사전에 아사드 대통령에게 연락을 하지 않은 상태로 진행된 연설이었다. 그리고 소련도 이집트에 대해 정전을 권고했다.

소련의 군사정보에 따르면 수에즈 운하를 역으로 건너 상륙한 이스라엘군이 이집트의 제3군단을 포위하여, 이집트군은 이미 괴멸되는 상황에 처해 있었다. 사다트 대통령은 정전의 성립을 위해 서둘렀다. 이윽고 아사드 대통령은 사다트 대통령에게 배신을 당했다는 것과 이스라엘에 대한 공동전선이 무너지게 되었다는 것을 알게 된다.

미국의 기대감

상황의 진전을 위해 사다트 대통령은 조바심이 났지만, 이에 반해 키신저 국무장관의 움직임은 무뎠다. 미국 정부는 시간적으로 유리한 점이 이스라엘에게 있다고 보고, 시간을 지연시키면서 천천히 정전을 향해 나아가는 책략을 구사했다. 10월 22일이 되어서야 미국 정부는 유엔 안보리에서의 정전결의 채택에 동의했고, 이로써 안보리 결의 338호가 성립되었다. 이는 이스라엘에게는 제3차 중동전쟁 이후 정전 협의를 할 때 구획된 점령지를 돌려줄 것을 요구하고, 아랍 측에게는 이스라엘과의 공존을 요구하는 내용의 안보리 결의 242호를 확인하고 정전 협의의 준수를 요구하는 내용이다. 이집트는 곧바로 안보리 결의 338호를 받아들였다.

이런 상황이 벌어지자 이집트에게 배신을 당했다는 생각을 강하게 갖게 된 시리아는 23일 밤이 되어서야 겨우 정전 결의를 받아들였다. 그때까지 헬몬 산에서는 이스라엘과 시리아 양국의 군대가 격렬한 진지전을 벌였으며, 최종적으로 이스라엘이 점거했다. 헬몬 산 산등성이의 허리 부분에 위치해 있는 '유엔 휴전감시군(UNDOF)'의 감시기지 헬몬 기지의 횡단면에는 이 당시 전투 과정에서 추락한 이스라엘군의 헬리콥터와 시코르스키(Sikorsky) S-58 등의 잔해가 지금도 남아 있다.

닉슨 대통령과 키신저 국무장관은 서방의 자유롭고 민주적인 국가들은 소련을 정점으로 하는 독재적이며 민주주의와는 거리가 먼 사회주의 국가들을 능가하지 않으면 안 된다는 생각을 지니고 있었다. 또한, 중동 세계는 서방과 동방의 양대 진영이 격렬하게 서로 싸우고 있는 현장이라고 보고, 전력을 다해 소련과 그 위성국의 영향력 확대를 저지하고 그들의 영향력을 소멸시키기 위한 외교를 추진했다. 이 과정에서 의도적으로 소련의 실력과 영향력을 과장되게 평가하고, 소련 진영이 아랍 세계에 제공한 군사원조를 상회하는 정치적·외교적, 그리고 파격적인 군사적 원조를 미국이 이스라엘에게 제공하는 것을 정당화했다.

키신저 국무장관은 제4차 중동전쟁의 잿더미에서 아직 연기가 피어오르고 있는 중동 세계에, 자신이 직접 개입하여 전후 세계의 틀을 구축하는 데에 부심했다. 이 당시의 전략은 소련을 견제하면서 아랍 세계에서 최대의 군사력을 지닌 이집트를 아랍 전선으로부터 떼어내고 이스라엘과 단독 강화를 맺도록 이끌어내어, 시리아와 팔레스타인 세력이 군사적으로 더 이상 이스라엘에 대항할 수 없는 상황을 만드는 것이었다.

이집트는 이스라엘과 이미 네 차례에 걸쳐 싸웠고, 또한 1960년대 말부터 1970년대 초에 걸쳐 진행된 소모전쟁으로 입은 인적·경제적 손실이 너무나도 심각했다. 사다트 대통령은 자국의 운명을 그 어떤 것보다도 우선적으로 고려했다. 함께 이스라엘과 싸운 시리아의 운명은 아사드 대통령에게 맡기고, 이스라엘의 건국에 의해 조상의 땅을 자기 의사에 반해 떠날 수밖에 없었던 팔레스타인 사람들의 문제 해결은 국제사회에 맡겼다. 이러한 접근법은 미국 정부의 기대와 잘 일치했다.

그러나 키신저 국무장관이 사다트 대통령의 자세를 높게 평가하고 아랍 세계의 영웅인 이집트에 대해 적합한 대우를 하며 중동 분쟁의 해결을 위해 그 이후 절차를 설정했는가 하면, 그에게는 무엇보다 그러한 생각이 없었다. 키신저에게는 중동 지역에서 미국의 영향력을 제고시키고, 안전보장을 확립한 이스라엘이 결정적인 패권을 잡아 아랍 국가들을 흘겨보며, 아랍 국가들이 다시 군사적으로 적대할 수 없게 되는 상황을 만드는 것이 최대의 관심사였다.

이집트와 미국의 교섭에서 고려 대상이 되지 못했던 팔레스타인 사람들은 황야에 방치되었다. 그들은 과격해졌고, 중동지역 전체에 폭력의 맹아를 확산시켰다. 시리아의 아사드 대통령은 이와 같은 계획에 철저하게 저항하면서, 중동 문제는 공정하고 포괄적이면서 또한 영구적인 해결이 실현되지 않는다면 궁극적으로 평화는 실현되지 않는다고 보았다. 또한, 그는 팔레스타인 문제를 시리아 문제와 동일선상에 두었으며, 그 이후 아랍 세계를 이끌어 나아가는 지도자가 된다.

키신저의 덫

사다트 대통령의 이집트와 달리, 아사드 대통령의 시리아는 전쟁 중에도 그리고 전후에도 미국 정부와 일절 접촉하지 않았다. 미국 정부에게 아사드 대통령은 미지의 지도자였다. 미국 정부가 구상하는 전후 아랍 세계의 질서를 실현하기 위해서는 그와 같은 아사드 대통령의 움직임을 철저하게 봉쇄할 필요가 있었다.

키신저 국무장관은 1973년 12월 처음으로 다마스쿠스에 들어갔다. 시리아는 키신저가 스스로 교섭에 나서게 된 것을 당초에는 전향적으로 이해하고 그를 따뜻하게 맞이했다. 키신저도 선의의 중개자인 척하며, 비위를 맞추기 위한 겉치레용 미사여구를 힘껏 구사했다.

아사드 대통령은 이번 전쟁에서 비록 최종적으로는 이스라엘군에 의해 격퇴되었고 또한 1967년 전쟁 때보다 더 많은 영토를 빼앗겼지만, 서전에서는 이스라엘군의 간담을 서늘하게 만들었고 아랍 세계의 힘을 알게 된 이스라엘과 미국 정부가 어쩔 수 없이 평화를 요구하며 교섭에 나서게 된 것으로 이해했다. 그러나 그와 같은 이해는 자기만족에 불과했다. 이스라엘과 미국 모두 그렇게는 전혀 생각하지 않았다.

특히 이스라엘은 시리아가 일시적이라고는 해도 이스라엘의 안전을 위협한 것에 대해 용납할 수가 없었다. 미국은 이집트를 반(反)이스라엘 전선으로부터 떼어내는 것을 무엇보다 중요한 과제로 인식했다. 또한, 이집트에 대해 시리아로부터의 견제에 영향을 별로 받지 않고 미국과의 교섭에 나설 수 있도록 여유를 주기 위해서, 시리아에게 약간의 양보를 해서 시리아의 태도를 부드럽게 만드는 것이 필요하다고 보았다. 따라서 이와 같은 범위 안에서 시리아와 교섭을 진행한 것이었으며, 시리아가 기대하고 있던 평화 교섭은 논의의 대상이 아니었다.

이 무렵 아사드 대통령은 골란 고원에서의 병력 철수에 관한 교섭의 타결은 결국 평화 교섭으로 연결될 것으로 보고 교섭에 임했다. 또한, 그는 이스라엘이 점거한 쿠네이트라(Quneitra) 시의 반환을 확보하고, 병력 철수라인의 획정과 '유엔 휴전감시단(UNDOF)'의 창설에 동의했다. 1974년 5월 31일에 유엔 휴전감시단 창설에 관한 유엔 안보리 결의가 채택되었다.

유엔 휴전감시단이 창설되고, 골란 고원의 1/3이 시리아로 반환되었다. 그리고 이스라엘군은 쿠네이트라 시로부터 철수했다. 6월에 닉슨 대통령이 시리아를 방문하여 양국 간의 외교 관계가 회복되었다. 닉슨 대통령은 평화 교섭의 개시에도 적극적인 자세를 보였다. 그러나 이미 그때는 워터게이트 사건[13]으로 닉슨 대통령의 정치적 운명은 다해가고 있었다. 8월, 닉슨 대통령은 사임했고, 그 이후 일이 전혀 진척되지를 않

---

13 워터게이트 사건(Watergate scandal), 미국에서 1972년부터 1974년에 걸쳐 일어난 정치 스캔들로서 리처드 닉슨 대통령의 사임으로 연결되었다. 당시 야당이었던 민주당 본부가 있던 워싱턴 DC 소재 워터게이트 호텔에 도청을 시도한 것에 의해 발단되었다.

았다. 아사드 대통령은 키신저 국무장관의 의도를 간파하게 되었고, 이내 속았다는 것을 깨달았다.

아랍 국가들은 1974년 10월, 팔레스타인 사람들의 국제적 입장을 강화하기 위해 모로코의 라바트(Rabat)[14]에서 개최된 아랍 정상회의에서 '팔레스타인 해방기구(PLO)'를 팔레스타인 사람들의 유일한 합법적 대표기구로서 승인했다. 팔레스타인 해방기구는 11월에 유엔으로부터 옵서버 자격을 인정받았다.

시리아에 있어서의 골란 고원

이스라엘군은 골란 고원의 중심도시인 쿠네이트라 시를 비우고, '유엔 휴전감시단(UNDOF)'이 휴전 상태를 감시하는 지역의 서쪽으로 철수했다. 그런데 이스라엘군이 쿠네이트라 시로부터 철수할 때의 모습은 품위를 잃은 것이었다. 모든 건물을 불도저로 파괴하고 폭탄을 사용하여 폭파시키고, 온통 폐허로 만들고 빠져나갔다. 이스라엘군은 시나이 반도의 점령지에서 떠날 때에도 석유정제 시설을 해체하여 가지고 나갔으며, 건물들을 철저하게 파괴했다.

파괴된 쿠네이트라 시는 유엔 휴전감시단이 관리하는 양국 군대의 진입금지 지역에 위치해 있으며, 지금도 인가가 전혀 없는 유령도시로 계속 존재하고 있다. 현재 그곳에 남아 있는 몇 가지 생명체의 증거는 형태가 고르지 못한 나무들과 어슬렁거리는 들개 같은 것들이라고 할 수 있을 것이다.

---

14 라바트(Rabat), 모로코의 수도이다. 2010년 기준 인구는 약 65만 명이다.

그런데 과연 골란 고원이란 어떤 곳인가? 골란 고원은 시리아 국내의 14개 주[15] 가운데 하나인 쿠네이트라 주에 위치해 있다. 1967년의 제3차 중동전쟁에서 이스라엘에 의해 점령되기까지 1,800km^2 정도의 면적으로 일본의 가가와현(香川縣)[16]에 거의 상당하는 크기이다. 그런데 현재 시리아가 점유하고 있는 골란 고원은 전체의 1/3에 해당하는 규모에 불과하다.

국토의 60%가 넘는 면적이 건조지대로 구성되어 있는 시리아에서 골란 고원은 높이 약 1,000m의 지대로서, 겨울에는 헬몬 산으로부터 눈이 섞인 강풍이 세차게 분다. 봄에는 아직 눈이 남아 있는 헬몬 산을 배경으로 해서 언덕에 들장미 덤불이 가련한 꽃망울을 피우며, 자세하게 살펴보면 뇌조[17] 무리가 지상을 거닐고 있는 생생한 녹음이 넘치는 풍부한 자연의 땅이다. 여름이 되면 야생 개양귀비[18]의 진홍색 꽃이 바위 그늘 가운데 선명하게 눈에 비친다.

골란 고원에서는 농민들이 1년 내내 사과, 배, 포도, 무화과, 자두 등

---

15 시리아는 14개의 주(*muhafazat*)로 구성되어 있다. 구체적으로 다마스쿠스, 리프디마슈크, 쿠네이트라, 다라아, 수와이다, 홈스, 타르투스, 라타키아, 하마, 이들리브, 알레포, 라카, 데이르에즈조르, 그리고 하사카 주이다. 이 중에서는 홈스 주가 4만 2,223km^{2}로 가장 넓다. 부록의 시리아 행정구역 지도를 참조하기 바란다.

16 가가와현(香川縣), 일본 시코쿠(四國) 지역에 있는 현으로, 현청 소재지는 다카마쓰시(高松市)이다. 2012년 4월 기준 인구는 약 98만 명이며, 면적은 약 1,876km^{2}이다.

17 뇌조(雷鳥), 들꿩과의 새이다.

18 개양귀비, 양귀비과에 속하는 식물이다.

의 과일과 양배추, 양파, 마늘, 배추, 감자 등의 각종 야채를 생산하여 약 60km 정도 동북쪽에 있는 다마스쿠스 시에 공급하고 있다.

시리아에게 골란 고원은 이스라엘과 대치하는 데에서 가장 전략적 중요성이 높은 지역이며, 또한 기본적으로 농업 국가이면서도 항상 물 공급에 문제를 갖고 있는 시리아의 수자원 원천이다. 또한, 이곳은 땅이 기름지고 농업에 대단히 적합한 이상적인 토지이다.

유엔 휴전감시단은 이스라엘이 병합해버린 골란 고원과 시리아 측의 골란 고원 사이에 양국의 휴전을 확보하기 위해 상주하고 있다. 감시 활동을 수행하는 지역의 최남단은 이스라엘, 요르단, 그리고 시리아가 서로 접하고 있는 계곡의 골짜기이며, 여름 기온이 섭씨 50도를 넘는다. 순찰 활동을 할 때 솟아나는 땀방울은 소금 덩어리가 되어 피부와 옷에 찰싹 달라붙는다. 최북단의 헬몬 산 봉우리에서는 동북쪽의 다마스쿠스 일대를 멀리 내려다볼 수 있고, 서쪽으로는 푸른 레바논 영토를 눈 아래로 두며, 또한 지중해가 저 멀리 펼쳐진다. 겨울철에는 수 미터의 높이에 이르는 적설(積雪)로 뒤덮이며, 기후가 악화되면 산 정상의 오스트리아 부대가 상주하고 있는 감시소가 고립되기도 한다. 날씨가 다시 좋아져 바람이 멎게 되면 스키를 타고 순찰에 나선다.

최남단에서 최북단까지의 직선거리는 65km 정도인데, 도보로 답파할 경우 그 길은 117km가 된다. 휴화산 지대로 현무암 암석이 여기저기 한쪽 면을 뒤덮고 있는 이 골란 고원에는 지금도 1973년 전쟁 당시에 파괴된 전차의 잔해가 일부 남아 있고, 주로 농민과 그 아이들이 지뢰를 밟아 목숨을 잃고 부상을 당하는 사고가 일어난다. 이 때문에 유엔 휴전감시단 병사들이 순찰하는 길은 지뢰가 제거된 곳으로 한정되어 있다. 안전이 확보된 길은 넓은 지역의 폭이 5m, 좁은 지역은 30cm 정도이다.

또한, 차량이 통과할 수 있는 포장도로가 있는 곳도 있다.

헬몬 산의 가파르고 험준한 경사면으로 올라가는 길은 흡사 짐승들이 다니는 길과 같다. 헬몬 산지의 봉우리에 있는 이스라엘군의 통신 및 감청시설의 바로 아래쪽 경사면을 통과하여 빠져나가면, 그 시설에서 시리아 방향으로 내버려진 수많은 냉장고와 철제 선반, 불필요해진 가구와 사무기기 등이 시리아 쪽의 경사면에 녹슬어 엉겨 붙은 추악한 모습을 드러낸 채 널브러져 있다.

유엔 휴전감시단의 현재 병력 규모는 오스트리아, 크로아티아, 캐나다, 인도, 필리핀, 그리고 일본 등에서 파견된 1,000여 명으로, 현재 사령관은 필리핀 출신의 나탈리오 에카르마(Natalio Ecarma)[19] 해병대 소장이다. 일본은 1996년 이래 자위대 대원을 계속하여 파견하고 있다.

이집트 · 이스라엘 평화협정

1977년 1월, 미국의 지미 카터(Jimmy Carter)[20] 정권이 발족했다. 키신저는 정권으로부터 떠났다. 카터 정권은 중동 분쟁의 포괄적인 해결을 실현하기 위해서는 시리아의 역할이 중요하다는 점을 이해하고, 일찍이 5월경 카터 대통령은 제네바에서 아사드 대통령과 만나 회담했다. 회담

---

19 나탈리오 에카르마(Natalio C. Ecarma III, 1955~), 필리핀 마닐라에서 태어났으며, 1981년에 필리핀 육군사관학교를 졸업했다. 필리핀 해병대 소장이며, 현재 유엔 휴전감시단(UNDOF)의 사령관이다.
20 지미 카터(Jimmy E. Carter, 1924~), 미국의 대통령으로서 1977년부터 1981년까지 재임했다. 미군 해군사관학교를 졸업했으며, 1971년부터 1975년까지 조지아(Georgia) 주지사를 역임했다. *Palestine: Peace Not Apartheid* (2006)를 비롯해 수많은 저서를 집필했다.

은 온화한 분위기 속에서 이루어졌으며, 두 사람의 성격은 잘 맞았다. 카터 대통령은 팔레스타인 사람들의 조국에 대해 전향적인 자세를 취했다. 제3차 중동전쟁 이전의 국경선까지 이스라엘을 끌어내리는 것에도 노력하겠다는 의사를 피력했다.

아사드 대통령은 카터 대통령에게서 새로운 빛을 찾아냈다고 생각했다. 그런데 카터 대통령은 이스라엘의 강력한 저항을 경시했다. 이스라엘뿐만 아니라 사다트 대통령도 카터 대통령의 자세에 대해 우려했다. 그리고 무엇보다 카터 대통령은 국내 지지기반이 약했다. 결국 카터 대통령은 겨우 4년의 임기를 마치고 정권을 떠났다.

이집트의 사다트 대통령은 관중의 탄성을 자아내는 떠들썩한 움직임을 선보이는 것을 선호하는 정치가였다. 1977년 11월 9일 그는 갑작스럽게 자신은 평화를 실현할 수 있다면 지구의 끝까지, 심지어 이스라엘의 국회(크네세트)에도 갈 용의가 있다고 거침없는 말을 꺼내 세계를 놀라게 하면서, 이스라엘에 압박을 가했다. 시리아의 아사드 대통령의 움직임으로 인해 이집트가 추진하는 평화 교섭의 행방에 영향을 받는 것을 막기 위해, 그 무렵 지체되고 있던 이스라엘과의 교섭을 다시 활성화시키고자 제기한 제안이었다.

이스라엘의 메나헴 베긴(Menachem Begin)[21] 총리는 이 제안을 받아들였다. 11월 20일에 사다트 대통령은 이스라엘 국회에서 '평화의 메시지'를 강력한 목소리로 읽으며 연설했다. 그 가운데 사다트 대통령은 이스

---

21 메나헴 베긴(Menachem Begin, 1913~1992), 이스라엘의 정치인으로 리쿠드당 창립자이다. 1977년부터 1983년까지 이스라엘의 총리를 지냈으며, 국방장관과 외무장관을 역임했다.

라엘이 1967년 6월에 점령한 모든 지역으로부터 철수하고, 팔레스타인 사람들에게 그들의 조국을 인정한다면 이스라엘은 평화롭고 안전한 환경 속에서 주변 국가들과 정상적인 관계를 얻게 될 것이라고 역설했다.

사다트 대통령은 원래 테러리스트(무장 독립군) 출신으로 노련하고 노회한 베긴 총리를 깔보았던 듯하다. 베긴 총리는 청년 시절에 팔레스타인에서 유대인 테러리스트 그룹인 이르군(Irgun)[22]을 이끌며 유능하고 용맹한 지휘관으로서 이름을 날렸다. 그는 독립 이전에 위임통치 정부였던 영국 대표부가 있던 '킹 데이비드 호텔(King David Hotel)'을 폭파시켰고, 아랍인 학살에도 관여한 바가 있다.

이와 같은 배경을 지니고 있는 베긴 총리에게는 불모의 사막지대인 시나이 반도를 이집트에게 반환하는 대신에, 2,000년 전 유대인 왕국의 일부로 믿고 있는 다른 비옥한 점령지들에 대한 지배를 영구화하려는 한 가지 생각밖에 없었다. 그는 사다트 대통령의 연설을 한귀로 듣고 그냥 흘려보냈다.

이스라엘을 방문하기 전에 사다트 대통령은 시리아에 가서 아사드 대통령과 만났다. 두 대통령은 밤을 새워가며 회담을 했다. 그러나 이미 두 사람의 입장에는 많은 차이가 있었다. 그로부터 이틀 후인 19일, 사다트 대통령은 카이로에서 이스라엘을 향해 날아갔다. 대통령 전용기에 동승한 이집트인 기자는 당시 카이로에서 예루살렘까지 너무나도 가깝

---

22 이르군(Irgun, ארגון), 전체 명칭은 '이스라엘 땅의 전국 군사조직(Irgun Zavai Leumi)'으로서 1931년부터 1948년까지 팔레스타인 지역에서 활동한 시온주의 군사그룹을 지칭한다. 대표적인 지휘관으로서 지이브 자보틴스키(Ze'ev Jabotinsky)와 메나헴 베긴(Menachem Begin) 등이 있다.

다는 사실에 놀랐다. 또한, 그는 비행기가 시나이 반도 상공의 불모의 사막지대에서 잘 경작된 녹색의 지역으로 들어갈 때, 대지의 색깔 차이가 만들어내는 선이 국경선이라는 것을 알고는 이스라엘의 실력에 크게 놀라서 긴 한 숨을 내쉬었다.

1978년 9월, 캠프 데이비드에서 카터 대통령의 중재로 이집트와 이스라엘 간의 교섭이 이루어졌다. 그리고 이듬해 1979년 3월, 백악관에서 이집트·이스라엘 평화조약이 체결되었다. 이에 따라, 시나이 반도 전역이 순차적으로 이집트에 반환되었고, 1982년에 반환이 모두 완료되었다.

당초 카터 대통령은 중동 분쟁의 포괄적이며 항구적인 해결을 지향했지만, 베긴 총리의 저항에 봉착하여 이집트와 이스라엘 양국 간의 교섭만 이루어지게 되었다. 사다트 대통령도 많은 양보를 하도록 압박을 받았고, 이를 받아들일 수밖에 없었다. 시리아와 소련에게는 나설 차례가 전혀 주어지지 않았다. 팔레스타인 사람들은 조연 역할마저 시켜주지 않았다.

1978년 11월, 아랍연맹 정상회의는 아랍연맹으로부터 이집트를 제명했다. 아사드 대통령은 카터 대통령의 매우 무기력한 모습에 놀람과 동시에 카터라는 인물을 믿었던 것을 후회했다. 그리고 작전의 근본적인 변경을 검토해야 되는 상황에 직면하게 되었다. 사다트 대통령은 아사드 대통령과 다시 만나지 못한 상태로 1981년 10월에 이슬람 과격주의자[23]의 손에 의해 암살되었다.

---

23 사다트 대통령은 1981년 10월 6일에 이집트의 장교 칼리드 이슬람불리(Khalid al-Islambouli)가 이끄는 일단의 무리에 의해 암살되었다.

네탄야후와의 비밀 교섭

하페즈 아사드 정권은 이스라엘과 경제적·사회적·군사적으로 '전략적 균형'을 구축하고, 아랍 세계가 이스라엘과 힘의 견지에서 대등한 입장에 서서 평화 교섭을 진행하는 것을 구상했다. 이를 위해서라도 이제까지 소련이 열심히 추진해왔던 「소련·시리아 우호협력조약」을 1980년 10월에 체결하고 국가 체제의 재건을 도모했다. 그렇지만 이스라엘과의 군사적·경제적 능력에서의 현격한 차이는 해가 지나면 지날수록 커지는 한편, 이를 넘어설 전망은 전혀 보이지 않았다.

결국 아사드 대통령은 '전략적 선택'이라는 개념을 사용하기 시작한다. 이는 중동 분쟁의 공정하고 포괄적이며 영구적인 해결을 추구함에 있어서, 시리아는 이스라엘과 직접적인 평화 교섭을 행하며 그 교섭이 팔레스타인과 이스라엘 사이의 평화 교섭에 좋은 영향을 미쳐 팔레스타인 문제의 해결로 유도하고, 또한 레바논과 이스라엘 간의 교섭에도 착수한다는 것이다.

1991년에 걸프전쟁이 종결되자, 미국의 부시(George H. Bush)[24] 정권은 같은 해 10월 마드리드(Madrid)에서 중동 평화회담을 개최했다. 시리아도 이 회의에 참가한다. 이스라엘과 시리아 간의 직접 접촉도 이루어졌다. 그러나 이스라엘은 회의에 소극적이었다. 몇 가지 관련 회담도 발족되었지만, 결국 모두 공중에서 분해되어버렸다.

---

24 조지 부시(George H. W. Bush, 1924~), 1989년부터 1993년까지 미국 대통령을 지냈다. 1976년부터 1977년까지 미국 중앙정보부 국장을 맡았으며, 1981년부터 1989년까지 미국 부통령을 역임했다. 그의 아들 조지 부시(George W. Bush, 1946~)도 2001년부터 2009년까지 미국의 대통령을 지냈다.

한편, 1992년에 이스라엘에서 라빈(Yitzhak Rabin)[25] 정권이 수립되자 이스라엘은 마드리드 회의장 밖에서 '팔레스타인 해방기구'와 접촉하여 오슬로(Oslo)에서 비밀 교섭을 진행했다. 1993년 9월, 양자는 「잠정 자치합의 원칙선언(오슬로 협정)」[26]에 서명한다. 1995년에 팔레스타인 잠정 자치정부가 발족되었고, 향후 팔레스타인과 이스라엘 간의 관계 정상화로 향하는 방안이 합의되었다.

그러나 이츠하크 라빈 총리가 암살되고 그 이후 결국 시몬 페레스 총리도 무너진 다음, 벤야민 네탄야후(Benyamin Netanyahu)[27] 총리가 정권을 잡자 이와 같은 움직임은 중도에서 멈추게 되었다.

이스라엘과 시리아 간에는 1994년부터 이듬해 1995년에 걸쳐 워싱턴에서 이스라엘의 이타마르 라비노비치(Itamar Rabinovich)[28] 대사와 시

---

25 이츠하크 라빈(Yitzhak Rabin, 1922~1995), 이스라엘의 군인 출신 정치인으로서, 1974년부터 1977년 그리고 1992년부터 1995년까지 총리로 지냈다. 이스라엘 주미대사와 국방장관을 역임한 바 있으며, 노벨 평화상을 수상하기도 했다. 1995년 11월 4일에 우파주의자 이갈 아미르(Yigal Amir)에 의해 암살되었다.

26 오슬로 협정(Oslo Accords), 1993년에 이스라엘과 '팔레스타인 해방기구(PLO)' 사이에 합의된 일련의 협정을 말한다. 팔레스타인 자치에 대한 원칙적인 합의와 이스라엘·팔레스타인 해방기구의 상호 승인을 주된 내용으로 하고 있다. 대화에서 합의에 이르기까지 두 협상 당사자와 관계가 긴밀한 노르웨이 정부가 중재를 했다.

27 벤야민 네탄야후(Benyamin Netanyahu, 1949~), 이스라엘 텔아비브에서 태어났으며, 현재 이스라엘의 총리이자 리쿠드당 당수이다. 미국 매사추세츠공과대학(MIT)에서 공부했으며, 1996년부터 1999년까지 총리를 역임한 바가 있다.

28 이타마르 라비노비치(Itamar Rabinovich, 1942~), 현재 미국 뉴욕대학 교수

리아의 왈리드 무알렘(Walid Muallem)[29] 대사(현재 외무장관) 사이에 비밀 교섭이 이루어졌다. 이 교섭 과정에서 라빈 총리는 향후 교섭이 매듭지어질 때, 골란 고원 전역을 시리아에게 반환할 의사가 있음을 비공식적인 제안을 통해 제시했던 것으로 알려져 있다. 시리아는 이러한 제안에 대해 높게 평가했다.

그러나 1995년 11월에 라빈 총리가 암살되자, 그 뒤를 이은 페레스 총리의 자세는 시리아로부터 불신을 초래했고 페레스 정권 자체도 단기간에 막을 내렸다. 총선거를 거쳐 46세의 네탄야후 총리가 새롭게 취임하자 시리아는 네탄야후 신임 총리에 대해 평화 교섭은 라빈 총리와의 기존 교섭 성과에 입각하여 이행할 것을 주장했다.

그렇지만 네탄야후 총리는 새로운 정부가 성립되었기 때문에, 평화 교섭은 그 어떤 전제조건이 없는 상태에서 처음부터 다시 이루어져야 한다고 주장했다. 이에 따라 양국 간의 교섭은 암초에 부딪혔다. 그런데 네탄야후 총리는 공식적으로 그리고 표면적으로 굳건한 자세를 견지하면서도, 그 이면에 극비의 루트를 활용하여 아사드 대통령과 교섭을 진행했다.

네탄야후 일가는 그가 소년 시절이었던 무렵 미국에 체류했던 적이 있다. 네탄야후는 당시 근처에 거주했던 로널드 라우더(Ronald Lauder)[30]

　　로서, 이스라엘 주미대사, 이스라엘·시리아 평화협정 이스라엘 대표단, 미국 하버드대학 케네디스쿨 방문교수 등을 역임했다.

29 왈리드 무알렘(Walid al-Muallem, 1941~), 다마스쿠스 출생의 시리아 외교관으로, 2006년부터 현재까지 외무장관을 맡고 있다. 1990년부터 2000년까지 미국 주재 시리아 대사를 역임했다. 이집트 카이로대학에서 경제학을 전공으로 유학한 적이 있다.

와 친구가 되었다. 로널드 라우더의 가문은 유대인 가족으로 화장품으로 유명한 '에스테 라우더 회사(Estée Lauder company)'의 소유자이다. 네탄야후 총리는 '에스테 라우더 회사'의 사주가 된 로널드 라우더에게 자신의 개인대표로서 시리아 측과의 교섭에 나서줄 것을 의뢰했다.

시리아는 로널드 라우더가 개인소유 비행기로 다마스쿠스에 와서 하페즈 아사드 대통령과 직접적으로 교섭하는 것을 받아들였다. 로널드 라우더는 이스라엘과 시리아 사이를 왕복했고, 이로써 사실상의 교섭이 시작되었다.

그 결과, 유엔 안보리 결의 242호 및 338호에 따라 이스라엘은 1967년 6월 4일까지 철수하고, 철수한 지역을 비무장지대로 하는 등 실질적 사안에 대해 교섭이 상당한 진전을 이루었던 것으로 알려져 있다.

그렇지만 네탄야후 총리는 이 교섭에 대해 아리엘 샤론(Ariel Sharon) 외무장관에게 비밀로 부쳤다. 두 사람의 관계는 좋지 못했다. 우연한 기회에 이 교섭의 존재를 알게 된 샤론 외무장관은 이를 무산시키려고 했다. 전차부대를 이끌고 1973년의 전쟁에서 과감하게 싸웠던 호방한 기질의 군인 정치가 앞에서 네탄야후 총리는 속수무책이었다. 이와 같은 비밀 교섭의 내용은 결국 2009년 9월에 이스라엘의 한 신문이 보도함으로써 그 진상이 세상에 밝혀지게 되었다.

---

30 로널드 라우더(Ronald S. Lauder, 1944~), 미국의 사업가이며, '에스테 라우더 회사(Estée Lauder company)' 창업자의 아들이다. 미국 레이건 정권 시절에 오스트레일리아 대사로 임명되었으며, 이스라엘 네탄야후 총리와 긴밀한 관계를 맺고 있다. 2011년 기준으로 33억 달러의 자산을 보유하고 있는 것으로 추정되고 있다.

북한의 군사협력

종합적인 군사력 측면에서 볼 때, 시리아는 도저히 이스라엘의 상대가 되지 못한다. 여기에서 시리아가 생각해낸 군사전략은 자신의 목숨을 걸고 상대방에게 치명적인 상처를 입힐 수 있는 급소를 공격하는 '벌(蜂)의 독침으로 찌르는 작전'으로, 바로 화학무기를 탑재할 수 있는 로켓 부대를 운용하는 것이다. 이 전략을 추구하기 위해 시리아는 북한에게 화학무기와 로켓 개발 분야에서의 협력을 바랐다.

하페즈 아사드 대통령은 김일성 주석 시대의 북한에 대해 나름대로 배려를 하여, 1994년에 김일성 주석이 사망했을 때 북한 대사관[31]에 직접 조문을 하러 나섰다. 현재의 시리아와 북한 사이에는 이념상의 공통점도 없으며, 군사적인 협력을 제외하고 양국을 특별히 연결하는 것은 아무것도 없다. 김정일 국방위원장이 사망했을 때는 시리아 대통령 관저의 담당자가 대응하는 것으로 끝났다.

전 세계에서 금전적인 이유로 이와 같은 군사기술의 제공에 응하는 국가는 오늘날 북한을 제외하고는 달리 찾아볼 수가 없다. 그렇기 때문에 시리아는 북한에 상당한 액수의 현금을 지불하고 있다. 외화 수입이

---

31 북한과 시리아는 1966년 7월 25일에 수교했다. 2008년 8월에 북한 외무성 부상 최수헌이 시리아 대사로 부임했다. 1973년 10월 제3차 중동전쟁 당시, 북한은 파일럿 30명, 장갑차 병력 200명, 미사일 요원 300명을 시리아에 파견한 바 있다. 1979년 6월에는 북한 노동당과 시리아 바아스당 간에 상호협력에 관한 협정이 체결되었다. 한편, 한국은 시리아와 아직 외교관계를 수립하고 있지 못하며, 다만 2009년 11월에 시리아 주재 대한무역투자진흥공사(KOTRA) 사무소를 열었다. 현재 시리아 관련 외교업무는 레바논 주재 한국 대사관에서 함께 관장하고 있다.

적은 북한에게 이는 수지가 맞는 좋은 현금거래인 셈이다.

다마스쿠스의 북한 대사관은 시 중심부에서 약간 동쪽으로 떨어진 일반 주민이 거주하는 주택가에 위치해 있으며, 새롭지는 않지만 8층 건물로 된 큰 빌딩으로 북한이 소유하고 있는 부동산이다. 다마스쿠스에서 이 정도로 큰 규모의 대사관 빌딩은 미국과 러시아 이외에는 없다.

시리아군은 현재 화학무기를 소유하고 있으며, 소련의 로켓을 북한의 기술 지도를 받아 개량한 스커드-A, 스커드-B, 스커드-C 미사일을 보유하고 있다. 스커드-D 미사일을 갖고 있다는 보도도 나온 바 있다. 이와 같은 미사일의 탄두에 화학무기를 탑재하여 적지(敵地)에 도달시키면, 지면에 떨어지기 직전 자동적으로 폭발한다.

시리아군은 30만 명의 병력 규모이며, 4,000대의 전차를 보유하고 있지만 그 가운데 절반의 전차가 구식이다. 공군 전투기는 조종사의 훈련 정도가 낮으며 이스라엘의 전투기가 제5세대인 것에 비해, 시리아 전투기의 절반은 소련 시대에 사용되었던 제3세대 기체를 토대로 한 것이다. 또한 방공 시스템을 갖추고 있다고 하지만 과연 현대적인 것인지 의문시된다.

그렇지만 미국과 이스라엘 모두 러시아의 지원을 받고 있는 시리아의 군사력 현대화에 강력하게 반대하고 있다. 이와 같은 열세 가운데 '가난한 자의 핵무기'라고 불리는 화학무기를 탑재한 시리아군의 로켓은 이스라엘에게 매우 불안한 위협이 되고 있으며, 일정한 억지력을 발휘하고 있다.

레바논에 대한 개입

시리아 사람들의 마음속에 레바논은 시리아의 일부라고 해도 이상하지 않는 감정이 깃들어 있다는 것은 부정할 수 없다. 레바논도 시리아가 틈이 생기면 자신을 집어삼킬 속셈이 있다는 것은 확실하다고 생각하며, 온통 의심스러운 눈빛으로 응시하고 있다. 시리아의 국토 면적은 18만 5,000km^{2}로 일본 국토 면적의 거의 1/2 규모인 데 반해, 레바논의 국토 면적은 1만km^{2}로 일본의 기후현(岐阜縣) 정도의 면적에 불과하다.

실제로 시리아와 레바논 간의 관계는 깊으며, 역사적으로도 대단히 긴밀하다. 양국 사이에 인척 관계로 연결되어 있는 가족들도 대단히 많다. 승용차로 시리아의 수도 다마스쿠스에서 레바논의 수도 베이루트까지는 국경에서 통관 수속을 거쳐도 겨우 3시간 정도가 소요되는 거리다.

레바논에는 대통령에 마론파[32] 기독교도, 총리에 수니파 무슬림, 국회의장에 시아파 무슬림이 각각 취임하는 것을 내용으로 하는 종파주의에 기초한 「국민협약」이 존재한다. 국민의회의 의원 수 배분도 종파별로 결정되어 있다. 이것은 국내의 종파별 인구 비율에 입각해 있다. 그 인구비율은 프랑스의 위임통치 시기였던 1932년에 실시된 인구조사 결과에 따른 것이다.

그렇지만 시대를 거치면서 인구 비율이 변화하게 되었다. 기독교 신자들 중에는 마론파가 가장 세력이 크다. 또 그 밖의 기독교 신자 그룹들도 있다. 이슬람교를 신봉하는 무슬림 가운데는 수니파, 시아파, 그리고 드루즈파[33] 등이 있으며, 수니파와 시아파는 각각 몇 개의 그룹들로

---

32 마론파(*Maronites*), 레바논을 중심으로 신자를 보유하고 있는 기독교의 한 종파이다. 아랍어 혹은 시리아어로 예배를 한다. 시리아의 수도자 마론(Maron)의 이름에서 기원되었다.

33 드루즈파(*Druze*), 레바논을 중심으로 시리아, 이스라엘, 요르단 등에 존재하는

나뉘어 있다. 각 그룹은 구미 국가들 혹은 아랍 국가들과 각별한 유대관계를 맺고 있으며, 기본적으로 시리아와 이스라엘 간의 긴장되고 어려운 관계를 축으로 하여 마치 국제사회 속에서 줄다리기 게임을 하고 있는 것과 같은 모습을 보여준다.

해외 이민이 많고 인구가 감소하고 있는 마론파 기독교 신자들은 점차 불안감이 높아지고 있으며, 인구가 계속 증가하고 있는 무슬림들의 불만도 커지고 있다. 그리고 팔레스타인 난민들의 유입도 있다. 1970년 이후 유입된 '팔레스타인 해방기구' 구성원들은 레바논 국내에서 거드름을 피우며 행동을 했다.

레바논 국내 모든 사람의 눈빛에는 높은 긴장감이 돌고 있으며, 사태가 점차 발화점을 향해 나아가고 있음을 알면서도 긴장의 해소를 위한 자발적인 움직임은 도무지 찾아볼 수가 없다. 갈등의 직접적인 계기는 1975년 4월에 기독교 신자 그룹이 팔레스타인 난민들이 탑승한 버스를 습격하여 전원 사살한 사건이다. 이 사태는 단번에 내란으로 발전했고 레바논 사회는 비탈길에서 굴러 떨어진 것처럼 엉망진창이 되었다.

시리아의 견지에서 볼 때, 레바논은 자국의 부드러운 복부에 위치해 있기 때문에, 레바논의 치안 상황은 시리아의 치안과 매우 깊은 관계가 있다. 또한, 시리아의 치안 상황도 레바논에 큰 영향을 미친다.

레바논 국내에서는 전투적인 자세를 견지하고 있는 '팔레스타인 해방기구'가 점차 세력을 확대하고 있으며, 그 영향력이 증가하고 있다.

이슬람교의 한 종파이다. 역사적으로 시아파의 일파인 이스마일파(Ismailis)로부터 분파된 것이지만, 교의상으로는 시아파의 틀과 일정한 차이가 있기 때문에 수니파, 시아파에 이어 제3의 종파로 여겨지기도 한다.

'팔레스타인 해방기구'는 남부 레바논에서 이스라엘 영토 내부로 침투하여 게릴라전을 일으켰다. 이러한 상황을 계속 용인할 경우, 레바논 국내의 모자이크와 같은 정치 상황을 교묘히 이용하려는 이스라엘에게 어쨌든 개입의 구실을 주게 된다. 이는 시리아 경제에도 나쁜 영향을 초래한다. 아사드 대통령은 시리아군의 존재를 통해, 안하무인의 자세로 행동하는 팔레스타인 세력에게 제약을 가하고 온건한 사회적·정치적 개혁을 유도하고자 했다.

이러한 사고방식은 미국과 이스라엘 모두에게 결코 나쁜 것은 아니었다. 1976년에 하페즈 아사드 대통령은 레바논에 대한 군사개입을 결정하고, 시리아군을 레바논 국내에 진주시켰다. 그런데 그 이유가 어찌되었든 간에 레바논에 대한 시리아군의 진주는 이스라엘에게도 중대한 관심사이다. 여기에서 미국 정부가 중간에 개입하여 시리아와 이스라엘 간에 묵시적인 합의가 형성되었다. 그것은 사실상의 합의였으며, 서면상의 합의는 아니었다. 또한, 시리아에게는 공식적으로 인정되지 않은 합의였다. 그것은 베이루트 남쪽에 주둔하는 시리아군의 규모를 제한하는 내용이었다.

그 이후 2005년 4월에 철수할 때까지, 시리아군은 거의 항상 3만~4만 명 규모의 병력을 레바논에 주둔시켰고, 이는 레바논의 정치경제에 큰 영향을 미쳤다. 다만 레바논의 국내 정세는 종파 간의 대립, 동일 종파 내부세력 간의 다툼 등 복잡한 궤적을 만들어냈고, 압도적인 군사력을 지니고 있다고 해도 시리아가 레바논을 지배하고 내란을 종식시키는 것은 매우 어려운 일이었다.

동시에 이스라엘이 레바논에 군대를 빈번하게 파병하여 개입했다. 또한 미국과 프랑스의 군대가 레바논의 치안을 회복하기 위해 진주하면, 헤즈볼라에 의한 것으로 여겨지는 대규모 자살폭탄 공격이 발생했다. 시리아에게 레바논에 대한 경영은 항상 대단히 미묘하며 출혈이 끊이지 않고, 그리고 정신적 피로가 거듭되는 일이었다.

1989년 10월, 아랍연맹 주최로 레바논 내전을 종식시키기 위한 평화제안이 제시되어, 사우디아라비아의 타이프(Taif)에서 레바논 의회의 의원들이 모여 협의를 했다. 이를 통해 미국과 소련 등의 주요 국가들은 물론 모든 아랍 국가들이 지지하는 「국민화해 협정(타이프 합의)」[34]이 채택되었다. 이 합의에 의해 마침내 내전 상황은 종식되었다.

이 합의는 1943년의 「국민협약」에서 기독교 신자의 권리를 줄이고, 인구가 증가하고 있는 무슬림의 권리를 제고시킨 내용으로 개정한 것이다. 레바논은 종파 제도를 채택하고 있지만, 현실에 맞게 이 제도를 스스로의 힘으로 조절할 수 없다. 외국의 개입에 의해 최초로 현안 문제를 해결할 수 있게 된, 어떻게 보면 외국에 의존하는 정치체제인 셈이다.

하리리 레바논 전임 총리의 암살

하페즈 아사드 대통령의 명령을 받고 장기간 레바논 문제를 맡아온 압둘 카담(Abdul Khaddam)[35] 부통령은 레바논의 정계 및 재계에 깊숙이

---

34 「국민화해 협정(National Reconciliation Accord)」, 1989년 10월 22일에 레바논 내전을 종식시키기 위해 사우디아라비아 타이프(Taif)에서의 협상 끝에 도달한 합의로 일명 '타이프 합의(Taif Agreement)'라고 불리기도 한다. 2년 내의 시리아군 철수, 레바논 내 무슬림의 정치적 대표성 제고, 레바논 남부에 대한 통제력 강화 등을 주요 내용으로 하고 있다.

35 압둘 카담(Abdul Halim Khaddam, 1932~), 1984년부터 2005년까지 시리아의 부통령으로 재직했으며, 2000년 6월과 7월 사이에 임시 대통령을 맡았다.

침투하여 대통령의 대리인으로서 큰 영향력을 발휘했다. 젊었을 때 사우디아라비아로 이주하여 당시 사우디 국왕으로부터 각별한 배려를 받아 엄청난 부를 축적한 라피크 하리리(Rafik Hariri)는, 사우디아라비아 국적도 획득하고 1980년대에 40대의 나이로 레바논에 귀국했다. 그리고 결국 정계에 진출하여, 1992년부터 6년 동안 총리를 맡았다.

카담 부통령은 하리리와 친교를 맺고, 공동으로 회사를 경영하는 등 친밀한 협력관계를 구축한다. 시리아군의 히크마트 쉬하비(Hikmat Shihabi)[36] 참모총장과 장기간 레바논에 머물면서 시리아 주둔군의 첩보기관 책임자로서 훌륭한 수완을 보인 가지 카나안(Ghazi Kanaan)도 이들 그룹의 구성원들이었다.

카나안은 재임 중에 레바논의 지배자로 자처하며 정계와 재계를 장악했는데, 이는 그가 알라위파로 그의 자식[37]이 하페즈 아사드 대통령의 동생인 자밀 아사드(Jamil Assad, 1933~2004)의 딸과 결혼하여 대통령과 인척 관계에 있다는 것도 큰 이유였다. 그 이후 그는 내무장관에 취임했다. 그런데 점차 바샤르 아사드 대통령이 레바논에서 가지 카나안의 오만하고 문제가 많은 행태를 알게 됨에 따라 따돌림을 당했다. 그리고 그

2005년 12월 30일 알아라비야(Al Arabiya)와의 인터뷰를 통해 바샤르 아사드 대통령의 정치적 과오를 지적했고, 2006년 1월에는 해외 임시정부의 수립을 공표했다. 그리고 벨기에에서 시리아 민족해방전선(National Salvation Front in Syria: NSF)을 세웠다.

36 히크마트 쉬하비(Hikmat al-Shihabi, 1931~), 1974년부터 1998년까지 시리아군 참모총장을 역임했다. 1971년에는 시리아군 첩보기관의 수장으로 발탁되었다.

37 야룹 카나안(Yaroub Kanaan)을 지칭한다.

때까지 항상 대통령과 직접 전화로 협의를 해왔던 일이 집사가 응대하는 차원으로 격하되자, 2005년 10월에 그는 내무부 2층의 내부가 넓지만 창문이 없는 장관 사무실에서 권총으로 자살했다.

하페즈 아사드 대통령은 점차 카담 부통령과 그의 그룹이 레바논에서 행한 것을 알게 되었고, 이에 더하여 카담의 자식들이 부친의 권위를 남용하여 상당히 문제가 많은 사업을 벌이고 있다는 것도 귀로 듣게 되었다. 1998년에 바샤르는 제왕학의 일환이라고 하면서 카담을 그럴듯한 구실로 레바논 담당자에서 배제시켰다.

그런데 하페즈 아사드와 카담은 반세기에 걸친 동지 관계이다. 동지는 최대한 마지막까지 서로 동지로서 대우해주며 난폭한 행동은 하지 않는다. 또한, 책임을 추궁하며 견책하는 것도 하지 않는다. 다만, 시기가 무르익는 때를 기다려 일을 처리할 뿐이다. 정적에게는 그 누구라도 가차 없이 엄격한 제재를 가했던 하페즈였지만, 일족과 친밀한 동지들에 대한 처우는 매우 각별한 것이었다.

바샤르 아사드 대통령의 시대가 시작된 지 4년이 지난 2004년에 레바논에서는 에밀 라후드(Émile Lahoud)[38] 대통령의 임기 말이 가까워지자, 정계에서 후임 인사에 대한 논의가 공론화되기 시작했다. 레바논 헌법에 따르면 대통령 임기는 1기 6년이며 재선은 없다. 다시 총리 자리로 되돌아온 라피크 하리리는 후임 인사를 구상했다.

바샤르 아사드 정권은 이라크 전쟁 이후의 불안정한 이라크 정세, 미국 정부로부터의 압력, 그리고 국제사회로부터의 강력한 압력 속에서

---

38 에밀 라후드(Émile Jamil Lahoud, 1936~), 1998년부터 2007년까지 레바논의 대통령을 지냈다. 레바논군 사령관을 역임했다.

레바논 정권의 존속에 대해 위기감을 갖게 되었다. 정권을 계승하는 대통령 선거를 둘러싸고 레바논의 내정이 불안정해지는 것은 기필코 회피하고자 했다. 최선의 선택이 아니라는 것은 알았지만 시리아를 둘러싼 국제환경 속에서 어쩔 수 없는 차선책으로서, 생각하는 바가 잘 알려져 있고 신뢰를 하고 있기도 했던 에밀 라후드 대통령의 임기를 연장시켜 시간 벌기를 하는 방안을 선택했다. 당시 이 문제에 관여했던 정권의 핵심 인물에 의하면, 아사드 정권은 '기질을 알 수 있는 평범한 사람이 기질을 알 수 없는 평범하지 않은 사람보다 낫다'라는 시리아의 속담대로 행동한 레바논의 반응을 이미 예상하고 있었다고 한다.

이 같은 선택과 관련하여 레바논의 정계에서는 불평이 많았다. 하리리 총리는 아사드 대통령에게 이에 대한 재고를 요구했지만, 아사드 대통령은 이를 묵살해버렸다. 불만의 목소리를 높였던 하리리 총리는 9월에 열린 국민의회에서 헌법 개정을 하여, 라후드 대통령의 임기를 3년 연장하자마자 바로 사임한다.

국제사회도 레바논 내정에 대한 시리아의 간섭에 반응했다. 국민의회에서 의결이 되기 전날, 유엔 안보리는 미국과 프랑스의 주도로 레바논의 주권과 헌법 존중, 레바논 국내로부터의 외국군 철수, 그리고 레바논 국내의 모든 민병조직의 해체를 요구하는 결의 1559호를 채택했다. 여기에서 외국군은 시리아군을, 해체를 요구받은 민병조직은 시리아와 관계가 깊은 헤즈볼라를 각각 의미했다.

레바논 국민의 눈앞에서 다시 강권을 자행하는 시리아가 나타나 국내정치가 긴장되는 상황이 여전히 지속되고 있던 2005년 2월 14일 새벽 0시 50분, 부근 지역에서 휴대전화의 사용을 불가능하게 하는 강력한 통신방해 장치를 작동하면서 6대의 차량이 행렬을 이루어 베이루트 시내를 이동했다. 하리리 전임 총리는 그중에서 방탄용 장비를 갖춘 벤츠에 탑승하고 있었다. 차의 행렬이 통과하기 직전, 미쓰비시 캔터(Mitsubish Canter) 차량 한 대가 길거리에 주차했다. 그리고 차의 행렬이 그 옆을 통과하려는 순간, 차 안에서 약 1톤의 폭약이 점화되었고 그 거대한 폭발은 한순간에 하리리 전임 총리가 탑승하고 있는 차량을 분쇄시켰다. 그런데 해당 미쓰비시 캔터 차량은 2004년 10월에 일본 가나가와현(神奈川縣)의 사가미히라시(相模原市)[39]에서 도난당한 차량이었다.

레바논에서는 정치가와 기자들에 대한 암살 사건이 다수 발생했지만, 하리리에 대한 암살처럼 레바논과 국제사회에 큰 충격을 준 것은 없었다. 시리아가 암살을 자행했다는 견해가 삽시간에 레바논 국내외에 퍼졌고, 레바논 국내에서는 시리아군의 철수를 요구하는 목소리가 흘러넘쳤다. 이미 1만 8,000명 규모까지 축소된 시리아 주둔군이었지만, 아사드 대통령은 완전 철수를 결의한다. 그 당시까지 29년간 병사 1만 6,000명의 희생을 치렀던 레바논 주둔군은 완전히 철수했다.

이때 시리아에 돌아온 것은 군대뿐만이 아니었다. 레바논의 금융계로부터 20억 달러가 넘는 자금이 시리아로 회수된 것으로 알려져 있다. 그만큼 시리아에게 레바논은 유용한 돈줄로서 중요성이 높았다.

---

39 사가미히라시(相模原市), 가나가와현 북부에 있는 도시이다. 2012년 5월 기준으로 약 71만 9,000명의 인구가 거주하고 있다.

제 5 장 ● ● ●

바샤르 아사드 대통령의 집권 10년

하페즈 아사드 대통령의 죽음

2000년 6월, 하페즈 아사드(Hafez Assad) 대통령은 지병이었던 심장병이 오래 전부터 악화되어 요양을 하고 있었다. 10일 아침에도 대통령은 침대에 누워 있었는데 병세는 소강상태를 유지하고 있었기 때문에, 아니사(Anisa Assad) 부인이 혼자 그의 머리맡에서 지키고 있었다. 그런데 그녀가 잠시 후 문득 살펴보니 대통령은 조용히 숨을 거두었다. 그 당시 운동 중이었던 바샤르(Bashar Assad)는 휴대전화를 통해 모친에게 연락을 받고 바로 자택으로 돌아와, 절차에 따라 무함마드 메로(Muhammad Mero)[1] 총리에게 대통령이 서거했다는 연락을 했다. 그때 시각은 오전 11시였다. 주치의들은 대통령의 사망이 이처럼 일찍 도래할 것이라고

---

1 무함마드 메로(Muhammad Mustafa Mero, 1941~), 2000년부터 2003년까지 시리아의 총리를 지냈다. 다마스쿠스대학 박사학위를 소지하고 있으며, 다라아 시장과 알레포 주지사 등을 역임했다.

는 예상하지 못했다. 그의 사망원인은 당뇨병과 심장병의 합병증으로 판명되었다.

그 날 오후, 정권의 계승과 후계 대통령 선출을 주요 의제로 하고 압둘 카담 부통령을 위원장으로 하는 위원회가 소집되었다. 회의석상에서의 논의는 후계 대통령에 대한 인선이 다루어졌다.

일순간 침묵이 흐른 이후, 카담 부통령은 자신이 최고위 간부이며 임시로 대통령직을 맡고 있는 자신이 후계자로서 적합하다는 취지의 발언을 입 밖으로 꺼냈다.[2] 그러자 무스타파 틀라스 부총리 겸 국방장관이 곧바로 개입하여 격렬하고 험악한 얼굴로 위원회의 전체 의사는 바샤르를 후계 대통령으로 삼는 것에 있으며, 이것에 다른 의견을 제기하는 것은 반역이라고 강경하게 주장했다. 그는 하페즈 아사드 대통령의 둘도 없는 친구로서, 하페즈 아사드 대통령이 사망하기 17일 전에 그로부터 "아들을 잘 부탁한다"라는 말을 직접 전해 들었다.

대통령이 한 말의 진정한 뜻이 자신의 사후에 바샤르를 확실히 후계자로 하면 좋겠다는 취지였는지, 아니면 단순히 젊은 아들의 후견역이 되어 달라는 내용이었는지는 불명확하지만, 적어도 틀라스 국방장관은 전자의 취지로 이해하고 행동에 옮겼다.

하페즈 아사드 대통령에 대한 흔들림이 없는 우정과 충성이 이와 같은 행동을 취하게 만들었는데, 동시에 그 방침 자체가 정권 대다수의 관

---

2 2000년 6월 10일 하페즈 아사드 대통령이 사망하고, 2000년 7월 17일에 바샤르 아사드 대통령이 후계 대통령으로 새롭게 취임하는 공백 기간 동안 압둘 카담(Abdul Halim Khaddam, 1932~)이 임시 대통령으로서 시리아 국정을 잠시 이끌었다.

계자들에게 받아들이기에 좋은 것이라는 점도 이해하고 있었다. 메로 총리도 이 제안에 동의했다.

다른 멤버들도 과거 6년간 사실상의 후계자로서 제왕학을 연수해온 바샤르를 제외하고 특별히 우수한 다른 후보자를 찾아낼 수 없었다. 또한, 기본적으로 현 체제를 유지하는 것에 다른 의견이 없었기 때문에, 모두 동의했다.

틀라스 국방장관은 즉시 바샤르를 대장으로 임명하는 임명장을 작성하는 작업에 나섰다. 바샤르는 이와 같은 위원회의 추대를 받아들였다. 그로부터 바샤르를 바아스당 지역지도부 수장으로 삼았고, 대통령직에 취임하기 위해서는 만 40세 이상이 되어야 한다고 규정했던 헌법의 조문을 바샤르의 연령인 34세로 낮추는 등 필요한 절차가 급속하게 추진되었다. 7월 10일에 대통령에 대한 신임 국민투표가 행해졌고, 바샤르는 압도적인 신임을 받으며 7월 17일 대통령에 취임했다.

아사드 가문의 사람들

바샤르 아사드는 1965년 9월 11일 하페즈 아사드의 차남으로 다마스쿠스에서 출생했다. 아사드 가문은 지중해에 면해 있는 항구도시 라타키아(Latakia)에서 약 30km 정도 떨어져 있는 산간지역인 카르다하(Qardaha) 촌 출신이다. 이곳에는 시리아 인구의 12%를 차지하는 알라위파의 사람들이 집중적으로 거주하고 있다.

바샤르의 학창시절 성적은 항상 우수했다. 고등학교를 졸업할 때에 치른 '대학입학 자격시험(바칼로레아)'의 성적도 좋았으며, 그는 다마스쿠스대학 의학부에 진학했다. 대학을 졸업한 이후 군의관으로서 병역을 마치고, 그 이후 1992년에 안과 의사가 되기 위한 인턴 교육을 받기 위해 영국으로 유학을 갔다. 주로 숙소와 병원을 왕복하는 단조로운 생활이었지만, 그는 영국에서의 삶을 만끽했다.

그렇지만 그와 같은 그의 생활은 길게 지속되지 못했다. 1994년 1월에 그의 형 바실(Basil Assad, 1962~1994)[3]이 교통사고로 사망하자, 급거 부름을 받아 되돌아왔다.

귀국 이후, 바샤르는 부친의 뜻을 따라 안과 의사로서의 길을 단념하고 부친 하페즈 아사드 대통령을 보좌하기 시작한다. 우선 군사 업무와 관련된 경력을 더욱 쌓아 단기간에 대령까지 승진했고, 정무와 외교 분야에서도 자신이 책임을 지는 영역을 확대했다. 형을 계승하여 컴퓨터과학협회 회장직을 맡게 되었는데, 그는 후일 대통령으로서 이 컴퓨터과학협회 관계자들 상당수를 각료 등 중요 직책에 널리 등용했다.

그는 1998년부터 부친의 지시에 따라, 1976년 이후 시리아 정부가 군대를 파견하여 사실상 군사적인 지배를 해오고 있던 레바논 경영에 책임자가 되었다.

대통령에 취임한 지 반년이 지난 후에 바샤르는 런던에 머물고 있던 시절에 서로 알게 되었던 아스마 아크라스(Asma Akhras, 1975~)와 결혼한다. 모친과 누이는 당초 이 결혼에 대해 적극적으로 찬성하지는 않았던 모양이다. 아크라스는 홈스 시의 수니파 명문가 출신으로 영국에 유학했으며, 거기에서 심장외과 전문병원을 경영하여 성공한 부친[4]을 지

---

3 바실 아사드(Basil al-Assad, 1962~1994), 바샤르 아사드 대통령의 형으로서 1994년 1월 21일에 불의의 교통사고로 사망하기 전에는 하페즈 아사드 대통령의 뒤를 이을 후계자로 간주되었다.
4 사하르 아크라스(Sahar Akhras)이며, 수니파 무슬림이다.

니고 있고, 결혼을 하기 전에는 영국에서 생활하며 학업과 금융회사 근무를 병행했다. 그녀의 부친은 런던에서 시리아·영국 우호협회 회장을 맡고 있다. 바샤르 아사드와 그의 부인 사이에는 딸 1명과 아들 2명이 있는데, 자신이 그의 부친과 시간을 함께 보내지 못한 채 성장했다는 것을 반성하는 의미에서 최대한 가족과 가정에서 함께 시간을 보내고자 노력하고 있다.

동시에 가정생활은 될 수 있는 한 프라이버시를 중시하며, 외부에 대해 노출되는 일이 별로 없다. 일가는 다마스쿠스에 위치해 있는 전통적인 고급주택가의 일각에 일반 가정집과 서로 이웃하여 거주하고 있으며, 그다지 주목되는 바가 없이 생활하고 있다.

바샤르에게는 5세 연상의 누나 부슈라(Bushra Assad, 1960~)[5]가 있다. 그녀의 남편 아세프 샤우카트(Assef Shawqat, 1950~2012)[6]는 다마스쿠스 대학을 나온 이후 다른 취직자리가 없었기 때문에, 어쩔 수 없이 직업군인이 되었다고 한다. 샤우카트는 알라위파에 속하는데, 그의 운명은

---

5 부슈라 아사드(Bushra al-Assad, 1960~), 바샤르 아사드 대통령의 누나로, 다마스쿠스대학에서 약학을 전공했다. 그녀의 오빠 바실 아사드가 1994년에 사망한 이후 아사드 정권 내에서 많은 영향력을 발휘하고 있다. 한편, 바샤르 아사드 대통령의 영부인 아스마 아사드와 때때로 반목하는 관계에 있는 것으로 관측되고 있다.

6 아세프 샤우카트(Assef Shawqat, 1950~2012), 부슈라 아사드의 남편으로서 2011년 9월부터 시리아의 국방차관으로 재직했다. 2005년부터 2009년까지 군사 첩보기관의 수장을 맡았고, 2009년부터 2011년까지 시리아군 참모차장을 역임했다. 2012년 7월 18일 다마스쿠스에서 발생한 폭탄테러로 사망했다. 그의 죽음에 대해 이라크 대통령 잘랄 탈라바니(Jalal Talabani)는 바샤르 아사드 대통령에게 위로를 전했다.

부슈라의 경호원으로 선발되었을 때 크게 바뀌었다. 그는 부슈라보다 10세 연상으로 이미 부인이 있었는데, 부슈라는 이내 사랑에 빠졌고 두 사람은 도망을 쳐서 시리아를 나가버렸다. 결국 그녀의 부친이 양보를 하여 두 사람은 결혼을 했다.

샤우카트는 군의 첩보기관에 재직했으며, 2005년부터 2009년까지 군 첩보기관의 수장으로 근무했다. 그 이후 중장으로 승진하여 군의 제1참모차장이 되었고, 민중봉기가 발발한 이후 국방차관이 되었다. 샤우카트는 아사드 정권의 어두운 부분에서 민활한 수완을 선보였다고 하며, 정권 내의 실력자로 간주되는 일이 많은데 이는 다분히 과장된 것이다. 아사드 가문 내에서는 방계 혈족으로 여겨지고 있으며, 그는 '아사드 정권의 구성원이기는 하지만 정권을 구성하는 핵심요소는 아니다'라고 대통령 주변에서 평가받고 있다.

바샤르 아사드는 샤우카트와 대단히 친밀하며 두 사람은 자주 서로 협의하는 것으로 알려져 있지만, 그것은 외국의 이른바 시리아 관찰자들이 말하고 있는 견해에 불과하며, 샤우카트가 바샤르에 대해 어느 정도의 영향력을 미칠 수 있는지는 의문이다.

군 첩보기관의 수장이었을 때에도 특별히 이렇다 할 만한 업적을 쌓아올리지 못했고, 오히려 헤즈볼라 군사부문의 책임자 이마드 무그니야(Imad Mughniah)[7]가 2008년 2월에 다마스쿠스 시내에서 암살되었을 때에 군 첩보기관은 사전에 무그니야의 동선을 전혀 파악하지 못했거니와, 이 사건이 일어난 이후에도 암살자와 그가 속한 조직을 밝혀내지도

---

7 이마드 무그니야(Imad Fayez Mughniah, 1962~2008), 시아파 무슬림으로 레바논의 헤즈볼라 창설자들 중의 한 명이며, 첩보 관련 고위 인사로 활동했다.

못했다. 샤우카트의 경력이 첩보 부문에 편중되어 있기 때문에, 참모총장 및 국방장관으로는 승진하지 못할 것이라는 것이 일반적인 견해다.

1962년에 출생한 바샤르의 형 바실(Basil Assad, 1962~1994)은 다마스쿠스대학 공학부를 졸업했다. 그는 천성이 밝고 인망이 두터운 카리스마를 지니고 있고, 일찍부터 정치적 재능을 선보여 하페즈 아사드 대통령의 후계자로 간주되었다. 부친도 그를 후계자로 삼고 제왕학을 배우게 했다고 한다. 승마 등 스포츠를 좋아했는데, 자동차 운전을 하던 중 목숨을 잃었다. 1994년 1월 독일에서 요양 중이던 동생 마지드(Majid Assad, 1966~2009)[8]를 위문하기 위해 이른 아침 벤츠를 운전하며 고속으로 공항으로 향하고 있을 때, 짙은 안개로 인해 공항의 바로 앞에서 거의 직각으로 우회전해야 하는 타이밍을 잃고 핸들을 놓쳐 몇 차례에 걸쳐 옆으로 굴러 차량이 전복된 채 사망했다.

바샤르의 동생 마헤르(Maher Assad, 1967~)[9]는 1967년에 출생했으며, 다마스쿠스대학 상학부를 졸업하고 바로 직업 군인이 되었다. 군부의 핵심 조직이자 정권의 기둥을 이루는 시리아군의 간부이다. 그는 2010년 1월에 준장으로 승진했다.

---

8 마지드 아사드(Majid al-Assad, 1966~2009), 바샤르 아사드 대통령의 동생으로, 오랫동안 병마를 앓다가 사망했다. 루아 아유브(Ru'a Ayyoub)와 결혼했으나 슬하에 자식은 없다.

9 마헤르 아사드(Maher al-Assad, 1967~), 바샤르 아사드 대통령의 동생으로, 공화국 수비대 사령관과 시리아군의 정예부대인 제4기갑군단을 지휘하고 있다. 특히 2012년 7월 18일에 시리아 국방장관과 아세프 샤우카트(Assef Shawkat)가 폭탄테러를 당해 사망함에 따라 군부 내에서 그의 영향력은 더욱 강력해질 것으로 관측되고 있다.

마헤르도 샤우카트와 마찬가지로 어두운 영역에서의 활약으로 평판이 높은데, 대단히 낯을 가리는 그의 성격으로 인해 군의 내부에 머물며 외부에 자신을 드러내지 않기 때문에, 거꾸로 다양한 화제를 불러일으켜왔다. 그는 바샤르 대통령과 사이가 좋다. 공식석상에서는 바샤르에 대해 항상 '대통령'이라고 부르고 있다. 그의 아내[10]는 수니파로 부친은 군인이었는데 문제를 일으켜 군 계통을 떠나 사우디아라비아로 이주한 후 부동산 사업을 경영하며 재산을 일구어냈다. 그러나 왕족과 다툼이 일어나게 되었는데 당시 시리아에 대한 귀국이 허가되지 않자, 결국 키프로스에서 사망했다. 그녀의 형제자매도 모두 사망하거나 사건을 일으켜 시리아를 떠난 일종의 무너진 가정의 출신이라고 할 수 있다. 승마를 함께 하던 인연으로 서로 알게 되었고, 그의 형보다 일찍 결혼했다.

바샤르의 동생 마지드(Majid Assad, 1966~2009)는 다마스쿠스대학을 졸업한 이후에도 일정한 직업을 갖지 못했으며, 외부 세상에 드러나는 일 없이 2009년에 사망했다.

한결같게 진행되는 체제 내 개혁

바샤르 아사드는 대통령에 취임하기 이전부터 정체되어 있는 시리아 사회의 현재 상황에 위기감을 갖고 있었다. 시리아 사회의 내부에는 부정부패가 만연되어 있다. 정치, 사회, 경제 그 어디를 보아도 개혁을 피할 수 없다. 따라서 시리아에는 근본적인 개혁이 필요하다는 입장에 서 있다. 2000년 7월의 대통령 취임 연설은 그의 이러한 문제의식을 명확

---

10 마날 자다안(Manal Jadaan), 마헤르 아사드와 결혼하여 슬하에 두 명의 딸을 낳았다.

하게 보여주고 있다.

만약 사회의 운영이 하나의 종교, 하나의 정당, 혹은 하나의 그룹에 편중된다면, 그 사회에는 발전이 있을 수 없다. …… 모든 시민, 시민 한 사람 한 사람에게 사회의 발전과 근대화에 나서주실 것을 요청한다. 이를 위해서는 세 가지 사항이 중요하다. 우선, 모든 과제에 대해 새로운 생각을 갖는 것이다. 그 다음으로, 현실에 걸맞지 않는 낡은 생각을 버리고, 새로운 생각을 도입하는 것이다. 그리고 마지막으로, 기존의 생각을 개선하는 것이다. …… 이를 위해 다음의 여러 가지 측면이 필요로 해진다. 창조적인 사고, 건설적인 비판, 설명 책임 등이 바로 그것이다. …… 정치제도의 개혁을 위해서는 민주적인 사고방식이 필요하다. 그리고 투명성이 요구된다. …… 국가가 개인을, 개인이 국가를 존중하기 위해서 우리는 법의 지배를 지켜야만 한다. 법의 지배가 우리의 자유를 지켜준다. 낭비와 부패에 대해서도 싸워야 한다. 행정개혁은 더 이상 기다릴 수 없는 과제이다. 무책임하고 부패하며 악한 짓을 행하는 것은 법의 단죄를 피할 수 없다. 우리가 현 상황에 안주하는 것을 더 이상 용납할 수 없다.

국민은 이와 같은 호소에 처음에는 당혹스러워했다. 창조적인 사고, 건설적 비판, 설명 책임, 민주적인 제도, 투명성, 법의 지배, 그 어느 것을 보아도 이제까지의 정치체제 아래에서는 위험한 사상으로 간주되어 온 것들뿐이다. 그럼에도 국민은 이를 새로운 시대의 개막으로 간주하며 기대감을 높였다.

9월에 시리아 지식인 99명이 일어나 사회 일반으로부터의 폭넓은 정치 참여를 주장하는 「다마스쿠스 선언」을 발표한다. 그 가운데에는 특히 1963년에 만들어진 악명이 높은 비상사태법의 철폐, 정치범에 대한 사면조치, 법의 지배, 다수 정당제의 도입, 좀 더 넓은 자유, 즉 집회의 자유, 표현과 보도의 자유, 그리고 검열의 철폐 등이 주장되었다.

이 선언은 시민사회의 각성을 호소하며 국내 도처에서 각종의 움직임을 만들었고, 나아가 99인 선언을 확대 발전시킨 것으로서 더욱 급진적인 내용의 「1000인 선언」이 계획되었다.

그런데 바샤르 아사드 대통령은 어디까지나 하페즈 아사드를 부친으로 모시고 성장했으며, 그의 부친 하페즈 아사드 대통령이 만들어낸 독재체제 속에서 기존 체제를 수호하고 유지해줄 것을 요청받아 취임한 인물이다. 따라서 그에게 국가 체제를 부정하는 토대 위에서 진행되는 개혁 노선은 고려될 수 없다. 이는 어디까지나 점진적인 개혁이며, 체제 내 개혁이다.

그러나 9·11 사건이 발발하여 바샤르 아사드 대통령이 점진적 개혁을 추구하는 것을 어렵게 만들었다. 미국 정부는 점차 시리아 정부에 대한 자세를 엄격하게 취했고, 특히 국방부 관리들은 시리아 정부에 대해 노골적인 비판을 반복하며 정권의 전복마저 되풀이하여 공언하는 데에까지 이르렀다. 한편, 시리아 정권 내부에서는 정권의 존망을 걸고 사회에 대한 억압을 가했다. 이에 따라 시리아의 정치개혁은 뒤로 미루어졌다. 이로부터 수년 동안 시리아는 경제개혁에 집중하며 새로운 정책을 추구했다.

아킬레스건은 농업

국가가 국민에 대한 교육을 제공하는 것은 바아스당 정권의 중요한 기본 정책들 가운데 하나였다. 그런데 메로 총리가 이끄는 정부가 바아스당 지역지도부와 정부 부처들의 반대를 무릅쓰면서, 사립학교의 설립을 인정하는 결정을 내렸다. 바샤르 아사드 대통령이 취임한 직후의 일이었다. 이것을 하나의 계기로 삼아 이제까지 사회주의 경제체제 아래에서 경제가 피폐해진 상황으로부터 어떻게든 일어서기 위해서, 시리아 정부는 과거의 굴레에서 탈피하고 새로운 정책을 도입하기 시작했다.

2005년 6월에 바아스당 대회를 개최하고, 이를 통해 바샤르 아사드 대통령은 바아스당 지역지도부의 지도자로서 수구파 등의 저항을 극복하고 다수결로 새로운 노선을 채택한다.

이를 토대로 시리아 정부는 시장개방 경제체제를 지향하는 제10차 5개년계획을 결정하고, 국제사회 가운데 고립되는 엄준한 조건 아래에서 경제의 활성화를 추진했다. 실질 경제성장률은 2005년에 2.8%를 기록한 이후에 2006년 3.5%, 2007년 4.3%, 2008년 4.5%, 2009년 5.9%로 계속 상승했고, 2010년에는 3.4%를 실현했다. 2011년의 경제성장률에 대해 국제통화기금(IMF)은 민중봉기로 인해 2%가 낮아지게 될 것이라고 전망했다.[11]

또한, 1990년대부터 2000년대 초에 걸쳐서 원유 생산과 수출이 경제의 큰 부분을 차지해왔다. 그런데 원유 생산량은 1990년대 초의 1일 생산량 60만 배럴을 정점으로 하여 그 이후 점차 지속적으로 감소하고 있으며 향후 고갈될 것이라는 사실이 명백해졌다. 이에 따라, 시장개방 경제정책 아래에서 시리아 정부는 원유 수출에 대한 의존도를 낮추고 경제의 고른 성장을 추구했다.

---

11 미국 *CIA World Factbook*의 추정치에 의하면, 시리아의 2011년 실질 경제성장률은 -2%이다.

3%대였던 인구증가율이 2%대로 내려갔다고는 해도, 시리아에서 실업률은 항상 해결하기 어려운 정치적 문제이다. 정부는 공적 규제를 완화하고 시장개방 경제정책을 추진하여 경제의 확대를 도모하는 것과 동시에, 비공식 부문이 실업자를 흡수하는 능력에 주목하여 이를 굳이 규제하지 않고 그 활력을 이용했다. 그런데 실제 실업률은 외관상의 수치보다 낮다는 것이 시장개방 정책을 추진하는 책임자인 다르다리 부총리(당시)의 설명이었다.

 시리아의 아킬레스건은 농업이다. 전체 인구의 약 20%가 종사하는 농업은 기후에 의해 좌우된다. 2007년부터 2010년에 걸쳐 강수량이 너무 적어졌기 때문에, 농업은 양을 키우는 목축업 등을 함께 포함하여 심각한 피해를 입었다.

 이에 대해 시리아 정부는 당초에 충분한 관심을 보이지 않았다. 또한, 자원의 배분도 충분히 행하지 않았고, 대책은 사후적으로 마련했다. 이로 인해 농촌 지역은 피폐해지는 것뿐만 아니라 농촌을 떠나는 사람들이 대량으로 출현했으며, 이들은 대도시로 유입되었다. 이 당시 극심하게 부진을 보였던 농업은 시리아의 실질 경제성장률을 매년 2%씩 감소시켰다.

 다행히 2011년에는 기후가 호전되어 농업이 한숨을 돌렸고 수확도 예년의 수준으로 회복되었지만, 피폐해진 농촌을 다시 일으켜 세우는 데에는 아직도 커다란 문제들이 가로놓여져 있다. 기후는 2012년 6월 현재까지 아직 양호한 편이다. 시리아에서는 기상 조건이 좋을 경우 약 500만 톤의 밀을 수확할 수 있는데, 국내 소비량이 연간 약 200만 톤 남짓인 것을 감안하면 비축분을 제외해도 약 200만 톤을 수출할 수 있다.[12]

 시리아는 유프라테스 강 등으로부터 취수를 하여 관개농업을 추진하고 있지만, 향후 관개면적을 확대하는 데에서 많은 과제들이 가로놓여 져 있다. 터키, 시리아, 이라크로 구성된 '3개국 위원회'의 합의에 따라, 유프라테스 강의 시리아 취수량은 42%로 규정되어 있다. 또한, 유프라테스 강 상류의 유수량은 일정치 않고 증감이 되며, 시리아의 수요를 만족시키는 데에 점차 불충분해지고 있다. 기존의 개방형 관개시스템으로는 물이 증발하게 될 뿐이며 효율도 나쁘기 때문에, 절수형(節水型) 관개시스템의 도입이 시급한 과제로 떠오르고 있다.

민중봉기가 발발한 이후, 시리아 정부는 국민의 불만에 대처하기 위해 임시변통적인 경제정책을 취하고 있을 뿐이며, 경제운영은 대단히 어려워지고 있다. 이로 인해 시리아 국민들은 물자 부족을 견뎌내며 생활할 수밖에 없는 상황에 있다.

계승된 외교 과제

2000년 7월, 바샤르 아사드가 대통령에 취임했을 때, 시리아는 국제 관계에서 몇 가지 심각한 과제에 직면하고 있었다. 우선 걸프전쟁이 종식된 이후, 미국의 부시(George H. Bush) 정권이 적극적으로 움직여 소집한 마드리드 중동평화 회의가 1991년 10월에 개최되었고, 1990년대에 중동평화를 향한 기운이 고조되었다. 그 이후 당초 분위기는 크게 사라졌다고는 해도, 2000년 3월에 클린턴(Bill Clinton)[13] 대통령의 호소에 의

---

12 2010년 시리아의 밀 생산량은 기대치를 훨씬 밑도는 240만 톤을 기록했다.
13 빌 클린턴(William J. Bill Clinton, 1946~), 1993년부터 2001년까지 미국의 대통령을 지냈다. 풀브라이트(J. William Fulbright) 상원의원 사무실에서 인턴을 했으며, 로즈 장학생에 선발되어 영국 옥스퍼드대학에서 유학을 했다.

해 이루어진 제네바 회담에서 미국은 '평화 제안'을 제시했다. 그러나 하페즈 아사드 대통령이 이 제안을 일축함으로써 그와 같은 기운은 사라져버렸다.

다음으로, 1982년 이후 남부 레바논에 주둔하고 있던 이스라엘군은 비용 대비 효과의 문제도 감안하여 2000년 5월에 철수했다. 이렇게 되자, 레바논 내부에서는 자국 내에 계속 주둔하고 있는 시리아군에 대해, 레바논으로부터 철수를 요구하는 국민들의 움직임이 활발해졌다.

또한, 팔레스타인 지역에서 2000년 9월에 아리엘 샤론 당시 이스라엘 외무장관이 아랍 세계의 반대에 아랑곳하지 않고 '알 악사 모스크(Al-Aqsa Mosque)'[14]에 들어감으로써, 팔레스타인에서 제2차 인티파다(봉기)[15]가 발생하여 긴장감이 높아졌다.

나아가, 국제사회에서 시리아는 이란은 물론 레바논의 민병조직을 기반으로 하는 정당 헤즈볼라, 그리고 '팔레스타인 해방기구'의 주류파인 파타(Fatah)[16]에 적대시하고 있는 하마스와 친밀한 관계를 유지하고

1983년부터 1992년까지 아칸소(Arkansas) 주지사를 역임했다. 부인은 현재 미국 국무장관인 힐러리 클린턴이다.

14 '알 악사 모스크(Al-Aqsa Mosque)', 예루살렘 동쪽에 위치해 있으며 메카(Mecca), 메디나(Medina)와 함께 이슬람교 3대 성지 중의 하나이다.

15 인티파다(intifada, انتفاضة), 아랍어로 봉기 혹은 저항으로 해석되며, 이스라엘에 대한 팔레스타인 민족의 저항운동 및 민중봉기를 의미한다. 제2차 인티파다는 2000년 9월 아리엘 샤론 전임 이스라엘 국방장관이 이슬람교의 성지 중 한 곳인 예루살렘 '알 악사 모스크'를 무단 방문함으로써 촉발되었다.

16 파타(Fatah), 1959년에 야세르 아라파트(Yasser Arafat)에 의해 성립된 팔레스타인 정치 조직으로서, 현재 '팔레스타인 해방기구(PLO)' 내에서 최대 세력을 형성하고 있다. 2006년 팔레스타인 선거에서 전체 132석 중에서 45석을

있다는 이유로 미국을 위시한 구미 국가들로부터 규탄을 받는다.

무엇보다 바샤르 아사드 대통령에게 큰 시련을 가져다준 것은 2001년 9월 11일 알카에다에 의해 일어난 미국 중추부에 대한 동시다발 테러 사건이었다.

미국 내부에서는 국제적인 테러조직 알카에다를 토벌하기 위한 군사행동을 허용하는 분위기가 만연했고, 곧이어 아프가니스탄에서 탈레반[17]을 쫓아냈다. 그 다음으로 대량살상무기를 쌓아두고 있으며 알카에다와도 관계가 있는 것으로 보인다는 이유로, 사담 후세인 정권이 이끄는 이라크를 군사적으로 공격하는 방향으로 움직였다.

이러한 움직임을 주도했던 이들은 미국 부시 정권의 딕 체니(Dick Cheney) 부통령, 도널드 럼스펠드(Donald Rumsfeld) 국방장관, 네오콘(신보수주의자) 폴 울포위츠(Paul Wolfowitz)[18] 국방차관 및 엘리엇 아브람스(Elliot Abrams) 국가안전보장회의(NSC) 중동담당관 등의 문민 정치가들이었다. 체니 부통령은 1990년의 걸프 위기 시에 국방장관으로 재직했는데, 군인들을 제외하고 가장 먼저 이라크에 대한 개전을 주장했다.

당시 콜린 파월(Colin Powell) 합참의장 등 군인 그룹은 체니 국방장관

차지해서 하마스(Hamas)에게 정권을 내주고 현재 야당의 역할을 하고 있다. 본부는 라말라(Ramallah)에 있다.
17 탈레반(Taliban), 파키스탄과 아프가니스탄에서 활동하는 이슬람주의 세력이며, 아랍어로 '학생'을 의미하는 단어에서 유래했다. 1996년부터 2002년 11월까지 아프가니스탄의 대부분을 실효 지배하며 탈레반 정권을 세운 바 있다.
18 폴 울포위츠(Paul Wolfowitz, 1943~), 폴란드계 유대인 출신으로, 현재 미국 자유기업연구소(AEI) 방문학자이다. 2001년부터 2005년까지 미국 국방차관, 2005년부터 2007년까지 세계은행 총재를 역임했다.

에 대해 신중한 대응을 취할 것을 강력하게 권고했다. 군이 최종적으로 이라크에 대한 군사행동에 나서는 것을 동의한 이후에도, 군은 개전을 하지 못해 안달이 난 체니 국방장관에 대해 베트남 전쟁의 교훈을 배워야 한다면서 안이한 개전 조치에 저항하기도 했다.

부시 정권은 이스라엘의 안전보장을 강화시키는 관점에 입각하여 특히 헤즈볼라와 하마스를 테러리스트 집단으로 인식했고, 시리아와 이란의 관계, 시리아의 헤즈볼라 및 하마스에 대한 지원 행동에 강한 불만을 품고 시리아 정부에 대해 항상 경고를 되풀이해왔다. 시리아에 대한 불만은 특히 이스라엘에 대해 거의 무조건적으로 지지하는 부시 정권 가운데의 네오콘 그룹 안에서 강렬했다.

그들은 아사드 정권에 대한 응징 행동에 나서야 하며, 더 나아가 정권의 전복을 초래하는 군사적 행동마저 선택지들 중 하나라고 소리 높여 주장하면서 시리아를 견제했다. 국무부를 이끌고 있던 콜린 파월 국무장관은 이와 같은 군사 행동에 치우친 정책에는 반대했고, 결국 그는 정권 내부에서 주변부로 밀려났다.

최종적으로 부시 대통령도 시리아에 대한 군사 행동을 하나의 정책으로 결정하지 않았다. 그렇지만 외부에서 들려오는 미국 정부 정책결정자들의 목소리는 대단히 호전적이며, "이라크의 후세인 정권을 무너뜨리면 그 다음은 시리아"라는 발언을 대표적인 것으로 꼽을 수 있다. 그런데 울포위츠 국방차관은 그 이후 퇴직하여 세계은행(World Bank) 총재에 취임했지만, 애인을 둘러싼 인사 문제로 실각하게 된다. 또한, 아브람스 중동담당관은 1980년대 국무부에 재직하고 있을 때에 발생한 '이란·콘트라 사건'[19]에 연루되어 소추된 경험을 갖고 있다.

바샤르 아사드 대통령을 위시한 시리아 정부의 중추부에서는 이와 같은 미국 정부의 정책결정자들이 쏟아내는 강경한 발언에 의해 심각한 압력을 받았다.

테러와 저항운동

미국 정부는 1979년 이래 시리아를 테러 지원국가로서 지정해오고 있다. 국제사회의 대다수 국가들은 9·11 사건이 발생한 직후인 2001년 9월에 유엔 안보리에서 채택된 그 어떤 국가도 테러 행위를 실행하고 지원하고 묵인해서는 안 된다는 내용의 유엔 안보리 결의 1373호 등에 기초하여 대응조치를 강구하고 있다. 그렇지만 이 결의에는 테러란 무엇인가에 관한 명확한 규정이 없다. 시리아 정부는 이 결의가 테러에 대해 정의를 내리지 못한 결과, 테러를 이해하는 데에서 모호함을 남겼고 이로 인해 자의적인 적용이 가능해졌다며 이에 강력하게 반대했다. 시리아는 테러에 대해 강경하게 반대하는 한편, 타국이 자국의 영토를 점령하고 있을 때 그와 같은 점령에 반대하는 행위가 테러의 범주에 들어가서는 안 된다고 주장한다.

현재 미국 정부는 시리아가 레바논의 헤즈볼라와 팔레스타인의 하마스를 지원하고 있다는 것을 대단히 심각하게 우려가 되는 사안이라며 비난하고 있다. 1982년에 발족한 헤즈볼라는 무엇보다 이란의 지도 아래 창설된 군사조직을 보유한 정치단체이며, 1983년에는 다국적군의

---

19 이란·콘트라 사건(Iran-Contra affair), 미국 레이건 정권이 무기매각을 하고 이란으로부터 받은 대금을 니카라과의 반공 게릴라 '콘트라 집단(Contras)'에 대한 원조를 위해 유용한 사건을 말한다. 1988년에 발각되어 냉전 시기의 서방 세계에 큰 정치적 스캔들로 발전했다.

일부로서 레바논에 체류하고 있던 미군 병사의 숙소를 자폭테러로 공격하여 미 해병대 241명을 살해했다. 또한, 미국의 민간인 등도 피해를 입은 사건을 일으켰으며, 이스라엘에 대해서도 각종 군사적 행동을 취하여 군인과 민간인을 살상하고 있는 매우 무책임하고 대단히 위험한 테러조직으로 인식되고 있다. 따라서 이와 같은 조직을 지원하는 시리아는 테러 지원국가라고 단정한다. 이에 대해 시리아는 다음과 같은 반론을 전개한다.

헤즈볼라는 이란과 관계를 맺고 있다고 해도 레바논 고유의 정치단체이며, 이스라엘이 레바논의 영토를 점거했기 때문에 성립된 것이다. 지금도 레바논 영토의 일부가 점령당하고 있기 때문에, 레바논의 영토보전을 실현하기 위한 민병조직을 갖추어 이스라엘에 대항하고 있는 단체이다. 비난받아야 할 것은 레바논에서 완전히 철수하지 않고, 레바논의 영토보전에 기여하지 않고 있는 이스라엘이다.

무엇보다 미국의 역사를 되돌아보면 영국의 식민지 시기에 미국의 영웅들은 식민지 정부군에 맞서 용감하게 싸워 독립을 획득했다. 그런데 그와 같은 역사를 갖고 있는 미국이 완전독립을 달성하려는 레바논 국민의 소망을 담지하고 있으며, 해방운동을 위해 온몸을 바친 사람들을 테러 집단으로 규정하고 있는 것은 잘못된 처사이다.

이스라엘은 군사적으로 중동지역에서 최대이자 최강의 능력을 지니고 있으며, 하고 싶은 바를 무작정 감행하고 있다. 미국 정부는 이와 같은 이스라엘을 맹목적으로 지원하고 있을 뿐이다. 미국은 중동 세계의 실태를 제대로 파악하지 못하고 있다. 국토의 해방을 요구하며 싸우고 있는 그들은 정당한 저항을 펼치고 있는 운동가들이며, 그들을 도의적인 차원에서 지원하는 것은 정의로운 일이다.

이와 같이 주장을 하는 시리아는 헤즈볼라와 다양한 관계를 유지하고 있다. 또한 바샤르 아사드 대통령은 헤즈볼라의 최고지도자 하산 나스랄라(Hassan Nasrallah)[20]와 나이 차이가 별로 나지 않고 친근감을 갖고 있으며, 이에 더하여 그가 이제까지 여러 차례의 위기들을 극복하며 저항운동을 계속 지도하고 있는 점에 대해 특별한 감정을 갖고 있는 것으로 알려져 있다.

하마스

하마스와 관련해서도 마찬가지다. 미국 정부는 하마스를 이스라엘에 대해 무차별적으로 각종의 적대 행위를 일삼는 위험천만한 팔레스타인 테러 집단으로 규정하고 있다.

팔레스타인 문제의 해결을 위해 미국, 러시아, 유럽연합 그리고 유엔으로 구성된 '4개 중동평화 중재그룹(Quartet Group)'이 팔레스타인에 대해 제안하고 있는 세 가지 조건은 ◇이스라엘에 대한 승인, ◇국제적 합의에 대한 이행, 그리고 ◇폭력행위의 포기이다. 이스라엘을 승인하지도 않고 폭력행위를 포기하지도 않는 하마스는 팔레스타인 문제의 해

---

20 하산 나스랄라(Hassan Nasrallah, 1960~), 1992년 이후 헤즈볼라의 최고지도자이다. 2012년 4월 17일의 TV 인터뷰를 통해, 시리아가 팔레스타인의 독립과 레바논의 저항정신을 뒷받침해주고 있다고 하면서 아사드 정권에 대한 지지 의사를 표명했다. 또한, 그는 시리아 사태에 대해 균형적인 시각을 유지할 것을 강조했다.

결을 위한 교섭에 참가할 수 있는 자격이 없는 것으로 배제된다.

하마스는 제1차 인티파다(봉기)[21]의 와중인 1987년에 이집트 무슬림형제단의 영향 아래에서 성립된 것으로 알려져 있으며, 자체적으로 민병조직을 보유하고 있다. 이스라엘에 대한 적대 행동을 전개하고 있을 뿐만 아니라, 팔레스타인 조직 가운데 파타(Fatah) 그룹이 중심이 되어 조직된 '팔레스타인 해방기구(PLO)'가 부패한 조직이고 이미 팔레스타인 인민을 대표하지 않는다고 주장하며 대항하는 자세를 견지하고 있다.

하마스의 정치지도자이자 실질적인 대표인 칼레드 마샬(Khaled Mashal)[22]은 1997년에 요르단 암만(Amman)의 한 마을에서 이스라엘의 치안정보 조직 모사드[23]에 의한 독살 위협에 노출되었다.

이 작전을 허가했던 사람은 당시 이스라엘의 총리였던 네탄야후이다. 요르단 국왕 후세인(Hussein bin Talal)[24]은 이 사건이 일어나자 크게 격노했고, 네탄야후 총리를 위협하여 즉시 이스라엘로부터 해독 전문가를 파견하게 만들어 칼레드 마샬을 치료하도록 했다. 또한, 요르단 국왕은

---

21 제1차 인티파다는 1987년 12월에 가자 기구의 난민캠프에 거주하는 4명의 청년이 이스라엘의 군용 트럭에 깔려 죽은 사건을 계기로 일어나 확산되었다.
22 칼레드 마샬(Khaled Mashal, 1956~), 하마스의 핵심 지도자이며, 하마스 정치국(political bureau) 시리아 담당자였다. 쿠웨이트대학에서 학사 학위를 취득했으며, 1971년에 무슬림형제단에 가입했다.
23 모사드(Mossad), 1949년 12월에 창설된 이스라엘의 첩보기관이다. 본부는 텔아비브에 있으며 현재 타미르 파르도(Tamir Pardo)가 국장으로 이끌고 있다. 시리아 국방장관의 자문관으로 활동했던 모사드 요원 엘리 코헨(Eli ben Shoul Cohen) 사건은 세계 첩보 분야에서 매우 유명한 일화이다.
24 후세인 빈 탈랄(Hussein bin Talal, 1935~1999), 요르단의 국왕으로서 1952년부터 1999년까지 46년간 요르단을 통치했다.

미국으로부터 이 분야의 권위자를 데려와 혹시라도 치료에 부족한 점이 없도록 만전을 기할 것을 네탄야후 총리에게 요구했다. 구사일생으로 살아난 칼레드 마샬은 그 이후 다마스쿠스로 도주했고, 그곳에 사무소와 거주지를 마련하고 10여 년 동안 본거지로 삼았다.[25]

미국과 이스라엘의 양국 정부는 이스라엘의 치안과 안전을 위협하고 있는 하마스를 테러 집단으로 간주하고 있으며, 시리아가 이에 대해 지원하는 것은 용납하기 어렵다는 입장이다. 특히 다마스쿠스를 거점으로 하여 급진적인 성향의 하마스를 지도하고 있는 칼레드 마샬 일당을 다마스쿠스로부터 추방해야 한다고 요구하고 있다.

또한, 양국 정부는 하마스가 이스라엘과 팔레스타인 자치정부 간의 교섭을 항상 방해하고 있기 때문에 이를 용인하기가 어려우며, 시리아가 하마스와 좋은 관계를 맺게 된다면 하마스의 이와 같은 무책임하며 위험한 행동을 멈추도록 움직여야 한다고 강력하게 비난한다.

이에 대해 시리아 정부는 이스라엘이 팔레스타인의 토지를 빼앗고 그와 같은 영토를 확장하려는 행동을 전혀 개선하고 있지 않기 때문에, 점령되어버린 토지에 거주했던 주민들이 어쩔 수 없이 자신의 권리를 주장하여 일어난 저항운동이라고 주장한다. 따라서 문제의 근본 원인은 바로 이스라엘의 점령정책에 있는 것이며, 이와 같은 저항을 하고 있는 운동가들은 테러리스트가 아니라고 반론을 편다.

또한, 아사드 정권은 칼레드 마샬 등은 시리아 정부가 초대한 것이 아

---

25 2001년에 다마스쿠스로 옮기기 전까지 칼레드 마샬은 카타르에서 살았으며, 2012년 2월에 시리아의 민중봉기가 진전됨에 따라 칼레드 마샬은 시리아를 떠나 카타르로 돌아갔다.

니며 이스라엘로부터 암살 위협을 받고 도주해왔기 때문에 거주를 허가하고 있는 것이며, 이스라엘이 자신의 잘못된 행동을 인정하지 않고 도리어 일방적으로 이들을 해외로 퇴거시킬 것을 요구하는 것은 이치에 부합되지 않는다고 말한다. 아울러 시리아 정부는 하마스에 대해 나름대로의 영향력을 행사하여 팔레스타인 내부의 화해를 실현하기 위해 노력하고 있다는 주장을 되풀이한다.

이와 같은 하마스가 2011년 3월 이래 시리아 국내에서 발발한 민중봉기로 인해, 점차 다마스쿠스 시내의 사무소를 축소하고 있다. 하마스는 이집트의 무슬림형제단과 가까운 관계에 있기 때문에, 무슬림형제단에 대해 실력으로 적대하고 있는 시리아에 계속 머무는 것에 불편함을 느끼고 있는 모양이다.

2006년에 거행된 팔레스타인 자치의회(PLC) 선거에서 하마스 계열의 당선자가 과반수를 차지했다.[26] 하마스가 조직한 자치정부가 발족하자 이스라엘뿐만 아니라 미국과 유럽연합도 하마스의 자치정부가 '4개 중동평화 중재그룹'이 제안한 세 가지 조건을 받아들이지 않는 한, 상대하지 않겠다는 거부의사를 밝히고 파타에 대한 지지를 명확히 표명했다. 또한, 이스라엘 정부가 하마스 계열의 의원들을 체포하여 구금하는 사태가 빈번히 일어났다.

2007년 6월, 하마스와 파타 사이에 서로 충돌이 발생해 하마스가 가자 지구(Gaza Strip)를 무력으로 제압하자, 서안(West Bank) 지역에서 파타의 마흐무드 압바스(Mahmoud Abbas)[27] 의장이 파타 계열의 총리를 지

---

[26] 2006년 1월 25일에 이루어진 이 선거에서 하마스는 전체 132석 중 74석을 차지했다.

명하고 새로운 자치정부를 수립했으며, 구미 국가들은 파타 계열의 새로운 자치정부를 승인했다. 가자 지구에서는 변함없이 선거로 선출된 하마스 계열의 자치정부가 계속 기능하고 있다.

하마스와 파타는 이집트 정부를 중개자로 삼아 양자 간의 화해를 모색하고 있는데, 하마스는 무바라크 대통령 시기의 이집트가 너무 지나치게 파타에 대해 편향적이었다고 본다. 따라서 양자 간의 합의에 이집트가 개입을 하여 완전히 다른 내용이 되어버렸다고 하면서, 하마스는 이 합의에 대한 서명을 거부했다.

이와 같은 자세를 보이는 하마스에 대해 구미 국가들과 이집트는 일찍부터 비난을 거듭했고, 시리아 정부에게도 하마스에 대해 더 많은 영향력을 행사하도록 압력을 가했다. 시리아 정부는 이집트 정부의 중재 행위에 심각한 의문을 품고 있었지만, 굳이 이를 입 밖으로 내지는 않았다. 또한 하마스의 정치지도자 마샬에 대해서 국제사회의 기대에 최대한 부응해줄 것을 요구했다. 2011년 2월에 무바라크 정권이 민중봉기에 의해 무너지자, 하마스와 파타는 함께 직접 협의하고 화해를 향해 움직여 나갔다.

이라크 전쟁

1990년 8월, 이라크는 갑작스럽게 이웃나라 쿠웨이트를 침략하여 병합시켜버렸다. 유엔 안보리는 이라크에 대해 경제적·군사적 제재조치

---

27 마흐무드 압바스(Mahmoud Abbas, 1935~), 2004년 11월부터 팔레스타인 해방기구(PLO)의 의장을 맡고 있으며, 2005년에는 팔레스타인 자치정부(PNA)의 대통령에 선출되었다.

를 발동하고, 이듬해 걸프전쟁이 종결된 이후에 대량살상무기의 개발 및 제조를 금지했다. 그렇지만 이라크가 비밀리에 대량살상무기를 개발하여 제조하고 있다는 의혹이 제기되었다.

이에 따라 유엔이 주도하는 사찰이 이루어졌는데 사담 후세인 정권은 사찰에 대해 협력을 하지 않는 태도로 일관했고, 사찰은 충분한 성과를 거두지 못하게 될 것으로 판단되었다. 2001년 1월에 발족한 부시 정권은 당초부터 그와 같은 이라크에 대해 국제사회가 하나가 되어 제재를 강화하도록 만드는 외교를 전개했다.

이라크와 시리아는 국경을 접하고 있으며, 양국 모두 바아스당 정권이 권력을 잡고 있으면서도 서로 상극을 이루어왔다. 그렇지만 엄격한 제재를 받고 있던 1990년대 사담 후세인 정권이 추구한 정치적 연명책과 시리아의 경제적 이익에 대한 기대감이 합치되면서, 양국은 사실상 수교 상태로 되돌아갔으며 양국 간의 물류교류는 방대한 규모로 증가했다.

유엔 안보리 결의는 제재조치의 예외 대상으로 인도적 측면의 제한적인 수입과 '석유·식량 교환 계획'[28]에 의해 일정량의 원유를 유엔의 관리하에서 수출하는 것을 인정했다. 그러나 미국 정부는 시리아가 이라크와 행하고 있는 거래는 그 종류와 규모에서 제재조치를 무너뜨리는 것으로밖에 보지 않을 수 없다며, 미국의 파월 국무장관이 직접 다마스쿠스를 방문하여 바샤르 대통령과 직접 담판하고 제재를 준수해줄 것을

---

28 석유·식량 교환 계획(Oil for Food Programme), 1995년 유엔의 안보리 985호 결의에 따라 시작되어 2003년 말까지 진행된 프로그램이다. 인도적인 차원에서 필요한 식품과 의약품 등을 이라크 국민이 교환할 수 있도록, 이라크가 석유를 수출할 수 있게 하는 것을 주된 목적으로 했다.

요구했다.

그러나 최대한의 제재를 실행하도록 압박하는 미국의 입장과 피폐해진 이라크 국민의 일반적 모습을 감안하면서, 시리아 경제에 충분히 유용한 이라크와의 통상에 대해서 제재조치를 가급적 제한적으로 적용하고자 했던 시리아는 반대급부를 전혀 제시하지 않고 있는 미국의 요구에 저항했다.

미국 정부는 시리아 정부와 바샤르 아사드 대통령 개인에 대한 불만을 높였다. 2002년 내내 미국은 적극적인 국내외 활동과 유엔을 무대로 한 외교활동을 통해, 이라크의 대량살상무기 보유 의혹과 알카에다와의 관계를 의심하는 여론을 계속 제기했다. 이와 동시에 시리아에 대해서도 이라크에 대한 제재를 준수하도록 계속적으로 강력하게 압박했다.

시리아 정부는 9·11 테러 사건이 발생한 이후 미국 첩보기관에 대해 알카에다 관련 정보를 적극적으로 제공하며 협력했다. 미국의 첩보기관에서는 시리아 첩보기관의 협력을 높게 평가했다. 그렇지만 이와 같은 평가는 미국의 대통령과 국방부 관리 등에 의해 공유되지 못하고, 도리어 국방부 관리로부터 들려오는 것은 시리아 정부에 대한 적대적이며 호전적인 발언뿐이었다. 가져다주기만 할 뿐 얻는 것이 전혀 없는 미국과의 '첩보 협력'에 대해 시리아는 더 이상 가망이 없다고 보고 단념했다.

미국 정부의 주도 아래 다국적군이 구성되고 이라크에 대한 군사적 압력이 더욱 높아졌다. 이 당시 시리아 정부의 정책 판단에 대해 바샤르 아사드 대통령과 하페즈 아사드 대통령을 서로 비교해보면, 1990년의 걸프전쟁 위기 시에 하페즈 아사드 대통령은 노련하며 노회한 정치가로서 실수를 범하지 않고 유엔을 이끌었다. 반면, 바샤르 아사드 대통령은 정치가로서 아직 미숙하여 스스로 구제할 수 없는 막다른 방향으로 국가를 유도하는 큰 과오를 범했다는 비판이 강하게 제기되고 있다.

그런데 시리아를 다국적군의 일부로 받아들이자는 의견이 미국 국방부 내부에 있었지만, 미국 국방부의 네오콘 관리들이 이와 같은 생각에 강력하게 반대했다. 이로 인해, 걸프전쟁 시기와 같이 시리아군이 다국적군에 참가할 가능성은 처음부터 사라졌다.

바샤르 아사드 대통령을 위시하여 시리아 정권의 간부들은 제재에만 문제가 있는 것이 아니라, 어쨌든 이라크 사태가 일단락되면 미국이 시리아에 대해 군사 행동을 일으킬 가능성이 매우 높을 것으로 판단했다. 이 무렵 시리아는 유엔 안보리의 비상임 이사국[29](2002~2003년)으로, 이라크 정권의 전복을 노리는 군사 행동은 이라크 국내로부터 수백만 명에 이르는 사상자를 내고, 주변 국가들을 혼란에 빠지게 만들 것이라고 주장했다. 시리아는 이라크 국내의 혼란이 시리아에 영향을 미치지 않도록 하고, 나아가 다국적군이 이라크 정권을 무너뜨린 이후 그 기세를 업고 시리아로 들어오지 못하도록 가능한 모든 방비책을 강구했다.

2003년 3월, 다국적군은 결국 이라크에 침공했고 사담 후세인 정권은 타도되었다. 미군은 사담 후세인 정권을 타도한 이후, 이라크 국내를 샅샅이 수색하여 대량살상무기를 탐색했지만 끝내 발견하지 못했다. 결국 사담 후세인 정권이 대량살상무기를 보유하지 않았다는 결론을 내리지 않을 수 없었다. 미국 정부가 이라크를 침공한 최대의 구실이 된 문제는 실제로 존재하지 않았던 것이다.

---

29 유엔 안보리 비상임 이사국의 임기는 2년이며, 유엔 총회에서 지리적 균형을 감안해 선출된다. 현재 유엔 안보리 비상임 이사국은 아제르바이잔, 과테말라, 모로코, 파키스탄, 토고 등이다.

대량살상무기를 갖고 있지 않았다면 사담 후세인은 왜 유엔의 사찰 활동에 협력하는 태도를 보이지 않으면서, 마치 이를 숨기면서 갖고 있는 것 같은 모습을 계속 견지하여 결과적으로 다국적군의 공격을 받게 되었을까? 부시 대통령은 이것을 이해할 수 없었다. 이 질문에 대한 답은 사담 후세인이 교수형에 처해지기 직전에 미국 연방수사국(FBI) 담당자가 행한 심문 가운데에서 밝혀지게 된다.

사담 후세인은 광신적인 이란이 이라크에 대량살상무기가 없다는 사실을 알게 된다면 이라크의 안전보장에 심각한 위협을 미치게 될 행동을 감행할 것이라고 우려했으며, 이로 인해 마치 소유하고 있는 듯한 기색을 계속 보였던 것이다. 즉, 이란으로 하여금 이라크가 대량살상무기를 보유하고 있는 것으로 생각하도록 만드는 것이 억지 효과를 가져다 줄 것으로 보았던 것이다. 부시 정권의 입장에서는 발상할 수도 없는 사고방식이었다. 사담 후세인의 이라크를 제대로 알지 못하고 알려고 하지도 않았던 부시 정권은 후세인 정권의 타도를 향해 마구 돌진했다.

베트남 전쟁을 수행하는 데에 중심적인 역할을 했던 당시 로버트 맥나라마(Robert McNamara)[30] 미국 국방장관은 30년이 지난 후에 다음과 같이 깊은 후회의 말을 남겼다. "정권의 지도자들 중에서 그 누구도 베트남을 제대로 알지 못했으며, 우리는 베트남을 이해하지 못한 상태로 오직 우리의 논리에 입각해서 전쟁을 해버렸고, 바로 여기에 큰 문제가 있었다." 이러한 말을 통해 부시 정권의 관계자들은 그 어떤 것도 학습

---

30 로버트 맥나라마(Robert McNamara, 1916~2009), 1961년부터 1968년까지 미국 국방장관을 지냈다. 미국 하버드대학에서 MBA를 취득했으며, 포드 자동차 사장을 역임하기도 했다.

하지 못했다. 그리고 동일한 오류를 범했다. 전쟁은 벌어지고 사담 후세인 정권이 붕괴하여 이라크 국내에는 큰 혼란이 발생했다. 또한, 미국 자신도 헤아릴 수 없는 희생과 부담을 떠안게 되었다.

시리아의 이라크인 피난민

전쟁의 결과로 인해 이라크 국내는 혼란스러워졌다. 이러한 혼란은 이라크 국내 세력에 의해 초래된 것도 있지만, 외국으로부터 그중에서도 특히 시리아 국경을 넘어 이라크에 침투해 들어오는 테러리스트와 소란을 일으키려는 자들에 의한 것도 많다. 그 가운데에서도 사우디아라비아 출신의 사람들이 많았다. 그들이 일으키는 소란으로 인해 이라크 국내에서는 자폭테러와 폭탄테러가 끊이지 않았고, 또한 종파 간의 대립도 심화되어 집을 떠나 국내의 다른 곳으로 피난을 위해 도주하는 사람들이 200만 명, 그리고 외국으로 도주한 피난민들이 300만 명 이상에 달했다.

시리아는 절정기에 150만 명에 달하는 이라크인 피난민을 받아들였던 적도 있다. 70만 명은 요르단으로 도주했다. 바아스당의 범아랍 '당시(黨是)'에 따라 모든 이라크 사람들을 입국시켰던 시리아였지만, 난민의 수가 너무 많아 수용능력이 포화됨에 따라 2007년 10월 이후에는 부득이하게 입국사증(비자) 제도를 도입했다.

그런데 이러한 피난민들에 대해 시리아 정부는 노동 허가를 부여하지 않았다. 그렇지만 피난민들은 생활을 영위하지 않으면 안 된다. 일부 시리아인 사업가들은 당국에 보고를 하지 않고 이라크인 피난민들에게 일자리를 제공했다. 많은 피난민들이 비공식 부문에서 비정규직 노동을 했고, 이에 대해 당국은 묵인했다. 유엔의 난민지원 관련 기관들도 활동을 전개했다. 그때까지 시리아 정부가 결코 허가하지 않았던 외국의 비정부기구(NGO)에 대해서도 시리아 적신월사(赤新月社)[31]의 감독 아래 일정한 활동을 하는 것을 인정했다.

이라크에서 난민 인정을 받아 장기간 거주해왔던 팔레스타인 사람들은 시리아에 입국하는 것을 거부당했고, 이라크와 시리아 양국의 국경 관리 사무소 중간 지역에 머물게 되었다. 그들은 사막 한가운데에서 여름에는 뜨거운 햇빛이 작렬하는 무더위 속에 텐트 속의 그림자를 찾고, 겨울에는 눈이 내리고 쌓인 데다 차가운 외풍이 불어 들어오는 가혹한 텐트 생활을 수년 동안 계속했다.

그렇지만 시리아 정부의 태도는 완고했다. 팔레스타인 사람에 대해서는 난민으로 받아들인 국가가 책임을 지며, 해당 국가가 명시적으로 허가를 하지 않으면 타국으로 이주할 수 없다는 입장을 피력했다. 그런데 국제사회가 팔레스타인 난민들을 처음으로 수용했기 때문에 그들은 원래의 장소를 떠났던 것이다. 팔레스타인 사람들은 가혹한 운명을 감내하며 사막 한가운데에서 인내하고 버텼다.

미군을 위시하여 다국적군은 이라크 국내의 정세에 대처하는 것만으로도 매우 벅찼다. 시리아로 공격해 들어갈 수 있는 군사적 여력과 외교적 여유가 모두 없었다. 시리아는 이와 같은 상태를 지켜보면서 안도의 한숨을 쉴 수 있는 틈을 얻었다. 그리고 시리아의 판단이 정확했다는 자

---

31 적신월사(赤新月社, Red Crescent Societies), 이슬람권의 적십자 구호조직으로서 종교적인 이유로 십자가 대신 붉은색 초승달을 문양으로 사용하고 있다. 이스라엘에서도 종교적인 이유로 십자가와 초승달 대신 적수정(Red Crystal)을 문양으로 사용하고 있다.

신감을 갖게 되었다.

시리아의 국경관리

미국은 시리아 정부가 테러 집단에게 이라크와 맞닿아 있는 국경 지역을 개방하고 있는 것을 대단히 문제시했다. 일례로, 이라크 북부지역을 담당했던 미군 제101공정사단 사단장 데이비드 페트라우스(David Patraeus)[32] 장군은 2003년 후반에 시리아와 양국의 국경관리에 관한 협력에 대해 합의했다. 미군 측에서는 시리아가 국경에 대한 관리를 확실히 하고 있다고 인정했지만, 미국 국방부 중추에서는 현지의 이와 같은 행동을 용인하지 않았다. 또한, 이라크 내에서 미군 병사의 사망자 수가 증가함에 따라, 미국에서는 시리아가 국경을 테러리스트에게 개방하고 있기 때문에 미군 사상자의 수가 증가하고 있다는 비난 캠페인을 더욱 강화했다. 특히 이라크 국내에서 미국에 대해 적대 활동을 하고 있는 자들의 90%가 시리아를 경유하여 침투하고 있으며, 자금도 시리아로부터 유입되고 있다면서 강력하게 비난했다. 이에 더하여, 국경관리를 견고하게 할 것을 시리아에게 거듭 요구했다.

이라크의 안정화를 위한 국제사회의 적극적인 관여를 취지로 하여 2007년 5월에 이라크 안보문제 해결을 위한 제1차 주변국 확대 외무장관 회의가 개최되었는데, 이 회의에 미국과 시리아 양국 모두 출석했다. 그 이후에도 수차례에 걸쳐 회의가 열렸고, 동시에 치안문제 관련 조정

---

32 데이비드 페트라우스(David H. Patraeus, 1952~), 현재 미 중앙정보부(CIA) 국장이다. 제101공정사단의 사단장을 역임했으며, 2008년 10월부터 2010년 6월까지 미군 중앙사령부 사령관을 지냈다.

협력 회의도 개최되었다.

2007년 8월에 시리아 정부는 다마스쿠스에서 치안문제 관련 조정협력회의를 개최했다. 시리아로부터는 치안 정보조직의 하나인 정치안전국[33] 의 국장 무함마드 만수라(Muhammad Mansoura) 시리아군 소장이 출석했다. 그는 시리아가 국경에 570개의 감시소를 설치하고 7,000명의 국경 경비대 병력을 배치하고 있으며, 이미 1,250명의 무장 세력을 체포했다고 밝혔다. 또한, 이슬람 무장테러 세력에 의한 자폭 공격이 100회에 달하며, 경비대 가운데 사망자 6명과 부상자 16명 나왔다는 것을 처음으로 공표했다.

같은 해 11월, 시리아 정부는 다마스쿠스 주재 외교대표단에 대해 시리아·이라크 국경선에 위치한 탄프(Tanf) 국경 사무소에서 아부 카말(Abu Kamal) 국경 사무소까지 약 300km의 국경선에 대한 시찰을 허가했다. 건조한 사막에 지평선을 넘어 시야가 미치는 데까지 불도저로 쌓아올려진 2.5m 정도 높이의 흙벽이 끊이지 않고 연이어져 있으며, 그 흙벽에서 100m 정도 안쪽으로 약 2.5km마다 시리아 국경 경비대의 진지가 구축되어 병사들이 상주하며 국경 감시활동을 하고 있다.

각국 대사관의 4륜구동 자동차는 길이 없는 사막 가운데를 70m에서 80m의 상공으로 모래 먼지를 휘날리며 나아갔다. 국경선이 바라다 보이는 쪽이 이라크의 영토인데, 이라크 방면에서의 국경관리 움직임은

---

33 정치안전국(Political Security Directorate), 시리아의 첩보기관으로서 국내방첩부와 해외안보부 두 부서로 나뉘어져 있다. 국내 반대파 세력에 대한 통제와 관리를 주된 업무로 한다. 현재 국장은 무함마드 자이툰(Muhammad Dib Zaytun)이 맡고 있다.

그 아무것도 확인되지 않았다. 이 사찰에는 다마스쿠스에 주재하는 미국 대사관으로부터 몇 명의 무관들이 함께 참가했다.

　열흘 후, 당시 이라크 주재 미군 총사령관으로 취임한 페트라우스 장군은 공식적인 자리에서 시리아가 국경관리를 확실히 하고 있음을 평가했으며, 그로부터 며칠이 지난 후에 미군 대변인도 같은 취지의 발언을 되풀이했다.

　한편, 부시 대통령은 그 이후에도 시리아의 국경관리는 계속적으로 문제라고 언급하며, 시리아를 좀처럼 평가하지 않는 자세를 바꾸지 않았다. 이를 통해 미국에서 이라크 현장과 정권 중추부 사이에 충분한 인식의 공유가 이루어지 않고 있는 듯한 인상을 주었다.

　미군이 시리아 영토 안에서 기습 공격을 감행했던 적도 있다. 미국 정부는 시리아 국내에 이라크로 테러리스트를 내보내는 조직이 있다면서 이에 대한 단속을 거듭하여 요구했지만, 시리아는 이에 대해 부정하는 자세를 취할 뿐이었다. 이로 인해 화가 치밀어 오른 미군은 2008년 10월에 공격용 헬리콥터 아파치(Apache) 2대와 블랙호크 헬리콥터 2대를 보내 아부 카말 국경지점에서 8km 정도 시리아 영내에 위치한 유프라테스 강 연안의 넓은 밭을 급습하여, 방어막이 쳐진 1에이커 정도의 장소에 모여 있던 7명의 남자들을 사살했다. 이에 대해 미국 정부는 노코멘트로 일관했다. 보도에 따르면 그곳에는 미군이 쫓고 있던 테러리스트가 있었다고 한다.

이스라엘에 대한 자세

　이스라엘에서는 아리엘 샤론(Ariel Sharon)[34] 총리가 2001년부터 2006년까지 5년간 총리로 재임했다. 이때 그는 부시 대통령과는 대단히 친밀한 관계를 유지했으며, 당시 미국은 국제 테러리스트와 싸우는 것을 가장 중요한 정책 우선사항으로 내걸고 돌진하던 시기였다. 이것은 샤론 총리에게도 충분히 이해되었으며 이스라엘 안전보장의 관점에서 볼 때도 충분히 의의가 있는 정책상의 선택이었다. 그 결과, 시리아는 미국으로부터 철저히 배제되었고 국제사회로부터도 심각한 냉대를 받았다.

이와 같은 국제환경 속에서 바샤르 아사드 대통령이 이스라엘과의 관계에 유연하게 대응하지 못하고, 오로지 경직되고 소극적인 자세로 일관한 것은 급진파 아랍 국가들을 결속시킴으로써 자신의 영향력을 유지하고자 한 근시안적이며 안이한 방식이었다는 비판이 제기되었다. 이스라엘은 바샤르의 부친 하페즈 아사드 대통령에 대해 그의 좋고 나쁨을 떠나 경험이 풍부하며 노회한 정치가로서 그 자신의 입장에서 용감하게 평화적 해결을 탐색했다고 평가했다. 한편, 그의 아들 바샤르 아사드 대통령에 대해서는 헤즈볼라 등과의 관계로 인해서 약자가 요구하는 평화가 아니라 강자로서 실현하는 평화를 주장했으며, 어떤 일을 일으킬지 예상할 수 없는 위험성을 내포하고 있다고 비판했다.

그러나 바샤르 아사드 대통령은 시리아가 이스라엘에 대해 군사적으로 대항할 수 있게 됨으로써 힘의 균형을 실현할 수 있다는 환상은 일절 갖고 있지 않았다. 아랍 세계가 경제, 기술, 사회 등 모든 분야의 발전에 노력하여 종합적으로 이스라엘과 어깨를 나란히 하고, 그와 같은 조건

---

34 아리엘 샤론(Ariel Sharon, 1928~), 이스라엘의 군인 출신 정치인이다. 2001년부터 2006년까지 총리를 지냈다. 국방장관과 외무장관을 역임한 바 있다. 2006년에 뇌혈관 질환으로 인해 혼수상태에 빠져 직무를 수행할 수 없게 됨에 따라 총리직에서 퇴임했으며 현재까지 식물인간 상태로 투병 중이다.

아래에서 평화를 요구하는 것만이 영구적이며 포괄적인 평화를 조성할 수 있다는 인식을 갖고 있다.

결국 이 시기에 샤론 총리도 적극적으로 시리아와 평화를 교섭하는 데에서 별다른 이익을 찾아내지 못했기 때문에, 양국 간에 상호 비난이 계속되었고 평화를 함께 논의할 상황은 아니었다.

2006년 1월, 샤론 총리가 뇌출혈로 쓰러지자 에후드 올메르트 부총리가 후임 총리가 되었는데, 같은 해 7월에 헤즈볼라가 이스라엘군 병사를 습격하는 사건이 일어났다. 이것을 계기로 이스라엘군은 레바논 남부에 진입하여 헤즈볼라에 대해 대규모 공격을 퍼부었다.

이 전쟁은 지금까지 시리아와 마주보고 평화문제 해결을 위한 논의를 진지하게 검토해본 적이 없던 올메르트 총리의 머릿속에, 헤즈볼라의 행동을 제약하기 위해서는 시리아와 평화를 유지하는 것이 중요한 요소라는 생각을 갖도록 만들었다. 올메르트 총리는 점차 시리아와의 교섭을 위한 전향적인 내용의 발언을 하게 된다.

2007년 7월, 올메르트 총리는 알아라비야 위성방송국의 인터뷰에 출연하여, 자신은 아사드 대통령과 직접적으로 평화 교섭을 할 준비가 되어 있다고 천명했다. 또한, 그는 시리아가 수용할 수 있는 장소를 방문하여 교섭에 나갈 용의가 있다고 전하면서, 아사드 대통령에게 이미 메시지를 직접 보냈다는 것을 밝혔다. 그러자 10월, 뉴욕의 유엔 총회에서 연설한 시리아의 무알렘 외무장관은 마드리드 평화회의의 원칙인 '영토와 평화의 교환' 원칙에 입각하여 평화 교섭을 재개할 용의가 있음을 표명했다.

한편, 이스라엘군의 전투 폭격기는 2007년 9월 5일부터 6일째가 되는 날의 한밤중에 시리아 북동부 지역의 중심도시 데이르에즈조르(Deir ez-Zor) 시에서 20km 넘게 떨어져 있는 유프라테스 강 연안의 알키바르(Al-Kibar) 촌 근교에 위치해 있는 군사시설을 공중에서 폭격했다. 그리고 이스라엘은 이 사실에 대해 완전히 입을 다물었다.

2008년 5월 21일, 시리아와 이스라엘은 터키 정부의 중재로 이스탄불에서 직접적인 평화 교섭의 전단계로서, 19일부터 21일까지 간접 교섭을 행했다고 공표하여 세계를 놀라게 했다. 이 교섭은 이스탄불의 한 호텔에서 터키 에르도안 총리의 외교 고문[35]이 시리아와 이스라엘 교섭 대표단 사이를 왕래하는 형식으로 이루어졌다.

간접 교섭에 대한 발표를 21일에 하게 된 것은 시리아 측에 사정이 있었는데, 그것은 레바논 정세와 관계가 있었다. 레바논은 2006년부터 국내 정치가 혼란스러웠다. 특히 2007년 11월에 에밀 라후드 대통령이 퇴임한 이후, 레바논군의 미셸 술레이만(Michel Suleiman)[36] 사령관을 후계 대통령으로 추대하려는 일반적 분위기가 있었다. 그러나 국내 각 종파들 간에 구체적인 합의가 이루어지지 않았고, 국민의회는 공전을 계속할 뿐이었다.

레바논 국내의 반(反)시리아 세력은 후임 대통령의 선출을 방해하고 있는 것은 시리아 정부라고 비판했다. 또한, 미국의 부시 대통령도 연말 기자회견에서 "나의 인내는 한계에 도달하고 있다. 바샤르 아사드 대통

---

35 이스라엘과 시리아 간의 교섭 과정에서 터키 레제프 에르두안 총리의 외교 고문 아흐메트 다붓오울루(Ahmet Davutoğlu)와 터키 외교부 차관보 페리둔 시니를리오울루(Feridun Sinirlioğlu)가 중요한 역할을 했다.
36 미셸 술레이만(Michel Suleiman, 1948~), 2008년 5월 이후 레바논의 현직 대통령이다. 1998년부터 2008년까지 레바논군의 사령관을 맡았다.

령은 하마스를 도피시키고 헤즈볼라에게 편의를 제공하고 있으며, 자폭 테러범을 이라크에 보내고 레바논의 안정을 저해하고 있다"라고 비난했다. 시리아에 대한 비난의 분위기는 레바논 국내외와 국제사회에 요동쳤다. 이에 따라 사태는 교착 상태에 빠지게 된다.

그런데 2008년 5월에 카타르 국왕의 중개를 통해 사태는 한순간에 일변하기 시작한다. 같은 달, 카타르의 수도 도하(Doha)에 레바논의 여야 지도자 일행이 회동하여 술레이만 신임 대통령의 선출, 거국일치 내각의 수립, 국민의회 선거법의 개정 등을 내용으로 하고 레바논의 혼미한 정치 상황을 타파하기 위한 「도하 합의(Doha Agreement)」를 이끌어내고 21일에 서명하여 공표했다.

시리아 정부는 이스라엘과의 간접 교섭에 대한 발표를 「도하 합의」의 공표 시각에 맞추어 터뜨림으로써, 중동평화의 실현을 위해 적극적인 자세를 취하고 있는 시리아 정부가 레바논 정세의 안정을 대단히 중요한 요소로 생각하고 있다는 것을 국제사회에 각인시키고자 했다.

시리아와 이스라엘 간의 제2차 간접 교섭은 6월 중순, 제3차 간접 교섭은 7월 초, 그리고 제4차 간접 교섭은 7월 하순에 각각 대단히 짧은 간격으로 이루어졌다. 이 동안 양국 대표단 사이에서 안전보장 문제, 수자원 문제, 반환되어야 할 영토 문제, 그리고 관계 정상화 문제에 대한 의견 교환이 이루어졌다. 시리아는 평화 교섭이 타결될 때 반환되어야 할 영토의 경계선에 대해 이스라엘로부터 제5차 간접 교섭의 과정에서 확인을 받게 될 경우, 그 다음에는 직접적인 평화 교섭으로 이행할 계획이었다.

그렇지만 제5차 간접 교섭 일정은 이스라엘 대표단 단장의 사임 등으로 인해 좀처럼 확정되지 않았다. 11월 하순에 올메르트 총리가 터키를 방문하여 에르도안 총리와 회담하자, 에르도안 총리는 올메르트 총리에게 바샤르 대통령을 전화로 불러들여 같은 장소에서 양국 간의 현안문제 해결을 위해 중재를 할 용의가 있다고 자청했다.

전화를 받은 바샤르 대통령은 아직 남아 있던 현안 문제를 에르도안 총리에게 설명하고, 세부 사안에 대해서는 외무장관 차원에서 협의하도록 했다. 2시간 가까이 의견을 주고받은 결과 시리아와 이스라엘 간의 합의문서 초안이 마련되었는데, 올메르트 총리는 그 가운데의 한 문장에 대해 이스라엘 내각과 협의해야 할 필요가 있다는 말을 남기고 귀국길에 올랐다.

그로부터 4일 후, 이스라엘군은 가자 지구를 지배하고 있는 하마스의 섬멸을 노리며 갑작스럽게 가자 지구에 대한 군사 공격에 나섰다. 이 무력행사는 2009년 1월에 바락 오바마 미국 대통령이 취임하기 직전까지 22일간 계속되었으며, 이 과정에서 약 1,400명의 팔레스타인 사람들이 살해되었던 반면 이스라엘군 측의 사망자는 겨우 13명에 불과했다.

시리아 정부는 이스라엘 정부의 이러한 군사행동에 격노하여 양국 간의 교섭을 중간에서 멈추었다. 터키의 에르도안 총리는 올메르트 총리가 합의 문건을 갖고 돌아갔기 때문에 가까운 시일 안에 이를 수용한다는 연락이 있을 것으로 기대하며 기다렸는데, 이에 대한 회답 소식이 가자 지구에 대한 침공이었다며 이스라엘 정부의 성의가 없는 자세를 비난했다. 올메르트 총리는 예정한 대로 2월의 총선거를 거쳐 이스라엘 정계에서 은퇴했다. 어찌 되었든 올메르트 총리에게는 시리아 정부와 교섭할 수 있는 시간이 남아 있지 않았다.

이때까지 터키와 이스라엘은 대단히 긴밀하며 우호적인 관계를 발전시켜왔으며, 양국 간에는 군사협력에 대한 합의에 따라 이스라엘 공군기가 터키 영공 내에서 훈련비행을 하는 등 군사적으로도 협력관계에 있었다. 또한, 양국 간에는 영공개방 협정도 있었기 때문에 이스라엘 항공기는 터키 영공을 자유롭게 비행할 수 있었다. 그러나 이스라엘의 가자 지구 침공이 발생한 이후 양국 사이의 관계는 어색해지기 시작했다.

2월에 행해진 이스라엘 의회 총선거의 결과, 리쿠드당(Likud Party)[37]의 네탄야후 당수가 총리로 취임하자, 시리아와 이스라엘은 모두 평화교섭에 임할 의사가 있다는 취지를 서로 거듭하여 표명했다. 그러나 이는 단순한 말 건네기에 불과했으며, 양국 간의 관계는 냉담해졌고 교섭을 위한 움직임은 정지되었다.

2010년 9월경, 언제가 될지 알 수 없지만 가까운 미래에 이스라엘과의 영토 문제가 해결되고 평화조약을 체결한다면 시리아는 이스라엘과 어떤 관계를 만들 것인가에 대한 질문을 받자, 바샤르 아사드 대통령은 "보통의 이웃나라 간의 관계가 된다. 아니 반드시 그렇게 되도록 만들 것이다"라는 확고한 자신의 생각을 말했다.

이스라엘, '원자로'를 폭격했는가?

시리아 현지에서 2007년 9월 6일이 된 지 얼마 지나지도 않은 새벽 1시 30분경, 월령(月齡)[38] 5일의 달은 이미 지평선 아래로 떨어지고 하늘

---

37 리쿠드당(Likud Party), 메나헴 베긴(Menachem Begin, 1973~1983)에 의해 1973년에 창립된 이스라엘의 우파 정당이다. 본부는 텔아비브에 위치해 있다. 역대 당수는 메나헴 베긴, 이츠하크 샤미르(Yitzhak Shamir, 1983~1993), 벤야민 네탄야후(Benjamin Netanyahu, 1993~1999), 아리엘 샤론(Ariel Sharon, 1999~2005)이 역임했고, 현재 벤야민 네탄야후(2005~)가 이끌고 있다.

38 월령(月齡), 초승달에서 다음 초승달까지의 동안을 하루 단위로 세어서, 그 날

에는 별빛만 반짝였다. 그런데 적어도 4대 이상의 국적불명 비행기가 한 무리를 이루며 지중해로부터 시리아와 터키의 국경선 위에서 동쪽으로 향하여 비교적 억제된 속도로 날아갔다. 이 비행기들의 그림자가 유프라테스 강 상공에까지 드리웠을 때, 갑자기 레이더의 스크린에서 사라져버렸다.

그때 비행 편대는 급격하게 고도를 낮추어 지표면에 닿을 듯 말 듯한 곳까지 하강하여 남동쪽으로 방향을 돌려, 레이더에 잡히지 않기 위해 지상에서 수십 미터의 고도를 유지하다가 제트 엔진의 재연소 장치인 애프터버너(afterburner)를 점화시켜 사막 상공으로 신속하게 단번에 날아올랐다. 비행 편대는 순간적으로 알키바르 촌의 부근에 있는 표적에 접근했다. 표적에 도달하기 전에 사막에 보조연료 탱크를 떨어뜨려 기체는 더욱 가볍게 되었다.

1981년 6월경 이스라엘 공군의 전투 폭격기가 이라크의 오시라크(Osirak) 원자로를 폭격했을 때에는 지상에서 30m 높이의 저공비행으로 접근하여 어슴푸레한 오후 6시 40분을 넘어 표적으로부터 5km 떨어진 바로 앞의 지점에 도달했다. 그리고 전방의 표적을 인식하자 비행 편대의 각 파일럿이 순차적으로 바로 기수를 돌려 표적을 시야 가운데에 유지한 상태로 1,500m까지 급상승했다가 다시 반전을 하면서도 표적으로부터 한 순간도 시선을 놓치지 않고, 급강하를 하면서 조준하여 폭탄을 투하하여 확실하게 표적에 명중시키고 바로 떠났다.

그로부터 26년이 흘렀다. 달빛이 없는 깊은 밤에, 야간 투시경을 통

수에 따라 달이 차고 이지러진 정도를 지칭하는 용어이다. 초승달을 0으로 산정할 경우, 보름달은 월령이 15가 된다.

해 표적이 파일럿들의 시야에 들어왔을 때, 폭탄은 자동적으로 기체로부터 떨어져 표적에 정확하게 명중하여 목표물을 폭파했다. 그리고 급상승하여 표적을 확인했다. 폭탄의 투하를 위해 조준을 맞출 필요는 없었다. 여기에는 사반세기 동안 이루어진 과학기술의 진보가 있었다. 전투 폭격기의 한 무리는 지중해로 빠져나왔고 그곳에 대기하고 있던 공중 급유기를 통해 급유를 받고 다시 기지로 돌아왔다.

이스라엘의 파일럿들이 터키와 시리아의 국경지대 상공에서 동쪽으로 향해 비행하고 있을 때, 시리아군은 레이더의 스크린을 통해 국적불명의 비행기를 확인했다. 그렇지만 해당 지역이 터키와의 국경지대이기 때문에 그것이 터키의 비행기일 가능성을 함께 고려하며 대응에 주저하고 있는 가운데, 비행기들은 날아가 버렸다. 또한, 표적 주변에는 방어망이 전혀 구축되어 있지 않았다.

아침이 밝아오자 시리아군 내부에는 이스라엘의 행위에 대한 격노로 가득했다. 특히 중견 간부들 사이에서는 곧바로 반격을 감행하여 앙갚음을 해야 한다는 목소리가 높았다. 그러던 중, 오전에 바샤르 아사드 대통령이 다음과 같은 지시를 하달했다. "머리를 냉정하게 하라. 지금은 경솔한 행동을 삼가고 신중히 할 것!"

이스라엘의 폭격이 알려졌을 때, 아랍 국가들과 친(親)시리아 성향의 국가들은 이스라엘에 대해 비난했다. 그렇지만, 1981년에 분명한 자세로 비난 성명을 냈던 유럽 국가들은 이때에는 그 어디에서도 성명을 내지 않았다. 이스라엘을 비난했던 아랍 국가들도 실제로는 그렇게 많지 않았다. 또한, 그들의 비난 모습은 시리아의 눈에 미지근한 것으로 비추어졌다. 이 시기는 아직 국제사회가 시리아를 소외시키고 있던 때였는데, 이러한 측면도 시리아에 대한 동정이 희박했던 이유 중의 하나였을 것이다. 1개월 후에, 미국의 보도기관은 이스라엘군이 북한의 협력을 통해 시리아에서 건설 중이던 흑연감속로형 원자로를 폭격하여 파괴했다고 보도했다.

거의 완성되었던 '원자로'?

사건이 일어난 지 7개월이 지난 이듬해 2008년 4월 24일, 이제까지 일절 발언을 회피해왔던 미국 정부는 의회의 설명 요구에 대응하면서 이 사건의 상세 내용을 의회에 보고했다.

> 시리아 정부는 동부 사막지역에 '북한의 협력'을 통해 플루토늄을 생산하는 비밀 원자로를 주의를 기울여 은폐하면서 비밀리에 건설하던 중이었다. 이 원자로는 평화적인 목적의 것이 아니었다. 시리아는 국제원자력기구(IAEA)에 대해 이를 보고하지 않았다. 원자로가 파괴된 이후, 시리아는 즉시 현장 증거의 인멸을 시도했다.

미국 정부는 이와 같은 내용의 정보를 국제원자력기구에 통보했다. 미국은 북한의 핵무기 개발계획과 핵 확산을 크게 우려하고 있다. 시리아에 대한 북한의 비밀 핵개발 협력은 위험한 상황에 있으며, 미국은 북핵 해결을 위한 6자회담 가운데 이 사안을 다루고 있고, 다른 관련 국가들과 함께 한반도의 검증 가능한 비핵화를 위해 대처하고 있다. 미국 정부는 사진을 제시하면서 동시에 이렇게 발표했다.

이에 대해 시리아 정부는 미국 정부의 발표 내용은 날조된 정보이며, 건설 중이던 원자로 같은 것은 없다고 부정했다. 아사드 대통령도 현장에는 군사 건축물을 건설하고 있던 중이었다는 설명을 되풀이했다.

또한, 아사드 대통령은 2010년 9월에 폭격된 지점 부근의 유프라테스 강에는 두 곳에서 댐 건설 계획이 추진되고 있었는데, 이러한 공공사업이 진행되고 있는 지역에서 비밀리에 원자로를 건설하고 방공 시설도 전혀 배치하지 않은 상태로 그와 같이 민감한 시설을 세우는 일은 있을 수 없다고 말했다. 또한, 북한의 기술자들이 사망했다는 보도가 있다는 지적에 대해 그것은 사실이 아니며, 폭격을 받았을 때에 그곳에는 아무도 없었고 부상자도 없었다며 관련 의혹을 강력하게 부정했다.

알키바르 촌의 폭격 지점은 유프라테스 강 유역에서 데이르에즈조르 (Deir ez-Zor) 주의 주도(州都) 소재지인 데이르에즈조르 시로부터 유프라테스 강을 20km 남짓 올라간 하천의 좌측 연안에 있다. 데이르에즈조르 시는 시리아 북동 지역의 중심지이며 대도시이다. 부근에는 석유 굴착지가 있으며 캐나다와 중국의 회사가 이곳에서 활동하고 있다. 오스트리아 자본이 투자한 산업용 마대를 생산하는 공장도 이 시에 위치해 있다.

또한 시의 교외 지역에는 공업단지 개발이 추진되고 있으며, 외국 자본의 투자를 열심히 유치하고 있다. 근처에는 몇 개의 역사적인 구조물들이 있는데, 이 때문에 시내에는 구미 관광객의 모습이 끊이지 않는다. 이 시에서 7km 상류 지점에는 강을 넘어 양안(兩岸)을 잇는 다리를 건설하는 계획이 중국 정부가 제공한 차관으로 진행되고 있다.

데이르에즈조르 시로부터 유프라테스 강 좌측 연안을 올라가 알키바르 촌을 거쳐 아사드 호수를 지나 알레포 시로 향하는 도로를 달리면, 이 방향의 도로 통행은 일반적으로 어떤 규제도 받지 않는다. 이 길을 따라 어느 지점에서 오른쪽으로 회전하고, 모래산을 우회하여 약간 올라가면 폭격 대상이 된 건물이 위치해 있었다. 해당 지점은 모래산 뒤에 있기 때문에 도로에서는 보이지 않는다. 오른쪽으로 회전하는 지점의 도로 위에는 어떤 표지도 없으며 감시하는 경비도 없다. 다만, 오른쪽으로 회전하는 지점의 도로와 강 사이에 작은 건물이 있으며, 거기에 취수구가 있다. 주변에 존재하는 작은 건물은 오히려 주의를 환기하도록 만든다.

유프라테스 강 맞은편의 약간 하류 지점에는 유네스코에 의해 지정 유산으로 지정된 역사적인 건축물이 있다. 이곳은 댐이 건설될 경우 영향을 받기 때문에, 유네스코가 시리아 정부와 보존을 위한 교섭을 추진하고 있다. 어쨌든 외국인 관광객들이 많이 방문하고 외국의 기업 관계자들이 상주하는 도시의 근교에 위치한, 그리고 간선 도로를 통해 바로 들어가는 곳에 경비가 전혀 배치되어 있지 않고 방공시설도 없는 상태로 북한의 협력을 통해 플루토늄 제조를 위한 원자로가 비밀리에 건설되어 완성 직전에 있었다는 것이다.

시리아는 과거에 고의로 무방비 상태인 척 위장하여 군사시설을 은폐하는 술책을 취하기도 했다. 그렇지만 시리아가 과연 군사용 원자로 시설까지 이와 같이 하면서, 무수승류(無手勝流)[39]처럼 타인의 눈을 기만하는 은닉의 술수를 사용했을까? 이러한 시설은 하늘에서 볼 때 일목요연하게 보이기 때문에 감출 수 있는 방도가 없다.

---

39 무수승류(無手勝流, 무테카쓰류), 싸우지 않고 이기는 것을 의미한다. 일본 전국시대의 병법가이자 검객인 쓰카하라 보쿠덴(塚原卜傳)이 배를 타고 건널 때 한 젊은이가 검을 빼들고 승부를 내자고 다가오자, "손을 써서 싸우지 않고 이기는 것이 진정한 승리이다(無手勝流)"라는 말을 남기며 유유히 사라졌다는 데에서 기원하는 고사성어이다. 일본 전국시대의 군사 관련 서적인 『고요군칸(甲陽軍鑑)』에 실려 있다.

미국 정부로부터 통보를 받은 국제원자력기구는 시리아 정부에 대해 현장 사찰을 요청했다. 그때까지 30년 동안 시리아 정부는 현장에 대한 외국인의 출입을 인정하지 않았다. 그렇지만 시리아 정부는 국제원자력기구의 이번 요청에 대해 현장은 군사시설이기 때문에 한 차례만 허용한다면서 현장 사찰을 허용했다. 시리아의 이러한 열린 자세는 처음 있는 일이었다. 이에 따라, 6월 2일부터 25일까지 국제원자력기구 사찰팀이 시리아를 방문하여 현장을 검증했다.

2008년 8월 1일 밤은 초승달이 떠서 달그림자는 없었고, 해변의 하늘에는 엷은 안개가 끼어 있었다. 대통령의 군사고문을 맡고 있던 무함마드 술레이만(Muhammad Suleiman)[40] 준장은 지중해 연안의 타르투스(Tartus) 시 해안가에 있는 자택의 베란다 위에서 바다로부터 불어오는 바람을 맞으면서 가족과 함께 느긋하게 담소를 나누고 있었다.

그때 그곳으로부터 120m 떨어진 해변에서 어둠을 틈타 어떤 자가 삼각받침대에 소총을 장착하고 투시안경을 살펴보면서 조준을 마쳤다. 잠시 후에 방아쇠가 당겨졌다. 총탄은 정확하게 술레이만 준장의 머리를 관통했다. 침착하게 성과를 확인한 이후 범인은 소총과 삼각받침대를 지닌 채 조용히 현장을 떠났다. 해변에는 여러 발의 탄피들이 나뒹굴어져 있었다.

이 사건은 미궁에 빠졌다. 10월이 되자 국제원자력기구에서 모하메

---

40 무함마드 술레이만(Muhammad Suleiman, 1959~2008), 시리아 장군 출신으로, 바샤르 아사드 대통령의 무기구입과 전략무기 관련 대통령 특별 보좌관이었다. 레바논의 헤즈볼라에게 무기를 제공하는 데 핵심적인 역할을 했던 것으로 여겨지고 있다.

드 엘바라데이(Mohamed ElBaradei)[41] 사무총장(당시)이 시리아 정부 측의 담당자가 암살되었기 때문에 국제원자력기구에 필요한 정보를 제공하는 작업이 지체되고 있다고 설명했다. 사무총장은 이름을 언급하지 않았지만, 시리아 정부의 담당자는 술레이만 준장이었다. 그는 동료에게 대통령의 지시로 군 내부의 부정부패 적발에 관계하고 있다고 말했다. 술레이만 준장의 학력은 다마스쿠스대학 공학부 전기공학과 졸업이다.

국제정치의 틈바구니에서 뒤집혀진 알키바르 폭격사건

그 해 1월에 제출된 보고서는 국제원자력기구가 알키바르 지역에 대해 현장조사를 한 결과, 해당 시설이 원자로와 관계되었을 가능성을 배제할 수 없다고 밝혔다. 또한, 해당 지역에서 채취된 토양에서 화학적으로 처리된 우라늄 입자가 발견되었다는 것을 밝혔다. 다만, 이 우라늄은 플루토늄을 생산하는 흑연감속로형 원자로와는 관계가 없는 것이었다. 그렇지만 시리아의 설명만으로는 예상치 못했던 우라늄 입자의 검출이었다.

국제원자력기구는 이 지역을 추가적으로 사찰할 필요가 있다고 인식했고, 해당 지역 및 그 밖의 다른 곳들에 대한 사찰을 허가해줄 것을 시리아 정부에게 요구했다. 그런데 시리아 정부는 이와 같은 요청을 거부했다. 시리아 정부는 현장에서 발견된 우라늄 입자에 대해, 이는 시리아

---

41 모하메드 엘바라데이(Mohamed Mustafa ElBaradei, 1942~), 이집트 출신의 법학자 및 외교관이다. 1997년부터 2009년까지 국제원자력기구의 사무총장을 역임했다. 2005년 노벨 평화상을 수상했으며, 무바라크 정권이 무너진 이후 이집트 정계에서 중요한 역할을 할 것으로 관측되고 있다.

에서 몸으로 느낄 수 없는 것이며 이스라엘군의 폭탄에 의해 만들어진 것이 틀림없다고 주장했다.

이스라엘 정부는 국제원자력기구에 의한 조회 문의에 대해, 현장에서 발견되었다는 우라늄은 이스라엘군의 무기에 의해 유발된 것이 아니라고 쌀쌀맞게 회답했다. 나아가, 정보 제공을 요구하는 엘바라데이 사무총장에 대해 이스라엘 대사는 불필요한 참견이라고 일갈했다.

시리아에 대해 핵개발 협력을 하고 있는 것으로 지적받은 북한은 2008년 6월 26일에 미국 정부에 대해 핵 신고서를 제출했다. 동 문건의 제출을 받은 이후, 10월경 미국 정부는 '악의 축(axis of evil)'을 구성하는 국가로 규정된 북한의 명단을 미국 국무부의 테러 지원국가 리스트에서 삭제시킨다. 미국 정부는 4월 24일의 발표를 통해서 북한에 의한 핵확산 문제가 중요한 문제라고 강조하면서도, 시리아에 대한 핵개발 협력 사안을 불문에 부쳤다.

미국 정부는 시리아 정부가 이 원자로에 대해 국제원자력기구에 신고하지 않았던 것이나, 해당 건물이 폭파된 이후 신속하게 잔해를 철거하여 현장을 갈아엎고 그 위에 새로운 건물을 건축한 것 등은 증거 인멸 행위라고 비난했다. 그런데 이와 같은 일련의 비난 모습은 이해하기 어려운 측면이 있다. 미국 의회로부터 계속해서 거듭되는 요청이 있었기 때문에 발표했다는 것은 만약 요청이 없었다면 발표할 예정이 아니었다는 것을 의미한다. 그렇다면 미국 정부는 국제원자력기구에 통보할 생각도 없었을 것이다. 적국에 의해 눈앞에서 지켜보면서도 폭격을 당하고, 폭파된 건물의 잔해를 방치하는 것은 시리아 사람의 심리로부터 볼 때 참을 수 없는 굴욕이다. 폭격된 건물의 잔해를 신속하게 철거하고 굴욕의 흔적을 없애는 것은 그런 측면에서 시리아 사람으로서는 당연한 행동일 것이다. 그런데 국제원자력기구는 일방적인 파괴행위와 이와 같은 통보지연이 사건 해명을 대단히 어렵게 만들었다고 지적했다.

시리아의 추가사찰 요청에 대한 거부는 과거 사담 후세인 시기의 이라크에 대한 유엔의 사찰행동이 대량살상무기에 대한 사찰이라는 본래의 목적을 벗어나 이루어졌을 가능성이 있다는 점이 시리아 정부의 자세에도 어느 정도 반영되었을 것이다. 시리아의 우려에 대해 충분한 대응조치를 하지 않는 상태에서, 일방적인 사찰 요구를 하는 것은 시리아의 입장에서 볼 때 큰 우려가 될 수밖에 없다.

시리아 정부에 의하면, 2009년과 2010년에 시리아를 방문하여 바샤르 아사드 대통령과 회담한 조지 미첼(George Mitchell)[42] 미국 중동특사와 윌리엄 번즈(William Burns)[43] 미국 국무부 정무담당 차관은 모두 알키바르 지역의 원자로 의혹문제에 대해 관심이 없는 것처럼 일절 언급하지 않았다. 미국 정부의 발표에서는 시리아의 이브라힘 오스만(Ibrahim Othman) 원자력위원회 위원장이 원자로 건설에 핵심적으로 관계했다며 그의 이름을 거명했는데, 동 인물은 이 발표가 있은 후에도 국제원자력기구 회의석상에 시리아 정부를 대표하여 출석했다.

의혹의 해명을 할 수 있는 천재일우와 같은 이 기회에 시리아 비난에

---

42 조지 미첼(George J. Mitchell, 1933~), 미국의 정치인 및 사업가이다. 1980년부터 1995년까지 미국 상원의원을 지냈고, 2009년 1월부터 2011년 5월까지 미국의 중동평화 특사를 역임했다. 그의 부친은 아일랜드계이지만 고아가 된 이후 한 레바논인 가정에 의해 입양되었다.
43 윌리엄 번즈(William J. Burns, 1956~), 미국의 외교관이며, 현재 미국 국무부 부장관이다. 2008년 5월부터 2011년 7월까지 미국 국무부 정무담당 차관을 역임했다.

마음이 앞서는 국가들을 포함하여 그 어디로부터도 이브라힘 오스만 대표에 대해 직접적인 설명을 요청하는 요구와 질문이 있었다는 소식은 전혀 보도된 바가 없다. 1981년에 이스라엘군이 공중폭격을 한 오시라크 원자로의 경우, 이라크의 책임자는 공개석상에 출석하지 않았다. 시리아와 이라크의 관계는 기묘하며 어렵지만, 그들의 사고방식과 행동패턴에는 놀라울 정도로 유사한 점이 있기 때문에 시리아의 대조적인 움직임에 대한 위화감이 사라지지 않는다.

그렇다면 이스라엘군 공군기가 폭격한 알키바르의 현장은 과연 무엇이었는가? 이와 관련해서는 아직 밝혀지지 않고 있는 문제들이 많고, 시리아뿐만 아니라 폭격을 가한 이스라엘도 사태의 해명을 위한 협력을 전혀 하지 않고 있다. 2008년 4월 24일에 미국 정부가 발표한 사진과 영상은 잘 만들어진 것이지만, 컴퓨터 그래픽 기술을 자유자재로 구사한 것들이었다. 오늘날과 같은 시대에 그것만 갖고는 납득하기 어렵다. 2003년에 이라크의 대량살상무기에 관한 기밀 정보를 폭로한다며 유엔 안보리에서 미국 국무장관이 굳은 모습으로 발표한 첩보활동 관련 정보가 모두 잘못된 오보에 불과했던 기억이 아직도 너무 선명하다.

국제원자력기구 이사회는 2011년 6월 9일, 알키바르에 있던 시설이 원자로와 매우 유사하다는 사무국의 보고서에 기초하여 국제원자력기구와의 합의사항을 위반한 시리아 정부의 활동을 비난하고, 비밀리에 시리아가 추진한 원자로 건설문제를 유엔 안보리에 회부시키는 결의를 채택했다.

결의를 채택하는 데 참가한 35개국 가운데는 기권표가 많았으며, 찬성한 국가는 전체의 절반에 못 미치는 17개국이었다. 본래 민중봉기가 들끓고 있던 시기를 노려 결의안을 투표에 부친 결과, 이사국들 사이의 골이 깊어지게 되었다. 어떤 의미에서, 알키바르 폭격 사건은 국제정치의 틈바구니에서 농락당하고 있는 것이다.

이란과의 미묘한 관계

시리아와 이란은 서로 전략적 중요성을 지니고 있는 관계로 규정하고 있다. 시리아 정부가 외국 정부와의 관계에서 이와 같은 표현을 사용하고 있는 경우는 이란과 터키뿐이다. 그런데 그와 같았던 터키는 지금에 이르러 아사드 정권을 막다른 곳까지 내몰고 있는 '철천지원수'가 되었다.[44]

하페즈 아사드 대통령 시절의 시리아와 이란의 관계는 특정 문제에 대한 협력관계가 주종을 이루었는데, 바샤르 아사드 대통령 시대가 되자 더욱 광범위한 영역에서 협력관계가 이루어지고 있다.

그렇지만 양국이 상호 협력관계의 중요성을 연출하려고 하면 할수록 그 관계는 표면적인 것에 한정되어버린다. 또한, 양국이 각자의 사정에 의해 국제사회로부터 고립되고 제재를 받고 있는 상황이기 때문에, 양국 간의 적지 않은 삐걱거리는 관계를 필사적으로 서로 덮어주고 감추고 협력하면서 국제사회에서 부는 차가운 바람을 뚫고 나아가고자 하는 상황이 떠오르게 된다. 이 장면은 마치 꽁꽁 얼어붙은 겨울철의 시모키타 반도(下北半島)[45]에서 몸을 서로 바싹 기댄 채 오로지 추위를 참고 견

---

44 2012년 6월 23일 터키의 정찰기가 시리아군에 의해 격추되는 일이 벌어진 이후, 시리아와 터키의 관계는 최악의 상황에 직면해 있다. 터키는 2012년 3월에 시리아 주재 터키 대사관을 폐쇄하고 외교관을 철수시켰고, 또한 터키 주재 시리아 외교관도 추방했다.

디는 '일본 원숭이'의 모습을 방불케 한다.

시리아와 이란 양국의 대통령은 상대국을 서로 방문했고, 매년 총리급의 대표단이 왕래하며 전략적인 고위급 각료회의를 개최하며 상호 관계의 강화를 서로 약속했다. 이러한 성과로서 시리아에서는 이란으로부터 수많은 투자를 유치한 것이 화젯거리가 되었다. 석유 정제공장 건설, 국영 시멘트 공장건설, 버스·트럭 생산공장 설립계획, 암모니아 비료공장 개축 계획, 타이어 공장건설, 자동차 도장제 및 접착제 생산공장 건설 등이 이에 포함된다.

2008년에 이란의 공업담당 장관이 향후 10년간 100억 달러 규모로 시리아에 대한 공업 투자를 할 것이라고 말했는데, 모든 것이 계획대로 진행된다면 이란은 시리아에 대한 최대 투자국이 될 것이다.

군사 협력 분야에서도 양국은 대단히 긴밀한 관계를 유지하고 있으며, 고위급 군인들의 교류도 활발하다. 레바논의 헤즈볼라에 대한 관계에서도 시리아와 이란 사이는 매우 밀접하다. 이란의 마흐무드 아흐마디네자드(Mahmoud Ahmadinejad)[46] 대통령이 시리아를 방문한 2010년 2월에 바샤르 아사드 대통령은 특별히 레바논으로부터 헤즈볼라의 최고 지도자 하산 나스랄라를 초대하여 시리아·헤즈볼라·이란 간의 '3자 회

---

45 시모키타 반도(下北半島), 일본 아오모리현(青森縣)의 북동부에 위치해 있는 반도이다. 모양이 도끼와 비슷하여 일명 '도끼 반도'라고도 불린다.
46 마흐무드 아흐마디네자드(Mahmoud Ahmadinejad, 1956~), 2005년 8월 이후 이란의 현직 대통령이다. 1993년부터 1997년까지 아르다빌(Ardabil) 주지사, 2003년부터 2005년까지 테헤란 시장을 각각 역임했다. 1979년 테헤란 주재 미국 대사관에 대한 습격 사건이 일어났을 때 주동자들 가운데의 한 명이었다.

담'을 성사시킴으로써, 긴밀한 관계를 연출했다.

그렇지만 현장에서 진행되고 있는 실제 모습을 관찰해보면, 다른 모습을 살펴볼 수 있다. 국영 시멘트공장 증설계획은 실제로 1994년에 이란과 계약이 체결되었고 그 이후 수많은 우여곡절을 거쳐 가까스로 2007년 12월에 낙성식을 하게 되었다. 그러나 그 이후에도 본격적인 가동은 하지 못하고 시운전 상태에 머물러 있다. 이란에서 제조한 자동차의 부품을 조립하여 판매하는 녹다운(knock down)[47] 방식을 활용하는 회사 두 곳은 연간 1만 대와 5,000대의 규모로 생산하고 있다. 두 회사에서 생산하는 자동차에 대한 시리아 국민의 평가는 낮다. 가격은 정부의 과세 특별감면 조치에 따라 1.5리터 및 1.8리터 엔진 규모의 자동차가 한화 약 1,460만 원 정도로 저렴하기 때문에, 수요는 일정하게 존재한다. 그런데 이란의 모회사가 수출 가격을 인상하겠다고 통고를 하자, 시리아 정부는 2011년에 들어 관세 특별감면 조치를 추가하는 방안을 결정함으로써 경쟁력을 유지하고자 했다.

2008년 1월, 시리아가 이란으로부터 우선 10억m^3의 천연가스를, 그리고 향후에 30억m^3의 천연가스를 각각 공급받기로 하는 합의가 양국 당국자들 사이에 이루어졌다. 시리아에서는 이를 위한 가스 수송관의 건설에 나섰다. 1980년대에 이란은 파격적인 조건으로 시장 가격 10억 달러 상당의 석유를 매년 시리아에 공급했는데, 이번에도 저렴한 가격으로 공급받기를 원하는 시리아의 요청에 부응했다. 이란은 천연가스의

---

47 녹다운(knock down)이란 조립을 의미하며, 무역용어로는 완성품이 아닌 부품을 수출하여 현지에서 직접 조립하여 판매하는 방식을 지칭한다. 주로 개발도상국에 자동차를 수출할 때 많이 활용되는 방식이다.

매각 가격에 대해 이를 국제시장 가격이라고 하며 일축했다.

이와 같이 경제 분야에서 이제까지 다양한 계획들이 공표되었지만, 눈여겨 볼만한 성과는 거의 거두지 못하고 있다. 이란의 투자 항목에 대한 시리아 경제계의 분위기는 대단히 냉담하다. 그들은 관심을 갖고 있지 않을 뿐만 아니라 거리를 두고 있다.

경제 관계에서 시리아가 이익을 누리며 관심을 갖고 있는 유일한 예외는 이란으로부터의 관광객에 의한 특수이다. 다마스쿠스에 있는 이슬람교 시아파의 성지를 방문하는 관광객은 매년 30만 명 수준을 유지해왔다. 시리아와 이란의 사이에는 매일 정기 항공편이 왕래하고 있다. 관광객들은 항공기뿐만 아니라 열차와 버스 등을 이용하여 대량으로 시리아를 방문하고 있다. 대부분 저렴한 배낭여행이 주종을 이루고 있지만, 방문객이 머물면서 평균 500달러를 사용한다고 계산할 경우에 적어도 1억 5,000만 달러 상당의 외화를 매년 시리아에 가져다주는 셈이 된다. 2011년 3월 이후 관광객 수는 감소하고 있지만 방문은 계속되고 있다.

정치·외교 분야를 살펴보면, 시리아와 이란 사이에는 서로 마찰을 빚고 있는 몇 가지 사안이 있다. 우선, 이라크와 이스라엘에 대한 정책에서 양국 간에는 큰 차이가 있으며, 양국의 대통령이 왕복하여 회담을 하여 조정하지 않으면 안 되는 경우가 적지 않았다.

이란은 이라크의 시아파를 수중에 넣고 그들을 통해 이라크 내부에서 이란의 영향력 강화를 도모하는 것과 함께, 미국 정부의 이라크 안정화 정책을 어렵게 만들고 있다. 시리아 정부는 어디까지나 이라크가 아랍 정체성을 유지하는 것을 중시하며, '통일 이라크'의 안정 실현을 추구하고 있다. 그런 의미에서, 시리아 정부는 미국 정부의 정책과 방향성을 공유하고 있다고 할 수 있다.

이스라엘에 대한 정책과 관련해서는, 골란 고원의 반환을 실현하고 공정하고 포괄적이며 영구적으로 문제 해결을 추구하는 시리아 정부와 이스라엘 정부 사이의 평화 교섭 움직임에 대해 이란의 불만이 표출되기도 한다.

2007년 11월, 미국 정부가 주최한 팔레스타인 문제의 해결을 위한 아나폴리스 회의[48]가 개최되었을 때, 이란 정부는 이 회의의 개최를 비난했다. 이에 반해, 시리아 정부는 회의 참가를 결정하고, 파이살 메크다드(Faisal Mekdad) 외무차관을 단장으로 하는 대표단을 보냈다. 회의에서 진행된 메크다드 외무차관의 연설은 온건하고 전향적이었으며, 미국 정부도 이에 호의적인 평가를 내렸다. 이란 정부는 시리아 정부의 이와 같은 행태에 불만을 품었다. 아흐마디네자드 대통령은 아랍 국가들이 이 회의에 출석한 것은 잘못된 것이라고 말했다. 시리아 정부는 메크다드 외무차관이 귀국하자마자 그 상태로 이란 테헤란으로 다시 파견하여 아흐마디네자드 대통령에 대해 시리아 정부의 진의를 설명하도록 했다.

2008년 5월, 터키 정부를 중재자로 하여 시리아 정부가 이스라엘 정부와 간접 교섭을 시작했을 때, 이란 정부는 전향적인 자세를 보이지 않았다. 이와 관련하여 사전에 어디까지 파악하고 있었는지 의문이다. 이 교섭에 대해 이란은 불만을 지녔지만, 사후에 시리아 정부로부터 설명

---

48 아나폴리스 회의(The Annapolis Conference), 2007년 11월 27일, 미국 아나폴리스에 소재해 있는 미군 해군사관학교에서 개최된 중동평화를 위한 국제회의이다. 당시 미국 부시 대통령, 라이스(Condoleezza Rice) 미국 국무장관, 이스라엘 올메르트(Ehud Olmert) 총리, 팔레스타인 지도자 압바스(Mahmoud Abbas) 등을 포함하여 40여 명이 넘는 관련국 지도자들이 참석했다.

을 전해 받게 되었을 때 '상실한 영토를 되찾는 것은 권리'라고 말하면서 시리아 정부에 대해 지지 의사를 표명했다. 그렇지만 그 지지는 제한적인 것이었다.

2008년 2월에 헤즈볼라의 군사부문 간부인 이마드 무그니야가 다마스쿠스에서 암살되는 사건이 발생했다. 이란 정부는 마누셰르 모타키(Manouchehr Mottaki)[49] 외무장관을 통해 사건의 수사에 협력하겠다는 의사를 곧바로 시리아 정부에게 전달했다. 그러나 시리아는 이 요청에 대해 쌀쌀맞고 단호한 자세로 거절하고, 또한 그 사실을 대외적으로 공표했다. 시리아 정부는 이 사건이 시리아 영토 내에서 일어난 사건이며, 시리아 정부가 책임을 지고 사건의 해명에 임할 것이라고 천명했다.

그런데 아직 이란에게는 불만이 남아 있었다. 2주일 후, 테헤란에서는 정부계통의 신문이 무그니야의 이란인 부인의 증언을 통해 사건의 배후에는 시리아 정부가 연계되어 있으며, 그 증거는 이란 정부가 사건에 대한 수사 협력을 신청했는데 이를 거절한 것이라는 내용의, 시리아 정부를 강력하게 비난하는 기사를 보도했다. 이에 대해 시리아 정부는 무시했다.

그 이후 4월경, 아흐마디네자드 대통령과 가까운 것으로 간주되는 이란의 한 통신사는 무그니야 암살에 사우디아라비아의 정보기관이 관계되어 있음이 판명되었다고 언급했다. 또한, 쿠웨이트와 카타르가 시리아 당국에 대해 이 사건에 대한 수사결과 공표를 자제하도록 요구하는

---

49 마누셰르 모타키(Manouchehr Mottaki, 1953~), 2005년 8월부터 2010년 12월까지 이란의 외무장관을 역임했다. 일본 주재 대사를 지낸 바 있으며, 1980년에서 1984년, 그리고 2004년에서 2005년까지 이란 국회의원에 선출되었다.

움직임을 보이고 있다고 보도했다. 시리아 정부는 이때에도 반응을 보이지 않았다. 이 사건과 관련된 수사는 지금도 계속되고 있다.

사실은 이와 같은 사례가 너무 많아 셀 겨를이 없다. 이란에서 아흐마디네자드 대통령이 2005년에 취임할 때까지 약 25년 동안 아랍 세계에서 시리아가 그때까지 맹우(盟友)로 여겨왔던 이집트가 이스라엘과 단독 평화조약을 체결하면서 결별했기 때문에, 시리아의 입장에서는 이집트가 남긴 그와 같은 공백을 이란이 메워주었고 이란·이라크 전쟁 중에 걸프 국가들로부터 유입이 끊어진 자금 원조를 이란의 석유제공을 통해 보충하고자 했다. 또한, 레바논에 대해서는 1982년 이스라엘의 군사침입 이래 이란이 헤즈볼라 등을 설립함으로써, 시리아의 레바논 경영과 이스라엘에 대한 대결자세를 밑받침해주었다.

이란의 견지에서 볼 때, 1980년대에 시리아는 이라크로부터 연결된 석유 송유관을 멈추게 하여 이라크로 하여금 전쟁을 계속 추진하는 데 필요한 자금의 조달을 어렵게 했으며, 군사적인 측면에서 시리아의 동향은 이라크 정부에게 영향을 미쳤다. 아흐마디네자드 대통령이 취임한 이후, 양국은 전략적 호혜관계를 내세우고 있으며 관계가 더욱 강화된 것처럼 보인다. 그것은 시리아와 이란이 모두 각국의 사정으로 인해 구미 국가들로부터 큰 압력을 받고 있어서, 두 나라가 손을 잡고 국제사회에 불고 있는 차가운 풍파를 함께 헤쳐 나갈 필요가 있기 때문이다.

국제사회 속에 양국이 처해 있는 상황을 배경으로 하여, 당초부터 '편의상의 결합'이라는 야유를 받으면서도 상호 간의 국익을 지키기 위해 서로 돕는 관계를 형성하고 있다. 이로 인해, 국제사회가 시리아와 이란을 비난하고 정권에 대한 압박을 가하면 가할수록, 두 나라는 떨어지고 싶어도 떨어질 수 없는 상황 속에서 더욱 강력한 유대관계를 맺는 '가면 부부'의 모습을 계속 연출하고 있다.

알라위파 정권으로의 회귀

2011년 4월에 발족한 내각을 이끌고 있는 아델 사파르(Adel Safar)[50] 총리는 다마스쿠스대학 교수로 전문 분야는 농업 문제이며, 2003년 이후 당시 오트리 총리가 주도하던 내각에서 농업장관을 맡았던 검소하고 건실한 기술관료(테크노크라트)이다. 그는 알라위파이며, 바아스당 당원이기도 하다. 알라위파가 총리가 되는 예는 과거에 별로 없었다. 30여 명의 각료들로 구성되는 내각은 주로 기술관료들로 구성되어 있다. 또한, 총리보다 위에 있는 두 명의 부통령은 모두 수니파인데, 실제적인 실권은 갖고 있지 않다.

그런데 민중봉기가 발발한 이후 하페즈 아사드 대통령 시대에 활약하여 수완을 보였던 전임 군 정보기관 수장이자 알라위파 출신인 알리 두바(Ali Duba)가 은퇴 이후 10여 년 만에 정부 부처로 복귀했다. 또한, 군 첩보기관의 수장이었던 바샤르 아사드 대통령의 매형 아세프 샤우카트(Assef Shawkat, 1950~2012)는 중장으로 승진하여 형식상으로는 시리아군 참모차장에 취임하여 실무로부터 멀리 떨어졌다. 그렇지만 현재 그는 다시 실무에 참여하고 있다.

한편, 부총리 겸 국방장관으로서 하페즈 아사드 정권을 계속 뒷받침했고, 바샤르 아사드 대통령으로의 정권 이행에 주도력을 발휘했던 수니

---

50 아델 사파르(Adel Safar, 1953~), 시리아의 학자 및 정치인이다. 2011년 4월 14일부터 2012년 6월 23일까지 시리아의 총리를 지냈다. 또한, 2003년부터 2011년까지 농업 담당 장관을 역임했다.

파의 무스타파 틀라스(Mustafa Tlass) 퇴역 중장은 지금도 바샤르 아사드 대통령과 개인적 관계는 좋지만, 정권에는 일절 관여하지 않는다.[51] 어쨌든 직면하고 있는 정권 최대의 위기를 극복하기 위해, 알라위파 관계자들이 다시 정권에 모여들어 영향력을 행사하고 있는 것처럼 보인다.

사면초가를 비웃는 베두인(유목민) 정권

민중봉기가 발발한 이래, 구미 국가들은 아사드 정권에 대해 제재를 거듭하고 있으며 아랍연맹과 관련 국가들도 각종 제재를 시리아에 가하고 있다. 이에 대해 시리아 정부와 관계자들은 알자지라와 알아라비야 등의 보도기관이 사실과 다른 보도를 하고 있을 뿐만 아니라, 시리아 정부의 붕괴를 노리는 국제적 음모의 일익을 도맡아 날조 보도를 되풀이 하며 반정부 운동을 계속 선동하고 있고, 국제사회는 그와 같은 편향된 보도를 무비판적으로 받아들이고 있다고 큰 소리로 부르짖고 있다. 그들은 이와 같은 제재는 정당한 근거를 갖고 있지 않으며 시리아 국민을 고통스럽게 할 뿐인 잘못된 정책이라고 간주한다. 또한, 시리아는 이러한 국내외의 위기를 반드시 극복하고, 나아가 강인한 국가로 성장해야 한다고 목소리 높여 주장하고 있다.

이러한 그들의 주장에 이유가 없는 것도 아니다. 시리아는 이미 30년

---

51 2012년 7월 초 무스타파 틀라스의 차남이자 시리아군 준장이었던 마나프 틀라스(Manaf Tlass, 1964~)가 이탈을 하여 프랑스 파리로 거처를 옮긴 것으로 알려져 있다. 이에 따라 바샤르 아사드 대통령과 무스타파 틀라스 사이에 반목이 형성되고 있다. 무스파타 틀라스의 장남 피라스 틀라스(Finas Tlass, 1960~)는 두바이와 파리에 거점을 두고 활약하고 있는 재력가이다.

동안 미국으로부터 경제재제의 대상이 되어왔으며, 2004년 이후 그 제재가 더욱 강화되는 가운데 국민은 인내하는 방법을 체득하고 있다. 또한, 하페즈 아사드의 시대였던 1980년대에는 정치상황이 어둡고 국내 경제가 혼미하여 외화보유고가 겨우 1주일 정도의 수입을 할 수 있을 뿐인 수준까지 고갈되는 시기를 경험하기도 했다. 그럼에도 시리아는 그와 같은 위기를 극복했다. 즉, 시리아 사회는 일정한 저항력을 지니고 있는 것이다.

시리아 사회에는 베두인(유목민)[52]적 성격이 대단히 강력하게 흐르고 있으며, 시리아 국민들은 베두인 사회의 전통을 지키며 서로 도우면서 살아가고 있다. 그들은 상대가 때리면 때릴수록 이를 되받아친다.

민중봉기가 발발한 이후 사회가 혼란스럽게 되자, 시리아에는 다시 부족사회적인 요소가 표면에 부각되어 사회생활을 이끌고 있다. 이러한 베두인적 전통은 아사드 정권에도 농도 짙게 반영되어 있다. 이는 영국에서 생활을 했던 도시인 출신 바샤르 아사드에게도 예외가 아니다. 하페즈 아사드의 자식이라는 점만 보아도 이런 경향은 더욱 강하다고 할 수 있을 것이다. 그는 어느 부족의 장로든지 실제로 공손하게 대하고 결코 소홀히 하지 않으며, 부족과의 유대관계를 존중하고 있다.

의전 절차에 따라 그렇게 결정되어 있는 경우를 제외하고, 그는 오는 손님을 반드시 문까지 나가서 맞이하고 배웅한다. 189cm의 장신인 바샤르 아사드 대통령은 손님 앞에서 다리를 가지런히 하며, 결코 다리를 꼬고 앉지 않는다. 손님에게 다리의 뒷부분을 보이는 것은 손님을 욕되

---

52 베두인(Bedouin), 바다위(*badawi*, 마을)에 거주하지 않는 사막에 거주하는 사람을 의미한다. 보통 아랍 세계의 유목민에 대해 사용된다.

게 하는 것으로 간주하고 이는 결코 해서는 안 된다는 베두인의 가르침을 충실하게 지키고 있는 것이다.

바샤르 아사드 대통령 일가의 생활 모습은 건실하며 대단한 화려함과 아름다움은 거기에서 찾아볼 수 없다. 이는 오늘날의 아랍 세계에서 볼 때 예외적이기까지 하다. 그는 자동차를 좋아해서 몇 대의 승용차를 보유하고 있지만, 그 어느 것이나 유럽에서 보통으로 간주되는 차종이다. 바샤르 아사드 대통령의 이와 같은 생활 자세에 대해 많은 시리아 국민들은 호감을 갖고 지켜보고 있다.

바샤르 아사드 대통령은 치안군 관계자들 중에 휴식을 취할 겨를도 없이 임무에 계속 종사하는 가혹한 상황에 처해 있는 군인들이 있다고 말한 적이 있다. 그렇지만 민중봉기의 진압에 투입되고 있는 군 병력의 규모가 상당하다고 해도, 군대의 전체 규모를 감안해볼 때 아직 상당한 여력이 있다. 진압에 투입되기도 하는 전차도 시리아군이 보유하고 있는 소련 시대의 전차들 가운데에서 구식 전차가 많은 편이다. 아직 정예부대는 절반 이상이 온존하고 있다. 시리아군의 아사드 정권 관계자들은 국외로부터의 본격적인 군사개입이 없는 한, 위기를 극복할 수 있을 것이라는 생각을 갖고 장기전에 임한다는 각오로 대응하고 있는 것으로 보인다.

그러나 사람들이 너무 많은 피를 흘리고 있다. 봉기한 민중이 어떻게든 제압이 된다고 해도 이들은 완전하게 제압되지 않는다. 그런데 이와 같은 사람들을 선동하고 무력을 통해 반체제 운동을 계속하고 있는 세력이 있다. 일반 민중은 이러한 그들로부터 협박을 받고 있으며, 다른 한편으로 시리아 정부로부터도 압력을 받아 양쪽에서 '협공'을 당하는 상태에 처해 있다. 아사드 정권은 상처를 입은 사자[53]가 되었다. 그러나 여력은 아직 남아 있다. 무장한 반체제 세력과 대결하면서도, 시리아 정부는 향후 일련의 개혁정책을 추진할 계획을 갖고 있다. 그것은 정부가 주도하는 개혁의 틀을 벗어나지 않는 것이지만, 지향하는 개혁의 내용은 오늘날의 아랍 세계 가운데에서도 대단히 선진적인 것이라는 점을 지적해둘 필요가 있다.

---

53 아사드(al-Assad, الأسد)는 아랍어로 사자(獅子)를 의미한다.

결론

독자 여러분들은 시리아의 현 정권이 앞으로 어떻게 될 것인가, 시리아 정세는 어떻게 전개될 것인가에 대해 분명히 매우 큰 관심을 갖고 있을 것이다. 미래를 예측하는 것은 어려운 일이지만, 아래와 같은 몇 가지 사항은 말할 수 있을 것으로 생각한다.

우선, 민중봉기의 과정에서 시위가 가장 뜨겁게 불타올랐던 2011년 7월에, 반체제파 그룹에서는 전국에서 약 100만 명이 넘는 민중이 길거리로 나왔다고 주장했다. 그렇지만 시리아 정부 측에서는 시위의 규모는 기껏해야 13만 5,000명 정도였다고 밝히고 있다. 혁명이 성공하기 위해서는 임계대중(critical mass)[1]이라고 일컬어질 정도의 국민들이 길거리로 쏟아져 나오는 열기와 기세가 필요한데, 시리아에서는 아직 그와

---

1 임계대중(臨界大衆, critical mass), 낡은 패러다임을 새로운 패러다임으로 바꾸려면 새로운 패러다임을 선택하는 사람들이 낡은 패러다임을 고수하는 사람들보다 많아져야 하는 데, 이때 낡은 패러다임을 버리고 새로운 패러다임을 선택한 사람들을 지칭한다.

같은 수준에 도달하지 못하고 있는 것으로 필자는 보고 있다. 이러한 판단은 다마스쿠스의 지식인들도 공유하고 있으며, 이곳에 주재하는 외교 대표단도 마찬가지로 인식하고 있는 견해이다. 2012년 4월 이래 유엔이 감시단을 파견하여 치안 상태가 다소 개선되었을 때에도, 시위의 규모는 반체제파의 발표에 의한 것을 보더라도 전국적으로 수천 명에서 수만 명 정도에 그치고 있다.

다음으로, 국민들 가운데 적극적인 정권 지지파도 아니고 반정권파 혹은 반체제파도 아닌 중간층이라고 불리는 많은 국민들이 점차 학살 등 비인도적인 행태를 자행한 것이 밝혀지고 있는 반체제파 그룹에 대해 더욱 경계하는 태도와 비판적인 자세를 취하고 있다. 물론 시리아 국민의 생활조건은 결코 좋지 않다. 그럼에도 생활고에서 기인하는 사회에 대한 불만이 반정부 운동으로 전환되어 현저하게 부각되지는 않고 있다. 경제계에서도 정권에 대한 불만은 크지만, 적극적으로 반체제파에 가세하여 정권 타도를 향해 나아가는 움직임은 이루어지지 않고 있다. 정권 내부가 붕괴할 징후도 보이지 않는다. 지금까지 정권에서 이반한 구성원들은 거의 없으며 시리아군, 치안부대, 경찰 중에서 이탈한 사람들도 제한적이다.

한편, 국외에서 활약하는 반체제파 그룹은 국제사회로부터 폭넓은 이해와 지원을 받고 있지만, 시리아 국내의 민중으로부터는 강력한 공감을 얻어내지 못하고 있으며 상호 간의 연대는 거의 불가능하다. 또한, 민중봉기가 시작된 이래 1년이 넘게 지났지만 아직 통합되지 못하고 몇 개로 나뉘어져 있는 반체제파 그룹들 간에는 대동단결마저 불가능한 실정이다.

시리아 국민은 확실히 민중봉기에 대한 탄압 과정에서 아사드 정권에 대한 반감을 매우 크게 지니고 있을 것이다. 정권 측에 밀착해 있는 일부 알라위파에 대한 비판도 크다. 향후의 정권 운영에서 치안기관과 군의 영향력이 강화되는 것은 피할 수 없을 것이다. 그럼에도 바샤르 아사드 대통령 개인에 대한 비판에 대해서라면 사정은 일변하게 된다. 아사드 대통령 부부의 생활은 아랍 세계에서도 예외적이라고도 일컬어질 정도로 검소하다. 시리아 국민들은 이것을 잘 알고 있다. 알자지라가 2012년 2월에 보도한 영상 화면에서 부상을 당한 애처로운 모습의 아이가 "바샤르에게 신의 철퇴를 내려주시기를! 신이 우리의 복수를 이루어주시기를!"이라며 맥없이 지껄이는 장면이 있었는데, 이는 실제로 전형적인 '사전 각본'에 의해 만들어진 영상이었다는 것이 밝혀졌다.

시리아의 민중봉기에 대해 몇 가지 고려해야 할 과제가 있다. 무엇보다 먼저 카타르, 사우디아라비아, 그리고 터키의 매우 과도한 반(反)시리아적인 자세이다. 이 국가들의 권리와 이익은 시리아에 의해 직접적 혹은 간접적으로 침해를 받지 않고 있다. 이들은 아사드 정권이 민중봉기에 의해 비교적 단기간에 붕괴되어버릴 것으로 생각하고, 민중에 대한 지원이라고 자처하면서 한꺼번에 돌진했다. 그러나 그들의 예측은 빗나갔다.

아랍연맹의 역사 속에서 가맹국이 스스로 공공연하게 가맹국의 정권을 타도하는 것에 매진하고 있는 카타르와 사우디아라비아의 움직임은 그 유례가 없는 사태이다. 아사드 정권이 계속 살아남게 될 경우에, 이 두 나라는 거꾸로 부메랑 효과에 직면하게 될 가능성도 있다. 터키에서도 에르도안 정권이 지금까지 봉인해온 문제들이 분출될 것이다.

시리아 사태는 미디어의 존재양태에 대해서도 심각한 문제를 제기하고 있다. 알자지라 등 걸프지역 국가들의 위성방송국은 객관적 보도를 지향하는 저널리즘의 기본자세에서 크게 일탈했다. 또한 위성용 휴대전화와 비갠(BGAN) 단말기 등을 시리아 국내의 반체제파 그룹에게 적극적으로 제공한 것으로 알려져 있다. 그리고 무장집단 측에서 명백하게 날조된 뉴스를 계속 보도하고, 그 반면 예를 들어 시리아에서 새로운 헌법의 채택을 위한 국민투표가 실시되었다는 것은 무시하고 거의 보도하지 않는다. 2012년 2월에 시리아 국민들은 신속히 TV를 틀고 알자지라 등이 보도하는 황당무계한 뉴스와 코멘트 모습을 보고 들으면서 이에 통달한 듯이 잘 견디어냈다.

알자지라 사내에서는 저널리즘의 위기라며 과거 1년 동안 유능한 기자들이 수없이 퇴직하는 사태가 계속 진행되고 있다는 것은 앞에서 이미 언급했다. 또한, 뉴스의 신뢰성이 떨어짐에 따라 알자지라가 누렸던 왕년의 명성도 퇴색되고 있고, 아랍 세계에서 시청자의 이탈현상이 일어나고 있다는 소식을 전해 듣게 된다.

과거 60여 년 동안, 중동 세계에서는 중동 분쟁의 공정하며 영구적이고 포괄적인 해결을 실현하는 것이 가장 중요한 과제라는 공통된 인식이 존재했으며, 중동 세계 정치외교의 중심은 이스라엘과 그 주변 지역에 위치했다. 한편, 제4차 중동전쟁의 발발 이후 아랍 산유국들이 연출한 두 차례의 석유위기를 거쳐 원유 가격이 상승하기 시작한 이래, 걸프지역 국가들의 경제적인 부가 비약적으로 확대되었으며 아랍 세계의 경제적 중심은 확실히 걸프협력기구(GCC)의 걸프지역 국가들로 이동하고 있다. 20세기 말부터 21세기 초에 이르러 걸프지역 국가들은 정치·외교 분야에서도 자국의 가능성을 강력하게 인식하게 되었다. 이 지역에서 가장 심각한 위협이 되는 요인은 바로 이란이다. 중동 세계에서 중심을 이동시키는 큰 물결을 만들어낸 사건이 시리아의 민중봉기 이래 일어나고 있는 사태라고 할 수 있다.

　미국 뉴욕의 인권단체인 인권감시협회(Human Rights Watch)가 2012년 3월에 시리아 정권 측은 물론 반체제 측도 비인도적인 행동을 감행하고 있으며, 이는 2011년 9월 이후에 특히 증가되고 있다고 발표했다. 그러자 미국의 시리아 주재 로버트 포드(Robert Ford) 대사(현재 귀국하여 워싱턴에서 근무 중)는 인권단체의 발표가 있은 지 1주일 후에 이루어진 미국 하원의 공개청문회에서 기존과 같은 시리아 정부에 대한 비난을 강한 어조로 반복했다. 그런데 출석 의원으로부터 반체제 측의 잔학행위에 관련된 질문을 받게 되자, 처음으로 작년 홈스 시내의 사태가 위험해진 이후에 그와 같은 내용의 보고서를 입수한 바가 있다고 대답했다. 물론, 그의 발언은 애매하고 무기력했으며 내용도 부족했다.

　홈스 시내의 긴장이 높아진 것은 2011년 4월 무렵의 일이다. 그런데 2012년 봄에 사직한 알자지라의 베이루트 지국장은 2011년 4월에 일단의 무장 그룹이 레바논으로부터 국경을 넘어 시리아 쪽으로 침투하는 것을 목격했으며, 5월에는 무장 그룹이 시리아 정부와 무력충돌을 벌이고 있는 현장을 보고했다고 밝히고 있다.

　또한, 필자 친구의 조카들이 이미 8월경에 홈스에서 반체제파 그룹에 납치되어 살해되기도 했다. 또한, 살해되기 전에 유튜브(YouTube)상에 두 차례 '출연'했다. 첫 번째 출연을 통해 자신은 상관이 일반시민을 살해하라고 명령해서 탈영한 병사라는 것을 '증언'했고, 두 번째 출연에서는 시민 5명을 살해했다고 '고백'했다.

　그런데 그 조카는 군 계통에 소속되어 있기는 했지만, 문관이었으며 무기를 다룰 줄도 몰랐으며, '증언'이나 '고백'도 강요에 의해 꾸며진 것이다. 필자 친구의 다른 조카는 눈만 드러나는 검은 두건을 쓴 남자들에게 강제로 납치되어 시민들이 보고 있는 앞에서 머리가 잘려나갔다. 시민들은 그와 같은 기괴한 모습에 손과 다리 모두 움직이지 못하고 속수무책일 수밖에 없었다. 정보수집의 최전선에 서 있는 것이 확실한 미국 포드 대사의 정보 갱신이 사태의 전개로부터 많이 늦어지고 있다. 민중봉기가 몇 개월 동안 평화적으로 진행되고 있다는 것은 일종의 신화이며 만들어진 말에 불과하다.

 이 책은 공개정보와 필자 개인의 정보원으로부터 공개를 전제로 하고 얻은 것을 토대로 하여 집필되었다. 마지막으로, 이 책의 출간은 헤이본샤(平凡社)의 편집자 가나자와 도모유키(金澤智之) 씨의 이루 말할 수 없는 헌신적인 이해와 협력을 통해 비로소 실현되었다. 이에 더하여, 가나자와 씨와 필자가 함께 우정을 나누고 있는 친구의 깊은 배려에 마음으로부터 감사하고 싶다.

부록: 시리아 '아사드 대통령' 일가 가계도

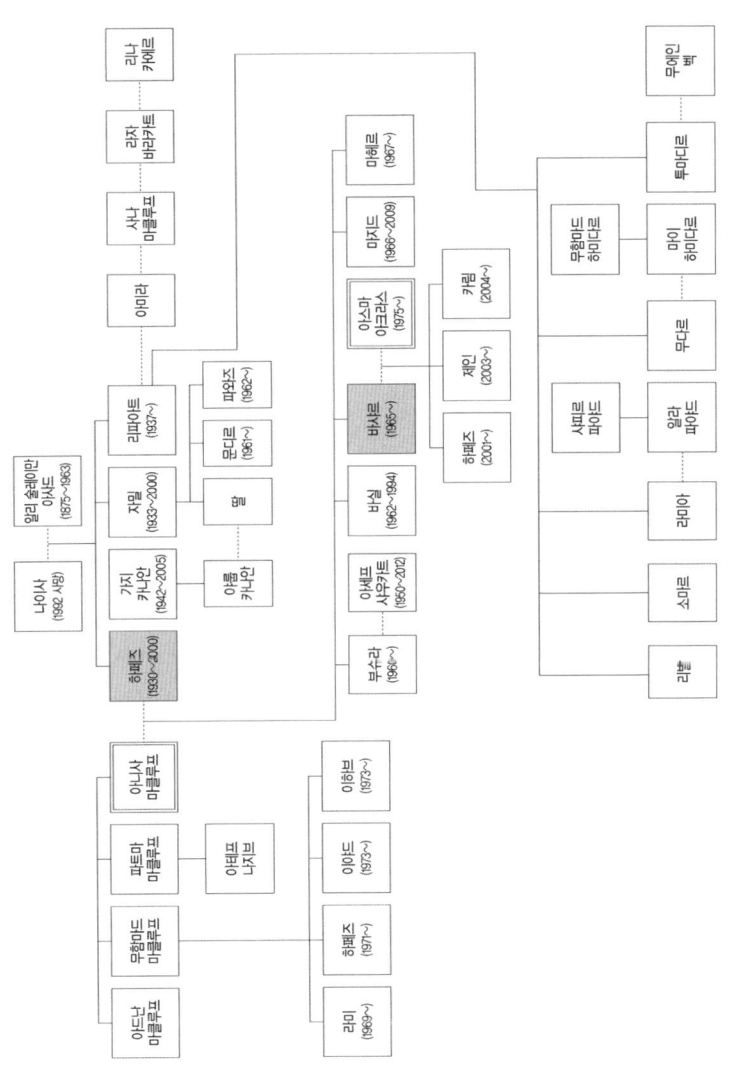

부록 __ 267

부록: 시리아 행정구역

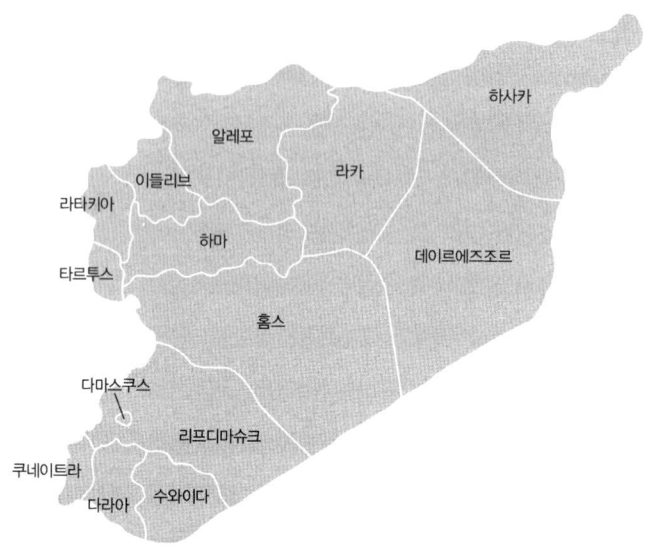

주(州)	면적(km²)	인구 수(명)
다마스쿠스	105	171만 (2009년)
리프디마슈크	18,032	227만 (2004년)
쿠네이트라	1,200	8.7만 (2010년)
다라아	3,730	99.8만 (2010년)
수와이다	5,550	41.7만 (2010년)
홈스	42,223	176만 (2010년)
타르투스	1,892	78.5만 (2010년)
라타키아	2,297	99만 (2010년)
하마	8,883	159만 (2010년)
이들리브	6,097	146만 (2010년)
알레포	18,482	404만 (2004년)
라카	19,616	92만 (2010년)
하사카	23,334	150만 (2012년)
데이르에즈조르	33,060	120만 (2010년)

부록: 시리아 역대 대통령 일람

Presidents of the Syrian Republic (1946~1958)

1946.4.17~1949.3.30	슈크리 쿠와틀리(Shukri al-Quwatli)
1949.3.30~8.14	후스니 자임(Husni al-Za'im)
1949.8.14~8.15	사미 힌나위(Sami al-Hinnawi)
1949.8.15~1951.12.2	하심 아타시(Hashim al-Atassi)
1951.12.2~12.3	아디브 시샤클리(Adib Shishakli)
1951.12.3~1953.7.11	파우지 셀루(Fawzi Selu)
1953.7.11~1954.2.25	아디브 시샤클리
1954.2.26~2.28	마문 쿠즈바리(Maamun al-Kuzbari)
1954.2.28~1955.9.6	하심 아타시
1955.9.6~1958.2.22	슈클리 쿠와틀리

Presidents of the United Arab Republic (1958~1961)

1958.2.22~1961.9.29	가말 나세르(Gamal Abdel Nasser)

Presidents of the Syrian Arab Republic (1961~현재)

1961.9.29~11.20	마문 알 쿠즈바리
1961.11.20~12.14	이자트 누스(Izzat an-Nuss)
1961.12.14~1963.3.8	나짐 쿠드시(Nazim al-Kudsi)
1963.3.9~7.27	루아이 아타시(Luai al-Atassi)
1963.7.27~1966.2.23	아민 하피즈(Amin al-Hafiz)
1966.2.25~1970.11.18	누레딘 아타시(Nureddin al-Atassi)
1970.11.18~1971.2.22	아흐마드 카티브(Ahmad al-Khatib)
1971.2.22~2000.6.10	하페즈 아사드(Hafez al-Assad)
2000.6.10~7.17	압둘 카담(Abdul Halim Khaddam)
2000.7.17~	바샤르 아사드(Bashar al-Assad)

부록: 시리아 역대 총리 일람

Prime Ministers of the Syrian Republic (1946~1958)

1946.4.17~12.16	사달라 자비리(Saadallah al-Jabiri)
1946.12.16~12.29	칼리드 아잠(Khalid al-Azm)
1946.12.29~1948.12.17	자밀 베이(Jamil Mardam Bey)
1948.12.17~1949.3.30	칼리드 아잠
1949.4.17~6.26	후스니 자임(Husni al-Za'im)
1949.6.26~8.14	무흐신 바라지(Huhsin al-Barazi)
1949.8.17~12.24	하심 아타시(Hashim al-Atassi)
1949.12.24~12.27	나짐 쿠드시(Nasim al-Kudsi)
1949.12.27~1950.6.4	칼리드 아잠
1950.6.4~1951.3.27	나짐 쿠드시
1951.3.27~8.9	칼리드 아잠
1951.8.9~11.13	하산 하킴(Hassan al-Hakim)
1951.11.13~12.28	자키 카티브(Zaki al-Khatib)
1951.11.28~11.29	마루프 다왈리비(Maarouf al-Dawalibi)
1951.12.3~1953.7.19	파우지 셀루(Fawzi Selu)
1953.7.19~1954.3.1	아디브 시샤클리(Adib Shishakli)
1954.3.1~6.19	사브리 아살리(Sabri al-Asali)
1954.6.19~11.3	사이드 가지(Said al-Ghazzi)
1954.11.3~1955.2.13	파리스 쿠리(Faris al-Khoury)
1954.2.13~10.13	사브리 아살리
1955.9.13~1956.6.14	사이드 가지
1956.6.14~1958.3.6	사브리 아살리

Chairman of the Executive Council of Northern Region (Syria) of the United Arab Republic (1958~1961)

1958.10.7~1960.9.20	누레딘 쿠할라(Nureddin Kuhala)
1960.9.20~1961.8.16	압델 사라즈(Abdel Hamid al-Sarraj)

Prime Ministers of the Syrian Arab Republic (1961~현재)

1961.9.29~11.20	마문 쿠즈바리(Maamun al-Kuzbari)
1961.11.20~12.14	이자트 누스(Izzat an-Nuss)
1961.12.22~1962.3.28	마루프 다왈리비
1962.4.16~9.14	바시르 아즈마(Bashir al-Azma)
1962.9.17~1963.3.9	칼리드 아잠
1963.3.9~11.12	살라 알딘 비타르(Salah al-Din al-Bitar)
1963.11.12~1964.5.13	아민 하피즈(Amin al-Hafiz)
1964.5.13~10.3	살라 알딘 비타르
1964.10.3~1965.9.23	아민 하피즈
1965.9.23~12.21	유수프 주아이인(Yusuf Zuaiyin)
1966.1.1~2.23	살라 알딘 비타르
1966.2.23~1968.10.29	유수프 주이이인
1968.10.29~1970.11.21	누레딘 아타시(Nureddin al-Atassi)
1970.11.21~1971.4.3	하페즈 아사드(Hafez al-Assad)
1971.4.3~1972.12.21	압둘 클레이파위(Abdul Rahman Kleifawi)
1972.12.21~1976.8.7	마흐무드 아유비(Mahmoud al-Ayyubi)
1976.8.7~1978.3.27	압둘 클레이파위
1978.3.27~1980.1.9	무하마드 할라비(Muhammad Ali al-Halabi)
1980.1.9~1987.11.1	압둘 카슴(Abdul Rauf al-Kasm)
1987.11.1~2000.3.13	마흐무드 주아비(Mahmoud Zuabi)
2000.3.13~2003.9.10	무함마드 메로(Muhammad Mustafa Mero)
2003.9.10~2011.4.14	무함마드 오타리(Muhammad Naji al-Otari)

2011.4.14~2012.6.23	아델 사파르(Adel Safar)
2012.6.23~	리야드 히잡(Riyad Farid Hijab)

부록: 시리아 주요 연표

	시리아	외국
1946	4월 17일 시리아 독립	
1948	제1차 중동전쟁 발발	5월 15일 이스라엘 건국
1956	제2차 중동전쟁 발발	
1958	2월 시리아, 이집트와 연합국가 결성 (1961.10 해체)	
1963	3월 바아스당, 정권 탈취	2월 이라크의 바아스당, 정권탈취 (11월 정권 상실)
1967	6월 제3차 중동전쟁(6일전쟁) 발발	
1968		7월 이라크 바아스당, 정권 탈환
1970	11월 하페즈 아사드 국방장관, 쿠데타로 정권 탈취	
1973	10월 제4차 중동전쟁 발발	
1974	6월 미국 닉슨 대통령, 시리아 방문, 시리아 미국과 외교관계 개재	
1976	5월 시리아군, 레바논 진주(~2005년)	
1978		9월 미국, 이스라엘, 이집트 간에 캠프 데이비드 합의
1979	2월 아사드 대통령, 이란의 아야톨라 호메이니에게 혁명성취를 축하	1월 이란, 팔레비 왕조 붕괴 3월 이집트·이스라엘 평화조약 체결
1980	10월 시리아·소련 우호협력조약 체결	
1982	2월 정부군, 하마 시에서 무슬림형제단의 무장 궐기를 탄압	
1987		12월 제1차 인티파다(봉기) 발발
1989		10월 타이프 합의(레바논)
1990		8월 이라크, 쿠웨이트 침략

연도	시리아	국제
1991	1월 시리아, 걸프전쟁에 반(反)이라크로 참전 10월 마드리드 회의에 시리아 참가	1월 걸프전쟁 발발
1993		9월 오슬로 합의 (이스라엘, 팔레스타인)
1994		10월 요르단-이스라엘 평화협정 체결
2000	6월 하페즈 아사드 대통령 서거 7월 바샤르 아사드 대통령 취임 9월 '다마스쿠스의 봄' 99인 선언 발표	9월 제2차 인티파다 발발
2001	10월 시리아, 유엔 안보리 비상임 이사국 선출(임기는 2002~2003년)	9월 알카에다에 의한 미국 중추부 동시다발 테러 발생
2003		3월 다국적군, 이라크 침공 11월 미 의회에서 시리아 책임법 성립
2004	1월 바샤르 아사드 대통령, 시리아 대통령으로서 최초로 터키 방문 4월 카미슐리에서 쿠르드족 소동 발생	
2005	4월 시리아군, 레바논에서 완전 철수 6월 제10차 바아스당 대회 개최(시장개방 경제정책 채택) 10월 정부 비판파, 다마스쿠스 선언 발표	2월 레바논에서 라피크 하리리 전임 총리 암살
2006	25만 명의 레바논인, 시리아로 피난 11월 시리아·이란 외교관계 재개 (1982년에 외교관계를 단절)	1월 팔레스타인 총선 실시, 하마스 승리 7월 이스라엘군, 레바논 침공
2007	7월 바샤르 아사드 대통령 재선 (150만 명의 이라크 난민, 시리아로 피난) 11월 시리아 정부, 팔레스타인 문제에 관한 아나폴리스 회의에 참석	6월 하마스, 가자 무력진압 9월 이스라엘 공군, 시리아 동부 사막의 군사시설을 폭격
2008	3월 다마스쿠스에서 아랍연맹 정상회의 개최	5월 레바논 문제에 관한 도하 합의 12월 이스라엘군, 가자 침공

	5월 시리아·이스라엘 간접교섭 개시 10월 시리아와 레바논, 처음으로 외교관계 수립	
2009	6월 미첼 미국 중동특사, 아사드 대통령과 회담(또한 7월, 2010년 1월)	
2010	2월 번즈 미국 국무차관, 아사드 대통령과 회담 5월 메드베데프 러시아 대통령, 시리아 방문(소련 시대를 포함해 처음의 소련·러시아 정상 방문) 6~7월 아사드 대통령, 중남미 국가들 방문 7월 아사드 대통령(시리아)와 압달라 국왕(사우디아라비아)의 레바논 공동 방문	5월 이스라엘군, 가자 지원선박을 공해상에서 공격 12월 튀니지에서 실업 청년이 자살하여 민중봉기 시작
2011	2월 시리아 정부, 페이스북과 유튜브 해금 3월 남부 다라아 시에서 민중봉기 4월 유엔 인권이사회, 시리아 비난결의 채택(그 후에도 비난을 계속, 3개월마다 보고서 작성) 10월 유엔 안보리, 러시아와 중국의 거부권 행사에 의해 시리아 비난결의안 폐기(2012년 2월에도 마찬가지) 12. 아랍연맹, 감시단 파견(1개월로 중지)	1월 벤 알리 튀니지 대통령, 실각 2월 무바라크 이집트 대통령 사임 10월 카다피 대령 피살(리비아)
2012	1월 러시아 항공모함, 타르투스 항구 도착 2월 시리아 비난의 유엔 총회 결의 채택 2월 코피 아난 특사 임명 2월 이란 해군 함정, 타르투스항구 기항	6월 터키, 시리아 국경지대에 병력 파견(28일) 6월 러시아 푸틴 대통령, 이스라엘과 팔레스타인 방문 6월 스위스 제네바에서 시리아 사태

2월 새로운 헌법 공포
4월 유엔 안보리, 시리아에 대한 감시단 파견에 관한 결의 채택
5월 인민의회 총선거
6월 아사드 대통령, "실제로 전쟁 상황"이라고 발언
6월 시리아군, 터키 F4 전투기 격추(22일)
7월 시리아, 『테러 관련법』 발동
7월 코피 아난 전 유엔사무총장, 다마스쿠스 방문(8일)
7월 폭탄테러에 의해 시리아 국방장관 등 정부 요인 사망(18일)
7월 다마스쿠스에서 총격전 발생
7월 시리아 신임 국방장관 취임(20일)
7월 알레포에서 정부군과 반체제파 간의 교전 확대
7월 유엔 시리아감시단(UNSMIS) 단장 차량 피습(29)
7월 영국 주재 시리아 대사, 아사드 정권에서 이탈(30)

관련 관련국 각료회의 개최(30일)
6월 이집트 모르시 신임 대통령 취임(30일)
7월 이란 육군, 서부지역에서 군사훈련(5일)
7월 프랑스 파리에서 '시리아의 친구들 회의' 개최, 중국·러시아 불참(6일)
7월 영국, '시리아 제재안'을 각국에 배포
7월 미국, '시리아 붕괴' 시나리오 준비 시작(18일)
7월 러시아, 시리아 제재결의안에 재차 반대의사 표명
7월 이란, 시리아에 전력(電力) 공급 결정
7월 이집트 모르시 대통령, 미국 국방장관과 회담(30일)

* 2012년 6월 이후 연표는 옮긴이가 주요 외신을 참고하여 작성함.

옮긴이 후기

최근 시리아에서 계속되는 유혈 사태, 아사드 정권의 내구성에 대한 여러 가지 관측, 그리고 시리아를 중심으로 재현되고 있는 미국과 러시아 사이의 세력 다툼으로 인해 그 어느 때보다 시리아에 대한 국내외적 관심이 높아지고 있다.

사실은 시리아에 대한 책을 국내에 소개하려는 계획은 예전부터 구상을 해왔다. 일찍이 2003년에 전임 주레바논 일본 대사 나쓰메 다카오(夏目高男)는 『시리아 대통령 아사드의 중동외교, 1970~2000(シリア大統領アサドの中東外交, 1970~2000)』라는 단행본 서적을 출간한 바가 있다. 이 책을 바로 입수하여 일독했는데, 시리아 정치외교의 흐름을 아랍어, 영어, 일어 참고문헌을 토대로 연구하여 체계적으로 정리한 일본 연구자의 움직임이 무척 신선하게 다가왔다.

또한, 2004년에는 세계적인 시리아 전문가로서 최근까지 미국 하버드대학 교환교수로 강의를 했고 이스라엘·시리아 평화 교섭에서 이스라엘 대표로서 협상을 주도했던 이타마르 라비노비치(Itamar Rabinovich) 교수가 집필한 *Waging Peace: Israel and the Arabs, 1948~2003*의 최신 개정판을 읽으며, 시리아 문제를 위시한 중동 문제의 복잡한 구조와 흐름을 입체적으로 파악하기도 했다.

5년 전에 필자가 중국 베이징에 위치한 중국외교대학의 숙소에서 잠시 머물고 있을 때, '시리아 대표단'의 일원으로 중국을 방문했던 시리아 청년과 짧은 대화를 나눌 수 있는 기회가 있었다. 그리고 2008년 11월 22일에 미국 워싱턴 DC에서 개최된 북미중동학회(MESA) 연례학술대회에서 미국 '시리아연구학회(Syrian Studies Association)'의 주관 아래, 당시 주미 시리아 대사 이마드 무스타파(Imad Moustapha, 현재 주중 대사)가 기조 강연을 하는 세션에 참석하여 당시 시리아를 둘러싼 미국과 시리아 사이의 담론을 차분하게 경청할 수 있었다.

그 당시 회의가 끝나갈 무렵, 필자는 자리에서 강연을 마친 주미 시리아 대사에게 두 가지 질문을 했다. 그중에 하나는 "향후 러시아와 중국 가운데 어느 나라가 다마스쿠스에 대한 영향력을 더욱 미치게 될 것으로 생각하는가?"라는 것이었다. 마침 회의 장소에는 이스라엘의 대표적인 시리아 전문가라고 할 수 있는 텔아비브대학 에얄 지서(Eyal Zisser) 교수도 동석하여 서로 의견을 교환하기도 했다.

2009년 10월에는 미국 아나폴리스(Annapolis)에 위치한 미군해군사관학교(The United States Naval Academy) '마한홀'에서 열린 미국과 중국 간의 고위급 중동연구 모임에 초대되어 '탈냉전기 중국과 이슬람 시아파의 관계'에 대한 글을 발표할 기회를 갖게 되었다. 이 글은 중국과 이란, 시리아, 레바논 헤즈볼라, 팔레스타인 하마스의 관계를 중국과 '글로벌 시아파' 세력 간의 전략적 맥락 속에서 분석한 것이었다. 특히 중국과 시리아 간의 전략적 상호관계를 핵심적으로 다루었다.

그 이후 작년 5월에 이스라엘 히브리대학의 초청으로 예루살렘을 방문했다. 그 당시, 틈을 내어 텔아비브대학의 에얄 지서 교수와 다시 만나 잠시 인터뷰를 하고, '모세 다얀 중동·아프리카연구소(The Moshe Dayan Center for Middle Eastern and African Studies)'를 방문하여 시리아 및 중동연구와 관련된 연구 성과들을 살펴볼 수 있었다. 시리아에서 민중봉기가 한창이던 그때에 예루살렘에서 다마스쿠스를 내다보며 여러 가지 생각에 잠겼던 기억이 있다.

이와 같은 맥락에서 시리아 주재 전임 일본 대사가 최신 정보와 균형감 있는 시각으로 시리아의 현대사와 최근 동향을 설명해주고 있는 이 책을 옮겨 국내에 소개할 수 있게 된 것을 무엇보다 기쁘게 생각한다.

필자는 일본 도쿄외국어대학과 오사카대학에서 각각 '중동·이슬람 연구과정'과 '팔레스타인 아랍어 연수과정'을 모두 수료한 바가 있다. 일본의 중동연구는 매우 역사가 깊고 조직적이며 광범위하게 진행되고 있다. 이러한 일본의 중동연구 수준을 반영하고 있는 이 책은 다음과 같은 장점을 지니고 있다.

우선 첫째, 이 책은 '아사드 정권 40년'을 중심축으로 하여 시리아의 현대사에 대한 입체적인 설명을 해주고 있기 때문에, 현재 발생하고 있는 '시리아 사태'에 대한 충분한 배경지식과 중요한 맥락을 체계적으로 이해할 수 있도록 도와준다.

둘째, 이집트, 이라크, 요르단 그리고 시리아에서 장기간 체류하며 오랫동안 중동 세계를 관찰해온 일본의 외교관이 바라보는 시각으로 시리아의 과거, 현재, 그리고 미래를 조망하고 있기 때문에 미국을 비롯한 서구의 관점과는 다른 균형적인 시각을 갖게 해준다. 특히 이슬람 세계 언론의 문제와 정치적 갈등이 어떻게 '시리아 사태'와 연결되어 있는지에 대해서 흥미롭게 잘 설명해주고 있다.

셋째, 이 책은 중동연구의 역사가 깊고 다양한 일본에서도 보기 드물게 출간된 시리아에 대한 전문연구 서적이다. 특히 이 책은 간결하면서도 방대한 내용을 다루고 있기 때문에 이 분야의 입문서는 물론 전문연구를 위한 유용한 '학문적 디딤돌'이 될 수 있을 것이다.

또한, 시리아 사태를 둘러싼 이슬람 세계의 동향은 물론 미국, 유럽연합, 러시아, 중국의 대응을 살펴볼 수 있고, 시리아·북한 관계도 다루고 있기 때문에 국제정치의 시각에서 시리아를 살펴볼 수 있는 새로운 지평을 제공해준다.

넷째, 앞에서도 언급했지만 현재의 시리아 사태에 이슬람 언론과 미국 등 주요 서방 세계에서 보이는 상호배타적인 언설체계 속에서 의도적으로 은폐되거나 과장되기 쉬운 '시리아 담론'의 불균형 구조를 제3자의 입장에 서 있는 일본 연구자의 시각을 통해서 객관적으로 살펴볼 수 있다는 점은 이 책의 핵심적인 장점들 가운데 하나이다.

마지막으로 다섯째, 이 책을 통해 아직 우리에게는 생소한 시리아 연구 분야에 일본의 연구 흐름을 비교의 관점에서 살펴볼 수 있다는 측면에서, 향후 연구의 개선과 발전을 위한 타산지석(他山之石)의 역할을 충분히 할 수 있을 것이다.

특히 시리아와 북한의 긴밀한 군사적·외교적 관계를 감안할 때, 시리아에 대한 이해와 연구는 학문적 발전을 위한 측면에서 뿐만 아니라, 정책적 측면에서 매우 중요한 사안으로서, 이 책은 '시리아 사태'를 이해하고 이것이 초래할 미래의 불확실성을 대비하는 데 많은 시사점과 교훈을 줄 것으로 기대된다.

이 책을 옮기면서 두 가지 측면을 중시했다. 우선 첫째, 일반 독자들이 쉽게 이해할 수 있도록 생소한 용어와 인물에 대해서는 원문에 영어 표기를 부기했고, 좀 더 설명이 필요할 경우 옮긴이 주를 넣어 부연설명을 했다. 아울러 아사드 가문과 관련된 핵심 인사에 대해서는 출생 및 사망 연도를 기재하여 독자들로 하여금 좀 더 구체적으로 파악할 수 있도록 돕고자 했다. 그리고 둘째, 시리아에 대해 좀 더 포괄적으로 이해할 수 있도록 부록에 아사드 가문의 가계도, 시리아 행정구역, 역대 시리아 대통령 및 총리 일람을 작성하여 추가했다.

 어려운 여건 속에서도 이 책이 세상에 나올 수 있도록 물심양면으로 지원해주신 도서출판 한울의 김종수 사장님, 출간을 위한 제반작업에 모든 노력을 다해주신 윤순현 과장과 김현대 팀장을 비롯한 모든 분들에게 진심으로 감사의 말씀을 전하고 싶다.

 무엇보다 이 책을 한국에 소개할 수 있게 된 직접적인 계기는 '시리아 연구'와 중동에 대한 이해의 중요성을 알려주셨던 미국 뉴욕대학 이타마르 라비노비치(Itamar Rabinovich) 교수님의 따뜻한 보살핌과 한결같은 격려 덕분이었다. 특히 라비노비치 교수님은 바쁘신 가운데에서도 이 책의 한국어판을 위한 「추천의 글」을 특별히 집필해주셨다. 이 지면을 통해 다시 한 번 사의를 표하고 싶다.

 마지막으로, 일반 독자의 입장에서 바쁜 가운데 번역 초고의 내용을 읽고 소중한 조언을 해주었던 김강석(한국외대), 손도희(한국외대), 옥창준(서울대), 최지원(한국외대) 네 후배들에게도 고마움을 전한다.

2012년 여름
일본 오사카에서
이용빈

지은이 구니에다 마사키(国技昌樹)

1946년 가나가와현(神奈川縣) 출생. 1970년 히토쓰바시대 경제학부 졸업 이후 일본 외무성 입성. 이집트 대사관 1등서기관(1978~1981년), 이라크 대사관 참사관(1989~1991년), 요르단 대사관 참사관(1991년), 제네바 군축대표부 공사(1991~1994년), 시리아 대사(2006~2010년) 역임. 이 외에 벨기에 대사관 공사, 베트남 호치민 시 총영사, 카메룬 대사 등 역임. 2010년 퇴직. 저서로『걸프 위기: 외교관의 현장 보고』(朝日新聞社),『지방분권의 한 형태, 스위스: 발언하고 행동하는 직접민주제』(大藏省印刷局) 등이 있다.

옮긴이 이용빈

중국 베이징대 국제정치학과 대학원 수학. 서울대 외교학과 대학원 수료. 서울대 국제문제연구소 간사, 인도 방위문제연구소(IDSA) 객원연구원 역임. 이스라엘 히브리대 초청 방문. 일본 오사카대 '팔레스타인 아랍어' 연수과정 수료. 일본 도쿄외국어대 '중동·이슬람 연구과정' 수료. 홍콩국제문제연구소 연구원, 한림대만연구소(HITS) 및 현대중국연구소 객원연구원. 역서로『시진핑』(2011),『중화민족의 탄생』(2012),『중국의 당과 국가』(2012, 근간) 등이 있고, 저서로 "Chasing the Rising Red Crescent: Changing Sino-Shi'i Relations in the Post-Cold War Era", *Comparative Islamic Studies*, Vol. 7(2012, *forthcoming*) 등이 있다.

추천인 이타마르 라비노비치(Itamar Rabinovich)

예루살렘 출생으로 이스라엘 히브리대(학사), 텔아비브대(석사), 미국 UCLA(박사) 졸업. 텔아비브대 총장, 이스라엘 주미대사, 이스라엘·시리아 평화교섭 이스라엘 대표단 단장 역임. 미국 후버연구소, 펜실베이니아대 및 프린스턴대 고등연구원 방문연구, 코넬대 교수, 하버드대 케네디스쿨 방문교수 역임. 현재 미국 뉴욕대 교수로 재직. 주요 저서로 *Syria under the Ba'th, 1963-1966: the Army Party Symbiosis* (Transaction Publishers, 1972), *Waging Peace: Israel and the Arabs, 1948-2003* (Princeton University Press, 2004), *The View from Damascus: State, Political Community and Foreign Relations in Modern Contemporary Syria* (Vallentine Mitchell, 2011), *The Lingering Conflict: Israel, the Arabs and the Middle East, 1948-2011* (Brookings Institute Press, 2011) 등이 있다.

한울아카데미 1472

시리아
아사드 정권의 40년사

ⓒ 이용빈, 2012

지은이 ǀ 구니에다 마사키
옮긴이 ǀ 이용빈
펴낸이 ǀ 김종수
펴낸곳 ǀ 도서출판 한울

편 집 ǀ 김현대

초판 1쇄 인쇄 ǀ 2012년 8월 10일
초판 1쇄 발행 ǀ 2012년 8월 20일

주소 ǀ 413-756 경기도 파주시 파주출판도시 광인사길 153 시소빌딩 3층
전화 ǀ 031-955-0655
팩스 ǀ 031-955-0656
홈페이지 ǀ www.hanulbooks.co.kr
등록 ǀ 제406-2003-000051호

Printed in Korea.
ISBN 978-89-460-5472-1 03340

* 가격은 겉표지에 표시되어 있습니다.